**FATOS
E DÚVIDAS
DE LINGUAGEM**

EVANILDO BECHARA

UMA VIDA ENTRE PALAVRAS
FATOS E DÚVIDAS DE LINGUAGEM

Professor Titular e Emérito da Universidade do Estado do Rio de Janeiro (UERJ) e da Universidade Federal Fluminense (UFF); Membro da Academia Brasileira de Letras e da Academia Brasileira de Filologia; Sócio correspondente da Academia das Ciências de Lisboa; Representante brasileiro do novo Acordo Ortográfico

EDITORA NOVA FRONTEIRA

EDITORA LUCERNA

APRESENTAÇÃO **RICARDO CAVALIERE**

© 2021 by Evanildo Bechara

Direitos de edição da obra em língua portuguesa no Brasil adquiridos pela Editora Nova Fronteira Participações S.A. Todos os direitos reservados. Nenhuma parte desta obra pode ser apropriada e estocada em sistema de banco de dados ou processo similar, em qualquer forma ou meio, seja eletrônico, de fotocópia, gravação etc., sem a permissão do detentor do copirraite.

Editora Nova Fronteira Participações S.A.
Rua Candelária, 60 — 7.º andar — Centro — 20091-020
Rio de Janeiro — RJ — Brasil
Tel.: (21) 3882-8200

Dados Internacionais de Catalogação na Publicação (CIP)
(Câmara Brasileira do Livro, SP, Brasil)

Bechara, Evanildo
 Fatos e dúvidas de linguagem / Evanildo Bechara. – 1. ed. – Rio de Janeiro: Nova Fronteira, 2021. –
 (Uma vida entre palavras; 1)
 240 p.

 ISBN 978-65-5640-265-9
 1. Português - Estudo e ensino I. Título II. Série.

21-66392   CDD-469.07

Índices para catálogo sistemático:
1. Português: Estudo e ensino 469.07
Aline Graziele Benitez - Bibliotecária - CRB-1/3129

Sumário

Ao leitor benévolo 7
Apresentação 9

Cumprimentos entre povos 15
Elementos clássicos e a história de *micróbio* 19
Esquecidas riquezas do português 25
Está na hora da onça (ou de a onça) beber água? 33
Etimologia como ciência 45
Famílias de palavras e temas conexos 47
Forró: uma história ainda mal contada 51
Gandavo ou *Gândavo*? 55
Gramáticos e caturras 61
Imexível: uma injustiça a ser reparada 69
Imexível não exige mexer 71
Língua culta oculta 73
Linguagem e educação linguística 75
Má ideologia na linguagem? 79
Na esteira da unidade: *Moscou* ou *Moscovo*? 89
Na seara de um dicionário histórico 95
O infinitivo: será um quebra-cabeça? 99
O pior dos estrangeirismos 103
Poetisa ou *poeta*? 107
Poluição linguística 113
Que ensinar de língua portuguesa? 121
Encontro de vogais e de questões de pronúncia 123
Divisão de sílabas em fonética e em ortografia 125
Vocábulos átonos e tônicos 127
Pronúncia do Brasil e de Portugal 129
A pronúncia do *u* sem trema 133
As bases do novo Acordo Ortográfico 135
O novo Acordo por dentro e por fora 137
As novas letras *K, W, Y* do nosso alfabeto 145
As diversas grafias de *porque* 147
O emprego do hífen após o novo Acordo Ortográfico 149
O hífen com formas livres 151
Pré- ou *pre-*, o hífen em casos de acentuação gráfica 155
Casos de hífen 157
Mais alguns casos de hífen 159

Compostos com hífen e seus plurais 161
Ano-Novo e outras questões 163
O hífen com formas presas 165
Sobre o emprego do hífen nas formas reduzidas 167
Quando a teoria ajuda a prática da ortografia 169
Como nasce uma palavra 171
Ainda uma vez sobre palavras novas 173
Gênero de certas palavras e emprego de tempos verbais 175
Plural de diminutivos com sufixo iniciado por -z 177
Verbos que exigem cuidado I 179
Verbos que exigem cuidado II: *precaver* e *reaver* 181
Concordância e infinitivo pessoal 183
Verbos conjugados com pronomes 185
Colocação de pronomes: casos de adequação 187
Informações sobre numerais 189
Barco a vela ou *barco à vela* 191
Forma e função dos pronomes oblíquos 193
A lógica e o uso expressivo da língua 195
Valor evocativo da grafia 201
Me diga isto ou *Diga-me isto* 203
Primos ricos e pobres da língua 205
Da latinidade à lusofonia 211
Língua e cultura: denominações do arco-íris 225
A grafia de abreviatura e o emprego de *onde* 229
Novas janelas que se abrem para a língua 231
Covid-19 e álcool em gel 233
Infodemia 235
Desinfodemia 237
Um engano que se insinua 239

Ao leitor benévolo

Ao percorrer o que escrevemos nestes quase 75 anos de experiência de sala de aula e de trabalhos acadêmicos, pensamos numa seleção de páginas relevantes ao leitor que se dedica ao estudo da língua-padrão, bem como ao professor de sala de aula e ao colega que prepara sua dissertação de mestrado ou tese de doutorado.

Os textos escolhidos foram distribuídos em três volumes independentes, conforme sua temática: *Fatos e dúvidas de linguagem* (volume 1), *Análise e história da língua portuguesa* (volume 2) e *Mestres da língua* (volume 3).

Como em outros trabalhos, esperamos que o nosso propósito atenda ao desejo do leitor, e se isto se concretizar nos daremos por muito bem realizados.

Na oportunidade queremos agradecer a todos os alunos, professores, pesquisadores e amigos que, ao longo desta vida acadêmica, com muita dedicação e generosidade têm compartilhado nossos estudos, prestigiado as publicações e, desta forma, contribuído para o cultivo da língua portuguesa. A eles tenho servido com honestidade e desejo de ser útil.

Expresso também minha gratidão às palavras do ilustre colega, profissional rigoroso, competente e historiador de mérito da linguística e da filologia, professor dr. Ricardo Cavaliere, na Apresentação desta obra.

Agradecemos igualmente às colaboradoras e editoras Shahira Mahmud, Cristiane Cardoso, Daniele Cajueiro e Janaina Senna, que contribuíram para tornar realidade mais este nosso trabalho.

Evanildo Bechara

Apresentação

Com a publicação destes estudos reunidos de Evanildo Bechara, possibilita-se aos amantes e estudiosos da língua portuguesa o acesso a um acervo riquíssimo de investigação e reflexão sobre a linguagem humana, com especial relevo na língua de Camões e Machado de Assis. Trata-se de um projeto editorial em três volumes, no qual desponta, a cada linha, na multiplicidade temática dos textos selecionados, a visão privilegiada com que o autor da *Moderna gramática portuguesa* enxerga o fenômeno linguístico em seus vários planos, tais como o do sistema gramatical, do estilo, dos usos em sociedade, das questões etimológicas, entre outros.

A trajetória de Evanildo Bechara como filólogo, linguista e, sobretudo, professor de língua portuguesa revela uma personalidade especialmente destinada ao convívio íntimo com as singularidades do idioma, mercê de sua aguçada percepção da língua como atributo do homem. Bechara, por mais de uma vez, revela-se fiel às teses de Eugenio Coseriu, que concebem na linguagem o escopo primacial da significação, em que conteúdo e expressão revelam-se simultaneamente. Com efeito, a linguística coseriana interpreta a língua como um instrumento para produção de significados, razão da própria existência da linguagem como atributo do homem, e será nessa linha hermenêutica da natureza da língua que Bechara desenvolverá suas pesquisas nos três planos dos saberes coserianos: o elocucional, o idiomático e o expressivo. Comprova-o a seleção de textos que compõem esta trilogia.

Não são muitos os que têm o privilégio de uma vida longeva e produtiva, em que a natural vocação para a tarefa de investigar encontra o tempo necessário para frutificar em farta e profícua produção intelectual. São, afinal, mais de sete décadas de intensa atividade investigatória, que se inaugura em letra de forma no ano de 1954, quando Evanildo Bechara reúne seus estudos iniciais no volume *Primeiros ensaios sobre língua portuguesa*. No prefácio dessa obra inaugural, afirma que foi seu intuito "registrar a fase de atividade linguística" de seus "dezoito aos vinte e cinco anos de idade" e, em exagerada modéstia, solicita que "o leitor benévolo [...] saiba perdoar as fraquezas" (1954, p. 6). Daí em diante, o que se vê é uma série inesgotável de artigos, resenhas, teses, desde os estudinhos de ocasião até as obras gramaticais que viriam a tornar-se textos canônicos sobre a língua portuguesa, tais como suas *Lições de português pela análise sintática* (1960), primeira obra de fôlego maior, já reiteradamente reeditada, sua *Moderna gramática portuguesa* (1961), que passa a ter nova feição a partir da 37.ª edição em 1999, a par da *Gramática escolar* (2001), do *Novo dicionário de dúvidas* (2016) e tantos outros trabalhos de escol.

Decerto que, antes de publicar seus *Primeiros ensaios*, Bechara já havia posto em letra de forma alguns estudos de meritória qualificação, o primeiro deles intitulado *Fenômenos de intonação: um capítulo de fonética expressiva* (1946), escrito quando o autor ainda não ultrapassava os 18 anos de idade. Trabalhos menos divulgados como esse mantinham-se escondidos nas páginas avulsas de periódicos, coletâneas e separatas, razão por que ao leitor interessado não lhe eram acessíveis, possivelmente sequer conhecidos, um desperdício inadmissível se considerarmos a riqueza que neles reside e o aprendizado que sua leitura provê. Agora, com a publicação destes dispersos, cujo projeto editorial em três volumes foi tão bem elaborado pela Editora Nova Fronteira, ficamos todos nós, admiradores e discípulos, mais à vontade para usufruir os ensinamentos que fluem em suas páginas e deles nos valer, não apenas em nossos próprios trabalhos de investigação linguística, mas também no preparo de nossas aulas de língua vernácula.

A seleção dos textos em cada volume, tarefa a que se dedicou o próprio Autor, procura conferir certa organicidade ao mar temático por onde singra a pena deste que é hoje — e sem favor — o mais prestigiado filólogo da língua portuguesa. O primeiro volume, por exemplo, cuida de temas diacrônicos que circundam a seara das etimologias e da própria conceituação dessa parte da gramática histórica, como se percebe em "Famílias de palavras e temas conexos", "Etimologia como ciência" e "*Forró*: uma história ainda mal contada". Esse último, por sinal, destrói uma crença mal fundamentada sobre a origem desse brasileirismo lexical, providência de que o Autor igualmente se incumbe no instigante "*Gandavo* ou *Gândavo*", em que discorre sobre a pronúncia mais autorizada do nome do historiador e cronista português.

Será ainda no primeiro volume que o temário da norma linguística e sua aplicação no ensino do vernáculo conquistará o interesse do Autor, como se percebe em "Língua culta oculta", "Linguagem e educação linguística" e "Que ensinar de língua portuguesa?", questões que interessam particularmente ao professor, sempre comprometido com a melhor estratégia pedagógica para fazer da aula de língua portuguesa um instrumento de formação cidadã. Com efeito, não se há de duvidar que a escola visa ao preparo do aluno para figurar não como mero espectador, senão como ator no cenário das relações sociopolíticas e culturais que o dia a dia da vida social proporciona. Nesse mister, o uso da língua, em texto oral e escrito, revela-se instrumento precioso para que sejamos ouvidos e considerados como cidadãos partícipes no seio da sociedade.

Temas que mais interessam ao leitor consulente do que propriamente ao linguista, não obstante devessem merecer a atenção de todos, circundam a seara da ortografia e da prosódia normativa, sem descurar da prosódia em plano variacionista. Assim, será com prazer que o leitor certamente usufruirá as linhas de "Pronúncia do Brasil e de Portugal", "A pronúncia do *u* sem trema", uma dúvida ordinária entre os consulentes, além de estudos esclarecedores sobre o Acordo Ortográfico recentemente promulgado na maioria dos países de língua portuguesa, tais como "As bases do novo Acordo Ortográfico", "O novo Acordo por dentro e por fora" e "As novas letras *K*, *W*, *Y* do nosso alfabeto". Estes são apenas alguns dos preciosos trabalhos que enfeixam o primeiro volume deste projeto editorial.

No tocante ao segundo volume, percebe-se a dedicação de Evanildo Bechara no tratamento de temas pontuais dotados de intenso e consolidado teor informativo, sem o ranço da teorização estéril e repetitiva que, por vezes, dá mais relevo ao fundo do que à figura. As marcas dessa postura em prol de um saber idiomático, que está, como sempre, no plano dos interesses do leitor comum, revela-se em trabalhos como "Sejam bem-vindos os consultórios gramaticais", "O estrangeirismo e a pureza do idioma", "Repasse crítico da gramática portuguesa" e "Sobre a sintaxe dos demonstrativos". Esse último, por sinal, cuida de uma controversa questão sobre usos linguísticos na construção do texto, considerando-se o relevante papel dos demonstrativos como instrumentos de coesão anafórica.

Fiel à pluralidade temática que norteou a seleção destes dispersos, o Autor não descurou dos pequenos trabalhos de ocasião, que desvendam deliciosamente a curiosidade do leitor acerca das denominadas idiossincrasias da língua, ou, como denominavam os antigos, dos fatos que residem no "gênio da língua". Nessa linha, usufruímos, entre outros, os textos "O Natal em línguas do mundo", "Por que segunda-feira em português?", "Última flor do Lácio", "Inovações sintáticas no português moderno" e "Português ou brasileiro?", todos escritos em linguagem clara, que aproxima o leitor do fato linguístico e lhe confere estímulo para aprofundar a leitura em textos de maior fôlego.

Já o terceiro volume, que põe termo à coletânea dos preciosos estudos a que nos vimos referindo, dedica-se majoritariamente ao relato das contribuições que grandes nomes da filologia e da linguística transmitiram às gerações que lhes sucederam e permanecem, por assim dizer, como um legado para a história do saber sobre a linguagem humana. Decerto que, nesse mister, não poderiam faltar os nomes de Herculano de Carvalho (1924-2001) — "A contribuição de Herculano de Carvalho aos estudos linguísticos" — e Eugenio Coseriu (1921-2002) — "Eugenio Coseriu" —, que, em companhia de Manuel Said Ali (1861-1953), formam a base tridimensional do pensamento linguístico em Evanildo Bechara, nomeadamente a que se percebe na 37.ª edição e seguintes da *Moderna gramática portuguesa*.

Mas as referências teóricas de Bechara não se adstringem aos nomes que mais lhe tocam a formação linguística, senão aos que igualmente estão em seu horizonte de retrospecção como formadores de opinião, referências paradigmáticas que compõem, por assim dizer, sua personalidade intelectual. Eis por que o Autor se adianta em incluir neste terceiro volume os trabalhos "Harri Meier e seus estudos de língua portuguesa", "Lendo os cadernos de Mário Barreto", "Othon Moacyr Garcia — seu labor científico", "Celso Cunha, um filólogo dos que se separam" e "Antonio Houaiss: influências e afinidades no seu labor linguístico-filológico". Devemos, aqui, lembrar que Bechara é um linguista que percorreu — e ainda percorre — várias fases da mudança por que passa a linguística como ciência a partir da chegada do modelo estruturalista ao Brasil, fato que lhe conferiu uma capacidade especial para enxergar a face interna da língua sob vários ângulos. Por outro lado, a formação filológica, que já se percebe nos primeiros passos de sua trajetória e ainda o acompanha nos dias que vivemos, impõe a seu trabalho um compromisso com o texto, decerto que em *corpus* de língua escrita, já que sua concepção de descrição linguística esteia-se no princípio da unicidade do objeto.

O perfil filológico de Evanildo Bechara não poderia olvidar a ligação íntima entre o estudo da língua e o da literatura, de que resultam textos preciosíssimos em que sua aguda percepção dos fatos da língua vernácula contribui para melhor compreendermos e interpretarmos peças da literatura clássica e contemporânea. É nessa linha que podemos agora ler os estudos "A erudição de Camões", "José de Alencar e a língua do Brasil", "Manuel Bandeira e a língua portuguesa" e "Particularidades da linguagem em Machado de Assis", que ocupam as páginas do terceiro volume. No trabalho sobre José de Alencar, nome do Romantismo que tanto motivou a filologia em face de sua intransigente defesa da modalidade brasileira do português, Bechara aponta as características gramaticais que figuram nos principais textos do autor de *Iracema*, destacando que, por sua iniciativa, surge uma renovada norma literária no Brasil, que respeita o modo de expressar-se típico da vertente americana da língua de Camões.

Já no estudo sobre os fatos linguísticos que tipificam a obra de Machado de Assis, a contribuição de Bechara revela as nuances de caráter linguístico imersas na prosa machadiana, cujo estilo ímpar configura-se em fonte inesgotável de fatos notáveis, sobretudo na seara da sintaxe e dos tropos. Por sinal, a investigação do sentido na obra de Machado de Assis é tarefa que parece não findar, já passado mais de um século de sua morte e a despeito das multiplicadas linhas que se escrevam a seu respeito. Isto porque, conforme acentua Bechara, a pena machadiana percorreu caminhos linguísticos que outros autores de sua geração não souberam encontrar, de que decorre um texto literário rico em idiossincrasias, um modo de expressão que logo denuncia a origem autoral à primeira leitura.

Com efeito, Bechara integra uma geração de estudiosos que aprenderam a enxergar a língua através do texto, sem a preocupação dos rótulos teóricos. A especialização e, em certos modelos, o formalismo que o desenvolvimento dos paradigmas linguísticos impôs ao pesquisador hodierno, que leva foneticistas a não se aventurar nos estudos sintáticos, ou semanticistas a evitar os caminhos da morfologia, nestes tempos em que se sente uma certa necessidade de ser reconhecido pela especialidade temática, soa inusitado que um dado pesquisador circule pelas distintas áreas do saber sem o escrúpulo do exclusivismo. No entanto, para os que se formaram no ideário de um Manuel Said Ali, a premissa era de que o texto precede a tese e a ela se impõe. Ora, se no texto vislumbra-se a língua em sua realização completa e acabada, decerto que haverá o intérprete de circular por todas as suas sendas, sem reservas.

Ademais, a leitura dos trabalhos menores na extensão, não obstante gigantescos no conteúdo, que compõem esta coletânea de dispersos, revela que Evanildo Bechara jamais descurou do compromisso com o ensino da língua vernácula em nível fundamental e médio. Essa, por sinal, é mais uma caraterística dos filólogos que o Brasil conheceu pela pena de um Sousa da Silveira (1883-1967), um Antenor Nascentes (1886-1972) ou um Gladstone Chaves de Melo (1917-2001), para aqui citar apenas alguns dos grandes mestres que, ainda elevados ao ensino superior, jamais descuraram do contributo à educação básica, com o que hoje mais se conhece como "português em sala de aula". Por outro lado, as linhas desta trilogia revelam um linguista que sabe aproximar-se do interesse do cidadão leigo, mediante tratamento de temas prosaicos aos olhos dos especialistas, tais como o conceito e aplicação de norma gramatical, as questões ortográficas, a linguagem no trato social etc. Decerto, será essa necessária reaproximação do linguista com o falante da língua uma das missões mais desafiadoras neste século que se inicia.

Tome-se, por exemplo, a questão dos consultórios gramaticais, tratada no estudo "Sejam bem-vindos os consultórios gramaticais", já aqui referido. Trata-se de um grito de alerta que Evanildo Bechara faz ecoar no meio acadêmico, como que a advertir os linguistas de que o projeto de popularização da ciência, ou de "vulgarização da ciência", como diziam os filólogos do século XIX, não pode restringir-se às intenções, deve efetivar-se pelo diálogo direto com o falante. Ainda que nosso intuito seja o de desmitificar o normativismo estéril, o purismo infundado que sempre permeou a atividade intelectual no plano pedagógico, mesmo assim o caminho é o do contato com o falante: descrevendo, argumentando, interpretando, esclarecendo, enfim. Em curtas palavras, omisso o linguista no tratamento dos tais temas prosaicos, ocupa seu lugar o "ignorante ilustrado", que dá pitacos de algibeira e só contribui para empobrecer a discussão sobre a fenomenologia da linguagem humana. Portanto, que ecoe com força a exortação de nosso filólogo maior em prol dos consultórios gramaticais; se quisermos, sem o traço prescritivo que nos sugere o substantivo "consultório", mas com o necessário teor dialogal que faz aproximar ciência e sociedade.

Enfim, este novo projeto editorial, que faculta acesso do leitor interessado a um conjunto de estudos preciosos até então ocultos nas páginas da história, revela-nos um Evanildo Bechara polígrafo, que consegue tratar temas vários com elegância e erudição. Revela, ademais, um leitor atento e atualizado, que não hesita em ajustar antigos conceitos às conquistas que a ciência inevitavelmente obtém com o devir do tempo. Esta expressão de clarividência está, sem dúvida, entre os atributos que nos fazem reconhecer em Evanildo Bechara a excelência dos intelectualmente abastados.

Não terá sido, pois, fortuito ou infundado o reconhecimento de que hoje o autor desta coletânea desfruta *intra e extramuros*, seja entre os pares como linguista de escol, seja no seio da sociedade como gramático e professor reverenciado. Basta, para comprová-lo — se assim quiserem os mais incrédulos —, haver auferido a imortalidade dos mortais em instituições como a Academia Brasileira de Letras, a Academia Brasileira de Filologia e a Academia das Ciências de Lisboa. Se tais títulos não bastam, juntemos o de professor *honoris causa* conferido pela Universidade de Coimbra e os de professor emérito da Universidade do Estado do Rio de Janeiro e da Universidade Federal Fluminense, isto sem contar a honraria que lhe atribuiu o jornal *O Globo*, em junho de 2006, ao situá-lo entre os "cem brasileiros geniais vivos".

Poucos fatos da vida de um professor superarão o prazer de usufruir o reconhecimento de seus alunos e o privilégio de ser eternizado nas páginas de sua obra.

A satisfação de circular sem fronteiras pela palavra escrita, fomentando ideias, contribuindo para a formação de cidadãos. Um prazer que emana da constatação de que, no imaginário social, tornou-se tão intimamente vinculado a seu mister que seu nome passa a ser usado como sinônimo de gramático. Com efeito, não serão poucos os estudantes que, ainda hoje, referem-se à cotidiana tarefa de estudar a língua portuguesa dizendo: "Vou consultar o Bechara."

Esta coleção de textos avulsos, pois, confere-nos o renovado deleite de "consultar o Bechara", beber de sua fonte intelectual, acompanhar seu raciocínio filológico e com ele trilhar as sendas da língua que falamos e amamos. Também deixo aqui uma palavra de louvor à Editora Nova Fronteira, que em tão boa hora teve a iniciativa de patrocinar esta publicação, cujos resultados já se avizinham intensamente enriquecedores para a difusão do saber sobre a linguagem humana, com especial enfoque na língua portuguesa.

Ricardo Cavaliere

Referências

BECHARA, Evanildo. **Fenômenos de intonação**: um capítulo de fonética expressiva. Rio de Janeiro: Edição do Autor, 1946.

_____. **Gramática escolar da língua portuguesa**. Rio de Janeiro: Editora Lucerna, 2001.

_____. **Lições de português pela análise sintática**. Rio de Janeiro: Fundo de Cultura, 1960.

_____. **Moderna gramática portuguesa**. São Paulo: Editora Nacional, 1961.

_____. **Novo dicionário de dúvidas da língua portuguesa** [Colaboração de Shahira Mahmud]. Rio de Janeiro: Nova Fronteira, 2016.

_____. **Primeiros ensaios sobre língua portuguesa**. Rio de Janeiro: Livraria São José, 1954.

Cumprimentos entre povos

É assunto por demais palpitante o que se relaciona com as fórmulas e gestos de cumprimento e saudação entre vários povos que habitam este orbe terráqueo. Além de não fugir muito de nossa matéria, o que se vai ler oferecerá a alguns leitores uma série de curiosidades sobre o tema proposto.

Nem todos os aspectos das fórmulas e gestos serão aqui tratados; tampouco estas linhas pretendem ser a última palavra, nem têm sombra de ostentar o luxo de coisas inéditas.

É opinião corrente que as mais antigas maneiras de saudação seriam aquelas que consistiam em se lançar ao chão em sinal de inferioridade a quem cumprimentava. Assim procedem ainda hoje povos orientais e tribos que vivem em florestas.

Com o correr do tempo, foram substituídas pelo durativo ou momentâneo ajoelhar, pela curvatura demorada ou rápida do tronco e da cabeça, com as quais se indicava, simbolicamente, o intuito de submissão.

Este segundo gesto com rapidez é completamente estranho para nós outros brasileiros, e muito espalhado entre alemães e pela Europa. Tenho observado que entre nós, quando há intimidade, se costuma indicar o encontro com duas pessoas conhecidas fazendo-se uma ligeira suspensão das sobrancelhas, sinal talvez de agradável surpresa da presença do amigo. O costume de cumprimentar tirando o chapéu da cabeça parece ter-se originado do fato de, nestes atos de curvar a parte superior do corpo humano, a sua cobertura tender a cair. O indivíduo então se preparava, trazendo-a à mão. O gesto naturalmente agradou a todos pela sua simplicidade e comodidade, e veio a desbancar o seu concorrente na sociedade moderna, embora não se desprezando de todo o hábito primitivo que se especializou para as circunstâncias mais respeitosas. O descobrir a cabeça nestas situações parece ter-se tornado comum aí pelos séculos XVI ou XVII.

Quanto ao beijo, o assunto exige mais complexidade. Este gesto é assaz antigo como exteriorização de nosso afeto e carinho a um ente querido.

Só quando há mais familiaridade ou parentesco próximo é que se ajunta o beijo ao cumprimento. E em países onde as imagens de santos são veneradas com ósculo, o beijo passou a ser sinal de respeito. Este respeito nasceria também do amor puro.

Neste particular, é bom que se note que os gregos refletem em seu vocabulário a íntima relação entre *amar* e *beijar*. Da mesma maneira procedem os países eslavos.

J.J. Nunes, citando R. Kleinpaul,[1] nos lembra de que o sérvio *Ijubiti* significa ambas as coisas, e *Rukulibam* ou "beijo-lhe as mãos" é uma delicadeza e todos os dias se ouve aos tchecos. E mais. Quem não se recordará, neste instante, do fecho de respeito das cartas em espanhol: *q.s.m.b.*, iniciais que querem dizer: *que su mano besa*?

Permita-me o leitor abrir aqui um parêntese: os romanos tinham três denominações para o ato de beijar: *osculum, basium* e *savium*. Pretendeu-se afirmar que os escritores davam sentido particular a cada um destes vocábulos. Segundo alguns estudiosos, *osculum* demonstrava amizade, *basium* significava amor, *savium* expressava prazer.

Tal não revela, entretanto, a prática dos literatos latinos. Catulo, dirigindo-se à sua Lésbia, usa de *basium* onde deveríamos esperar, conforme o pretendido axioma, *savium*:

> *Da mihi basia mille, deinde centum.*
> *Dein mille altera, deinde secunda centum,*
> *Deinde usque altera mille, deinde centum,*
> *Dein, cum milia multa fecerimus,*
> *Conturbabimus illa, ne sciamus,*
> *Aut nequis malus individere posit,*
> *Cum tantum sciet esse basiorum.*[2]

E assim estes versos foram traduzidos pelo nosso correto Francisco Otaviano:

> Dá-me um beijo, portanto, e cem, e centos,
> E estes centos repete mais cem vezes;
> E quando for mui longa, perturbemos
> Essa conta dos beijos... Pode a inveja,
> Se os somar todos, nos lançar maus olhos!...

O beijo, como sinal de amor e afeição, não é somente dado nos lábios. Se esta é a forma habitual, não implica isto que seja a única. Varia também entre as comunidades o número de beijos na face, de um, dois (entre nós) a quatro, como fazem, por exemplo, os holandeses.

E fechemos sem mais demora o parêntese.

Os gregos, ao verem chegar um amigo, ou quando o encontravam, ou ainda quando dele se despediam, exclamavam *Kaire* ("Alegra-te!"). Os romanos, ao aproximar-se, diziam *Ave* ("Seja saudado!"); quando se retiravam, *Vale* ("Fique com saudade!").

Os israelitas, aos conhecidos mais íntimos, beijam-se uns aos outros na mão, na cabeça e ombro. A sua habitual forma de saudação é *Cholem Alechem* (pronuncie-se Xalém Aléque, que significa "Paz convosco!").

Lancemos nossas vistas para a culta Alemanha. Em algumas terras, daí, faz parte das boas maneiras beijar a mão às senhoras.

A diferença de seita religiosa implica quase sempre diferença nas fórmulas de saudação. Assim, enquanto a Alemanha protestante usa de *Guten Morgen! Ihr Diener!* (ao pé da letra: "Bom dia! Seu criado!"), por sua vez, a Alemanha católica serve-se de *Gelobt sei Jesus Christus!*, expressão recomendada pelo papa Bento XIII, por volta do ano de 1728, além de outras variações regionais. A tais cumprimentos se respondia com *In Ewigeit, amem!* (literalmente: "Em eternidade, amém!").

Na sociedade moderna, a forma de despedida difere da primeira saudação, e o mais idoso diz: *Gott befohlen!* ("Encomendado a Deus"), *adieu*. E muitas vezes, a própria pessoa que se despede: *Empfehle mich!* (o que em bom português clássico significaria "Encomendo-me" e, na linguagem moderna, "Recomendo-me").

Homens que dedicam mutuamente grande amizade se saúdam com o beijo, por quase todas as terras da Europa. Na despedida, alguns povos usam beijo na boca.

Na Inglaterra, porém, o beijo só era permitido com os parentes mais chegados.

Quanto ao beija-mão, na Itália só era dado fazê-lo aos amigos muito íntimos; na Rússia, por sua vez, as damas respondiam ao beija-mão de um cavalheiro com um beijo na testa.

O inglês saúda a alguém com o já conhecido *How do you do?*, *Good-Bye!* (redução que a linguagem coloquial fez da expressão *God be with ye*, antiga fórmula de despedida. Frequente em Shakespeare era *God buy you*. Abreviadamente, temos também *God buy*, ainda *b'w'y*), *Farewell*.

Semelhantemente, o holandês *Vaar well!*, o sueco *Farval!*, os franceses *Bonjour! Au plaisir (de vous revoir)!*, os espanhóis *Buenos días! Adiós! Hasta la vista!*, os italianos *Buon giorno! Addio! A riverderci!*. Em Portugal *adeus* (= a Deus) é a saudação tanto para o encontro como para a despedida; no Brasil, principalmente na cidade, só se usa para a despedida. Outra forma de despedida é o *tchau*, este mais moderno. O *tchau*, tão difundido entre nós brasileiros, na despedida, chegou-nos por influxo do italiano *ciao*, forma reduzida de *schiavo*, "escravo", correlata a formas de cumprimento do tipo de *seu servo*.

Os turcos entrecruzam os braços, batendo-os contra o peito, e curvam a cabeça. O árabe vulgar diz *Aleikum essalem* ("Paz convosco"). Os hindus, em Bengala, tocavam a testa com a mão direita e curvavam a cabeça para a frente. Quando desejavam juntar ao ato uma demonstração de profunda reverência, colocavam primeiro a mão direita no peito, depois tocavam com ela o chão e, por fim, a testa, e, ao mesmo tempo, chamavam a si escravo submisso da pessoa a quem saudavam.

No Ceilão, os súditos atiravam-se ao chão diante do superior que passava e murmuravam, continuamente, o nome e título do superior.

Em geral, a maior parte das maneiras de saudação, no Oriente, e principalmente na Mongólia, tinha um cunho de pensar de escravo; modernamente, é claro que a influência do contato com outros povos tenha feito significativa mudança em tais maneiras.

Na China, quando duas pessoas a cavalo se encontravam, o inferior descia do animal e deixava passar o superior. No Japão, o inferior tinha de tirar a sandália diante do superior, enfiar a mão direita na manga da esquerda e descer vagarosamente os braços até o joelho e caminhar compassadamente diante do outro com gestos terríveis, exclamando *Auk! Auk!* ("Não me faça mal!").

Entre os africanos civilizados, os abissínios caíam de joelho e beijavam a terra; os mandingas, ao saudarem uma mulher, pegavam-lhe a mão, chegavam-na até o nariz e cheiravam-na duas vezes...

Os egípcios estendiam a mão, colocavam-na sobre o peito e curvavam a cabeça.

Entre os povos menos civilizados do mundo antigo, por exemplo, os camulcas, anamitas, em Nova Guiné, Taiti, ilhas Sandwich, da Sociedade e dos Amigos, era muito espalhado o mútuo e insistente cheirar e juntar os narizes, esfregando-os um de encontro ao outro ou ainda com os lábios, e um forte ato de respiração.

Nas ilhas dos Navegadores, isto se dava com pessoas de igual condição. O inferior esfregava o próprio nariz e cheirava então a mão do outro. Semelhantemente procediam os habitantes das ilhas Sunis e Fiji.

E, para terminar, a mais curiosa saudação que conheço: os tibetanos deitavam a língua para fora e faziam caretas arreganhando os dentes, e coçavam as orelhas.

E quanta gente que, não sendo nem tibetana, nem macaco, nos cumprimenta assim, todos os dias, quer pela frente, quer pelas costas?

Texto publicado no jornal *Mundo Português* e na revista *Na Ponta da Língua*, originalmente em duas partes: 16/8/1991 e 23/8/1991.

Notas

1 Wilhelm Wundt, *Volkërpsychologie*, p. 36.
2 1, v.

Elementos clássicos e a história de *Micróbio*

Formadas as línguas modernas, mesmo as que não representam a continuação ininterrupta do latim no tempo e no espaço, conhecidas estas pelo nome de línguas românicas ou neolatinas, continuaram a aumentar o seu léxico pedindo empréstimo ao latim e ao grego, para introduzir termos novos, quer na nomenclatura científica quer na língua comum e na literária.

Um primeiro momento data do período em que as línguas foram preparadas para substituir o latim. Inicialmente na redação de textos jurídicos e diplomáticos, depois na tradução de vidas de santo e obras apologéticas e, por fim, em produções originais.

No que toca à língua escrita portuguesa, foram os reis da dinastia de Avis que incentivaram o uso da língua portuguesa, em vez do latim, como veículo de textos oficiais. Curiosamente só com D. João I se começou a usar a denominação "língua portuguesa", em substituição às antigas "romance", "romanço" ou "linguagem" ("poer em linguagem", o que hoje diríamos "traduzir ao vernáculo"). Seu filho D. Dinis, o rei trovador, oficializa o português para substituir o latim nos documentos régios, o que provocou a reação de muitos intelectuais que datavam daí, com evidente exagero, o início da deterioração da cultura em Portugal.

O Humanismo e o Renascimento favoreceram um forte período de "injeções" de latim e de grego, no feliz dizer de M. Said Ali — com vista ao enriquecimento do léxico português. Muitas destas inovações, é certo, não chegaram a Portugal por empréstimos tirados diretamente das línguas clássicas. Por iniciativa dos seus intelectuais e literatos, chegaram por via italiana ou espanhola que, na época, praticamente representavam o poliglotismo entre os séculos XV e XVI.

Os dicionários etimológicos correntes quase sempre não traçam a história cultural das palavras do nosso léxico, pela falta que faz à lexicologia vernácula um dicionário histórico, no qual se registrem, cronologicamente, as entradas, a vigência e o desaparecimento das palavras da língua. Neste sentido, no grupo das línguas românicas, o francês é o mais rico, seguido do espanhol, bem mais distante.

Assim sendo, muitas etimologias se limitam a informações no que diz respeito ao aspecto puramente material ou, como dizem os técnicos, ao *significante*; que *petra* passou a *pedra*, *mare* a *mar* e *caelu* a *céu*. Mas, de uns tempos a esta parte, se dá um passo adiante, e a indagação etimológica procura traçar a história cultural da palavra, com especial atenção à sua significação e mudanças que tenham ocorrido não só da língua-fonte à língua beneficiada, mas também àquelas que se deram nessa última, através dos tempos e dos estratos sociais que a empregam.

Também é bom lembrar que os processos de formação de palavras, com o aprofundamento de casos de prefixação e sufixação na morfologia histórica do latim e das línguas românicas, ganharam novos horizontes, graças às pesquisas de, entre outros, Carolina Michaëlis de Vasconcelos, Harri Meier, Joseph-Maria Piel, Yakov Malkiel, Max Leopold Wagner, Joan Corominas, seleto grupo de investigadores cuja obra precisa ser retomada pelos jovens linguistas e filólogos brasileiros e portugueses. Padre Augusto Magne, Antenor Nascentes e, mais recentemente, Antônio Geraldo da Cunha souberam aproveitar este material; mas precisam de continuadores.

Para que o nosso leitor tenha ideia dos empréstimos latinos que foram empregados por Luís de Camões, mas que lhe chegaram ao conhecimento por intermédio dos escritores italianos e espanhóis, trazemos aqui à baila o ilustrativo artigo do filólogo português Claudio Basto, a quem o nosso idioma deve importantes lições. O artigo aparece no volume V, fascículo 21, 1944, da *Revista de Portugal* — Série *A língua portuguesa*.

Nele tem o autor oportunidade de começar tecendo as seguintes importantes considerações:

> Valia a pena organizar-se o Vocabulário dos escritores do Renascimento na península itálica e, juntamente, dos escritores que os seguiram na península ibérica. Esse vocabulário, documentado com passos dos escritores das duas penínsulas cronologicamente ordenados, patentearia, na essência, uma linguagem literária comum, revelaria, sobre isso, a origem, gênese e propagação dessa linguagem geral permitindo-nos, com facilidade e segurança, o estudo do léxico de cada escritor em particular. Os mesmos epítetos se repetem, repetem-se as frases, as imagens; — e repetem-se as mesmas ideias, os mesmos conceitos, a mesma filosofia, a mesma ciência. Imita-se, copia-se — mas a imitação e a cópia são consideradas legítimas, até honrosas. É moda, é distinção. Faz-se gala de repetir. Dir-se-ia que todos os escritores estão construindo os seus palácios com os mesmos materiais, as mesmas linhas, os mesmos gestos, as mesmas tintas... — o caso é que, ao fim, cada qual tenha construído o seu palácio diferente do dos outros — apesar de tudo.

Passa a seguir a enumerar vários latinismos léxicos utilizados por Camões, mas que o poeta não foi buscar diretamente ao latim — como, em geral, se supõe —, e sim a essa *linguagem literária comum* em que já corriam essas palavras, especialmente nos escritores italianos e espanhóis. São elas: *almo* "que restaura"; *crástino* "matutino"; *facundo* "eloquente"; *flama* "chama"; *influxo* "influência"; *inópia* "penúria", "pobreza"; *instruto* "instruído"; *inumano* "não civilizado"; *inusitado* "desconhecido", "não usado"; *lascivo* "brincalhão"; *licor* "líquido em geral" (água, vinho, cânfora, etc.); *nequícia* "maldade", "malícia"; *numeroso* "cadenciado", "harmonioso"; *peregrino* "estrangeiro", "que anda por lugares distantes"; *robusto* "rude", "selvagem".

Pela porta da nomenclatura científica as línguas modernas, especialmente o francês nesses dois últimos séculos e o inglês mais modernamente, têm ido ao patrimônio do grego e do latim para buscar palavras que possam traduzir as ideias e os conceitos que desejam expressar em suas línguas vernáculas. O mal é que o conhecimento efetivo das línguas clássicas não lhes é suficiente para, muitas vezes, escolher o termo adequado, e aí se criam palavras que estão longe de traduzir o que querem expressar os cientistas, os intelectuais e os técnicos de um modo geral. Como diz Émile Benveniste (pronuncia-se bĕveniste), pensam em francês (e inglês, acrescentamos nós) com vestimenta grega ou latina.

Um fato que precisa desde logo ser posto em evidência é que o neologismo, muitas vezes, não representa nenhum termo de existência efetiva, quer em grego, quer em latim. Pensar diversamente disto é um engano que os dicionários, particularmente os etimológicos, ajudam a implantar-se, quando explicam, por exemplo, a palavra *micróbio* em francês: "*Microbe*, 1878. Termo emprestado do grego *micróbios*, 'cuja vida é curta', pelo cirurgião francês Sédillot 1804-1822"[1] ou "*Microbe* (1878, Sédillot), termo emprestado do grego *micróbios*, de vida (*bios*) curta (-*mikros*)".[2]

Comentando essas lições de bons dicionários etimológicos franceses, informa--nos Benveniste:

> Indiquemos primeiramente que o composto *mikrobios*, geralmente alegado, nunca existiu em grego em época alguma. Fosse ele atestado, qual seria o seu significado? Significaria somente "pequena vida" e não "cuja vida é curta". Pois um adjetivo significando "cuja vida é curta" existiu de fato em grego e na melhor língua clássica, mas é *brachíbios*, e não *mikróbios*. Este último não teria nenhum emprego; o adjetivo *mikrós* não se aplica a *bíos*.[3]

Para se entender o que ensinava Benveniste, lembremos a correta aplicabilidade de um termo como traço distintivo de outro termo; assim, também em português o adjetivo *curto* se aplica a substantivos como *vista* ou *pavio*: *vista curta, pavio curto*. *Breve* já não se aplica a tais substantivos (não se diz *vista breve* ou *pavio breve*), mas sim a substantivos como *ruído* (*ruído breve*), fazendo a distinção entre "comprimento" e "duração".

Estas falsas solidariedades ou combinações de elementos de origem clássica são muito frequentes nos neologismos criados pelas línguas modernas, para atender às suas necessidades. Assim, vê-se em *nostalgia* o elemento *algos* para a dor moral, e não física; todavia, não se respeitou essa especialização semântica de *algos* quando se precisou dizer "dor de cabeça". Criou-se um composto impossível em grego, apesar dos elementos gregos que nele entram: *cefalalgia*. E por este modelo vieram *odontalgia, nevralgia* e outros. *Terra*, em grego, tem dois significados, como em português: *ge* (planeta) e *argilos* (elemento argiloso); quando os médicos quiseram designar a doença provocada pelo fato de se comer terra, esqueceram-se da distinção do grego e formaram o composto geófago "comedor de terra", mas o que acabaram por dizer foi "comedor de planetas"! O correto seria *argilófago*. No sistema métrico francês entraram excrescências clássicas como *quilômetro* (por quiliômetro) e *hectômetro* (por hecatômetro), fórmulas que já não se podem emendar.

Benveniste lembra o caso em francês do neologismo *photographie*, cujos elementos não podem explicar o significado da palavra: *graphie* "reprodução" e *photo* "luz", que estão longe de exprimir o que pretende dizer o composto: "reprodução" (de uma imagem sobre uma chapa sensível à luz). Se o francês peca pelos seus compostos, o inglês toma o termo ao léxico grego e o aplica em condições que o grego não autoriza, e serve de mau guia para as línguas que hoje giram em torno da língua de Shakespeare em suas "inovações" lexicais. Podemos citar alguns destemperos "clássicos" do inglês, aplicando mal as palavras que ia buscar à fonte greco-latina. É o caso, por exemplo, do latim *versus* (abreviado *vs.*) deturpado para a ideia de oposição ou confrontação (*Peru versus Bolívia*, livro de Euclides da Cunha), quando em latim a preposição latina exprime a ideia de "em direção a", "para" (cf. francês *vers*). Para a ideia de oposição ou confronto, funciona outra preposição latina: *contra*.

É também o caso de *doméstico*, que, de boa cepa latina, significa "o que se relaciona com a casa" (lat. *domus* "casa") — *economia doméstica, produto doméstico, renda doméstica* —, e, como substantivo, "a dona da casa" (cf. *prendas domésticas*) ou "a pessoa empregada para serviços ou atividades caseiras": *o doméstico, a doméstica*.

Recentemente, o inglês estendeu tal significado para indicar também qualquer coisa que se realiza dentro do território nacional; por exemplo, os *voos domésticos*, em oposição aos internacionais. É um significado que o latim não conhecia e que é da inteira responsabilidade do inglês. Pela anglomania reinante, já se entronizou nas nossas companhias de aviação: *aeroporto doméstico, ala doméstica do aeroporto; voos domésticos*. Só encontramos esta acepção nova no recente *Dicionário Michaëlis* da Melhoramentos, segundo me informa o prezado colega Amaury de Sá e Albuquerque. Nos outros prevalece apenas o significado latino. Cremos que esta novidade do *Michaëlis* se explica por influência do *Michaëlis Português-Inglês*, em que se lê a nova aplicação de *doméstico*.

E agora voltemos à história de *micróbio*, de que começamos a falar no início do artigo, seguindo os passos da lição do linguista francês Benveniste. A palavra foi inventada depois que Pasteur pôs em evidência a ação de seres infinitamente pequenos e visíveis só ao microscópio, na destruição de matérias orgânicas, como a cerveja e o vinho, quando atacados por esses agentes, ação que era atribuída ao ar que, na realidade, funciona apenas como veículo. Foi nessa convicção que o cirurgião Charles-Emmanuel Sédillot (1804-1883) criou a palavra *micróbio* (fr. *microbe*), apresentada à Academia das Ciências no dia 7 de março de 1878. Segundo informa Sédillot, o neologismo teve o beneplácito do grande Littré, embora o termo não figure no seu *Dicionário*.

Benveniste, apoiado nas informações do genro de Pasteur que escreveu a *Vie de Pasteur*, comenta, com documentação, este problema lexicográfico. Numa carta a Sédillot, Littré argumenta que *micróbio* significaria em grego "[animal] de vida curta", e não "[animal] infinitamente pequeno", e conclui em defesa do neologismo: "Mas como você justamente observou, não se trata de grego propriamente dito, mas do emprego que nossa linguagem científica faz dos radicais gregos."[4]

E remata magnificamente nosso linguista a história de *microbe*:

> Semelhante composto teria sido possível em grego, e se todos os nossos lexicógrafos se equivocaram quanto à formação de *microbe*, é porque eles relacionaram com base num modelo grego, quando o inventor quis fazer um composto francês, e Littré viu bem que era este o ponto. Sédillot simplesmente vestiu de grego uma denominação que ele tinha conhecido em francês. Com efeito, é este o estatuto desse neologismo, como o de um grande número de neologismos que surgiram há um século ou mais: é um composto francês, com lexemas gregos. Ele corresponde a uma designação que foi primeiramente concebida em francês e transpõe para o grego sua definição, ainda que condensando fortemente.[5]

Texto publicado no jornal *Mundo Português* e na revista *Na Ponta da Língua*, originalmente em três partes: 6/5/1999, 13/5/1999 e 20/5/1999.

Notas

1   *Dictionnaire étymologique* de Bloch-Wartburg.
2   *Dictionnaire étymologique* de Dauzat.
3   Émile Benveniste, "Formas novas de composição nominal", in *Problemas de linguística geral*, II, trad. bras. Campinas: Pontes, 1989, p. 166-167.
4   Ibid., p. 169.
5   Ibid., p. 170.

Esquecidas riquezas do português

Depois de uma larga tradição de estudiosos brasileiros e portugueses em cujas obras o idioma era lido e investigado em todos os seus monumentos literários, da Idade Média aos tempos modernos, passamos a uma atividade, metodologicamente correta, mas conceitualmente empobrecedora da realidade da linguagem, segundo a qual só se pode descrever um *corpus* homogêneo e unitário, uma variedade de língua sincrônica, idealmente uniforme nos seus aspectos regional, social e estilístico. Ou, como se diz hoje em teoria, uma variedade não só uniforme no tempo (*sincrônica*), mas também *sintópica* (de uma só região), *sinstrática* (de um só estrato social) e *sinfásica* (de um só estilo). Inaugura-se, desta forma, o estruturalismo linguístico, que, sem sombra de dúvida, trouxe para a descrição das línguas extraordinário progresso no campo metodológico.

O que representava um avanço no domínio metodológico da atividade descritiva incentivou, entre muitos círculos de especialistas, a falsa ideia de que o único objetivo digno de estudo é a variedade de língua dita "primária", falada, usual, espontânea e livre; repudia-se a língua escrita, culta, considerando-a artificial, dogmática, antiliberal e imposta aos falantes pela classe dominante. Veio daí o privilegiamento da gramática descritiva acompanhado da crítica severa e posterior abandono da gramática normativa.

Não bastam vozes autorizadas reclamando contra a confusão de duas disciplinas correlatas, mas independentes da atividade científica do linguista, sem preocupação prescritiva (gramática descritiva) com a atividade do professor de língua, eminentemente normativa, que prescreve normas de conduta idiomática para momentos especiais nas relações entre os membros de uma sociedade (gramática normativa).

Já tivemos oportunidade de aqui mesmo neste espaço repetir a lição e a advertência de uma das nossas vozes mais autorizadas, o saudoso Joaquim Mattoso Câmara Jr., introdutor da linguística descritiva entre nós e nos cursos universitários:

> A gramática descritiva, tal como a vimos encarando, faz parte da linguística pura. Ora, como toda ciência pura e desinteressada, a linguística tem a seu lado uma disciplina normativa, que faz parte do que podemos chamar aplicada a um fim de comportamento social. Há assim, por exemplo, os preceitos práticos da higiene, que é independente da biologia. Ao lado

da sociologia, há o direito, que prescreve regras de conduta nas relações entre os membros de uma sociedade (...)
Assim, a gramática normativa tem o seu lugar e não se anula diante da gramática descritiva. Mas é um lugar à parte, imposto por injunções de ordem prática dentro da sociedade. É um erro profundamente perturbador misturar as duas disciplinas e, pior ainda, fazer linguística sincrônica com preocupações normativas.[1]

Como uma língua se constrói no tempo, esse *corpus* relativamente homogêneo e unitário de que se serve o linguista como objeto de descrição não altera a realidade da linguagem, que se caracteriza não como esse sistema abstraído idealmente, mas como um diassistema, isto é, um conjunto de variedades cronológicas, regionais, sociais e estilísticas, algumas das quais convivem efetivamente com os falantes e sobre algumas eles emitem juízos de valor, tais quais: "Isso já não se diz hoje; os antigos usavam assim" (juízo relativo ao tempo); "Isso não se diz aqui no Rio de Janeiro, mas é conhecido no Norte ou no Sul do país" (juízo relativo à localidade, variedade dialetal); "Isso uma pessoa escolarizada não emprega, mas é comum entre menos escolarizados" (juízo relativo ao estrato social, variedade social), ou ainda, "Isso não se diz socialmente, mas só na intimidade familiar" (juízo relativo à variedade estilística).

Por tudo isto, percebe-se, sem esforço, que a oposição que alguns estudiosos desejam fazer entre *sincronia* e *diacronia*, isto é, entre *funcionamento* e *mudança* respectivamente, é de natureza metodológica e não anula a realidade da língua, que é um fato único, já que a sincronia não passa de um aspecto da sua diacronia.

Esta visão redutora de se supor que o único objeto científico digno de estudo é a língua oral, espontânea e viva do aqui e agora vem trazendo graves consequências à orientação de vários Institutos de Letras envolvidos na preparação e formação do quadro de magistério de 1.º e 2.º graus, pelas razões de que vamos falar a seguir.

Partindo da ideia, metodologicamente correta — como vimos — de que a descrição só pode ser levada a efeito tomando-se um objeto relativamente uniforme e homogêneo, reduziu-se a investigação linguística à sincronia, quando a investigação tem (ou deve ter) preocupação e alcance muito mais amplos.

Para contar com maior espaço de tempo na angusta grade curricular (que hoje, incompreensivelmente do ponto de vista de política educacional, mas infelizmente compreensível do ponto de vista de política econômica, em que a visão do homem ficou submergida pela visão de despesa e de custo), os Institutos de Letras estão "empurrando" para a pós-graduação as disciplinas de natureza histórica, que serviam de alicerce à formação do professorado, em tempos idos: latim (oferecido em dois semestres, o que é o mesmo que nada), gramática histórica, história da língua, filologia portuguesa, filologia românica...

Como a pós-graduação é frequentada por uma minoria de graduados, corre que esse contingente de profissionais entra no mercado de trabalho, oficial e particular, com cabedal nem sempre suficientemente adequado ao desempenho de sua nobre, importante, mas complexa tarefa de transformar o saber intuitivo em saber reflexivo e criativo da competência linguística dos seus alunos. E esta situação é sentida e lamentada pelos próprios egressos universitários, que se consideram não suficientemente preparados para enfrentar, diante das turmas, o desafio para o qual só diploma debaixo do braço não lhes garante a necessária confiança, tranquilidade e sucesso.

Os cursos de aperfeiçoamento e especialização que buscam, terminada a graduação, afligem-lhes a consciência, por aí se tornarem mais patentes as lacunas de formação, lacunas que tendem a aumentar à medida que as autoridades defendem a entronização de cursos de mais rápido término e de menos custo. As estatísticas que comprovam que, entre nós, a educação tem melhorado e que vai bem são areias nos olhos de quem está fora do processo, apesar do reconhecido esforço dos abnegados professores e profissionais de educação que, sem estímulo, amparo e reconhecimento, se esforçam para dar o melhor de si no tipo de ensino que as pessoas e as condições lhes permitem oferecer a alunos que, amanhã, serão os nossos médicos, engenheiros, advogados, técnicos, professores, políticos e quanto a nossa imaginação abarcar possa.

O encurtamento histórico ocorre, quase sempre, até nas disciplinas básicas: a literatura brasileira e a portuguesa restringem-se à modernidade, quando não a esse período de confusa concepção e apreensão chamado pós-modernidade; a língua portuguesa quase se restringe ao conhecimento da metalinguagem, a teoria pela teoria, sem o convívio permanente e profundo com os fatos da língua em diversas dimensões, incompreensivelmente repudiado por muitos do ramo como "ensino de decoreba".

Esta visão redutora da sincronia, e mais ainda redutora quando privilegia a língua oral em detrimento da língua escrita, pretende ignorar que ambas são realidades da língua histórica. E mais ainda, cumpre ressaltar informações preciosas colhidas nos bons teóricos da linguagem, com Eugenio Coseriu à frente, segundo os quais:

a) Só a história pode considerar realmente a variedade (diacronia) e a homogeneidade da língua (sincronia), já que a variedade é uma dimensão intrínseca da língua, reflexo que é da criatividade;
b) Só a história pode levar em conta com coerência a tensão permanente entre as estruturas diacronicamente concorrentes numa mesma língua funcional;
c) Só a história pode considerar a língua nas suas relações com as outras formas de cultura espiritual e material de uma comunidade, à medida que só a história pode considerar e esclarecer, por exemplo, repercussões visíveis e palpáveis do movimento cultural do Humanismo e do Classicismo no processo de relatinização do português no século XVI; ou do Barroco entre os séculos XVI e XVII; ou o movimento de insatisfação e de reforma de que se originou o Modernismo, preparado antes de 1922, instalado na Semana de Arte Moderna e que se desgalhou nos seus reflexos na língua, na literatura, na pintura, na música, na filosofia, na educação, na arquitetura, na engenharia e em tantas outras atividades culturais e materiais. No que se

refere ao domínio da língua, percebe-se bem como o que aí se manifesta está determinado não pelo saber idiomático, mas pelos saberes extralinguísticos, para dar conta dos quais, a descrição, centrada exclusivamente na língua, não tem os elementos e as condições indispensáveis.

O estudo e ensino da língua desgarrada da visão histórica favorecem a um empobrecimento de informações no que diz respeito a riquezas do idioma, o que leva, muitas vezes, professores e gramáticos descritivistas a ignorarem e, por isso mesmo, taxarem por errôneos usos perfeitamente corretos. Acrescente-se a isto que tais estudiosos deixaram de mão a leitura de bons gramáticos e filólogos que, aplicando-se à investigação do idioma em todos os períodos da sua história, encontravam-se, neste sentido, mais bem habilitados a discorrer sobre fatos hoje reputados por errôneos em digressões sobre gramática portuguesa.

Um caso recente, tratado em artigo de um dos nossos consultórios gramaticais de larga difusão na imprensa carioca, diz respeito ao bom e vernáculo emprego do gerúndio. Segundo a lição do articulista, ao citar com aplauso e concordância outro colega, o uso do gerúndio "será tão mais impróprio quanto mais se aproxima da função adjetiva, ou da expressão de qualidades ou estados, ou quanto maior a distância entre o tempo da ação expressa por ele e o tempo da ação do verbo principal".

Trocada em miúdos a lição do articulista, será incorreta a presença de gerúndio, em primeiro lugar, em construções do seguinte tipo, em que a forma verbal exprime qualidade, já que está "copiando construção francesa (galicismo)":

Viu uma caixa *contendo...*

Para esse autor, a construção mais adequada seria:

Viu uma caixa que *continha...*

Também, pela mesma lição, se há de evitar o emprego do gerúndio quando "expressa qualidades e não comporta a ideia de contemporaneidade", como, por exemplo:

Vi um jardim *florescendo.*

Isto significa, portanto, que no exemplo Vi um menino *correndo* ou Vi um menino *atravessando* a rua, já estaria correto o emprego do gerúndio, que, embora esteja aí exprimindo "qualidades" (*correndo* = que corria; *atravessando* = que atravessava), denota processos contemporâneos ou concomitantes ao ato de ver.

Ainda, consoante o mesmo articulista, se há de evitar, por incorreto, o emprego do gerúndio quando "a ação expressa pelo gerúndio é posterior à do verbo principal", como ocorre em:

O assaltante fugiu, *sendo detido* duas horas depois.

Caso em que seria melhor dizer:

O assaltante fugiu e *foi detido* duas horas depois.

Finalmente, dentro da lição do articulista, deve-se fugir ao emprego do gerúndio quando a ação expressa por ele e a expressa pelo verbo da oração principal "não puderem ser simultâneas", como nos exemplos seguintes:

Chegou *sentando-se*.

Machado de Assis nasceu no Rio de Janeiro, *estudando* com um amigo padre na infância.

Até aqui a lição do responsável pelo consultório gramatical. Ora, falar do gerúndio já é um assunto complexo no quadro verbal das línguas românicas, em cujo grupo se insere o português, porque se trata de uma forma que teve seus usos ampliados para suprir as lacunas deixadas pelo esquecimento e posterior desaparecimento do particípio presente, fato que já ocorria no próprio período do latim, no seu complexo quadro das formas latinas que coparticipavam do quadro nominal e do quadro verbal.

A bem da verdade, a crítica ao uso do gerúndio consoante o primeiro dos casos acima apontados (Viu uma caixa *contendo*...), considerado pura imitação do francês, fora apoiada por autoridades do porte de José Leite de Vasconcelos; todavia hoje, depois dos estudos, principalmente de Said Ali e Cláudio Brandão — para ficarmos só com a prata da casa —, tal emprego mereceu revisão e se tem como antigo e clássico, muito antes de a influência francesa estender seus braços avassaladores em direção à língua portuguesa. Isto porque, como antes dissemos, o gerúndio passou a preencher a casa vazia deixada pelo particípio presente, com seu valor normalmente adjetival, valor posteriormente assumido pelo gerúndio.

Sem apelar para as informações havidas nos grandes manuais de filologia românica (as gramáticas redigidas por F. Diez e W. Meyer-Lübke), fixando-nos apenas nas lições de Said Ali, publicadas no início da década de 1920, e de Cláudio Brandão, no início da década de 1930, aprendemos que o gerúndio no caso apontado como galicismo é antigo na língua portuguesa, praticado por autores como Camões, Frei Luís de Sousa e tantos outros, conforme documentam os exemplos:

"não faltam ali os raios, os trêmulos cometas *imitando*" [que imitam];[2]

"no outro painel parecia um altar alto de muitos degraus, com um devoto crucifixo, e o arcebispo *celebrando* o Santo sacrifício da Missa."[3]

Diante desses testemunhos, comenta Said Ali: "É, na verdade, muito para lastimar que livros tão conhecidos, tão dignos de serem consultados nem sempre os tenham à mão os missionários do purismo ideal e censores do falar de toda a gente".[4] E remata com esta advertência:

Quem identifica a forma invariável em -*ando*, -*endo* e -*indo* do verbo português com o ablativo do gerúndio latino anda muito bem se considera a cousa do ponto de vista morfológico; mas desacerta, e muito, se, no tocante à significação, tem em mente apenas as noções de instrumento e meio de gerúndio primitivo, ignorando as demais funções tomadas ao particípio do presente, ou dele herdadas.[5]

Todos os empregos do gerúndio apresentados pelo articulista como errôneos têm o beneplácito dos dois conspícuos filólogos brasileiros que mais detidamente estudaram esta forma verbal no português, M. Said Ali e Cláudio Brandão, já aqui citados, amparados na observação dos fatos colhidos nas obras dos melhores escritores antigos e modernos.

A perplexidade daqueles que não veem com bons olhos a expansão do emprego do gerúndio em português — fato que não lhes é exclusivo no mundo românico — se deve a que fecharam esses mesmos olhos à história da forma verbal no seu curso a partir do latim. Só para relembrar esse percurso histórico, sabemos que o gerúndio português representa originalmente o ablativo do gerúndio latino (que, como forma nominal do verbo, era declinável) terminado em -*ndo*, e, como tal, se aplicava na oração com emprego adverbial ou circunstancial de modo: *docendo discimus*, isto é, ensinando aprendemos.

Intimamente ligadas a essa noção inicial, vieram outras, como a de estado ou modo de ser, geralmente transitórias, atribuídas ao sujeito ou complemento do verbo principal: *Os meninos iam cantando. O professor encontrou o aluno chorando.*

Desse emprego com nítido valor atributivo, como ensina Cláudio Brandão,

> serviu o gerúndio para a constituição de certas perífrases verbais, em que os verbos subordinantes, enfraquecendo cada vez mais o seu sentido, se tornam simples auxiliares, concentrada no gerúndio a predicação propriamente dita: "Estamos (andamos, ficamos, vamos) colhendo flores no prado."[6]

Assim, o gerúndio, partindo de uma função circunstancial, passou a substituir o particípio presente e, como consequência natural, pôde estender seu emprego para assumir valor adjetivo, quer como termo de oração, quer como oração adjetiva à parte.

Das circunstâncias adverbiais exercidas pela oração subordinada em que entra o gerúndio, volta-se a crítica do articulista — e com ele estão outros estudiosos — a alguns aspectos da noção temporal. Se o gerúndio exprime processo ou ação "coexistente ou imediatamente anterior à ação do verbo principal", a pureza do idioma se resguarda imaculada.

Assim estarão corretos os empregos da forma verbal em exemplos como os seguintes, citados por Brandão:[7]

> "(...) ambos pereceram desastradamente num dia, cruzando [= enquanto cruzavam] o Tejo." (Garrett)

"Logo cada um dos deuses se partiu, / Fazendo [= depois que fizeram] seus reais acatamentos." (Camões)

Mas o emprego recriminado, pelo qual o gerúndio não indica nem simultaneidade nem tempo imediatamente anterior, e sim tempo posterior, e, como tal, passível de equivalência a uma oração coordenada introduzida pela conjunção *e*, tem o agasalho de bons estudiosos, porque é prática constantemente encontrada nos melhores escritores de nossa língua. Pelo conteúdo designado, podemos contextualmente acrescentar à coordenação um sentido, acessório, de conclusão ou consequência.

Este uso tem antigas raízes na língua literária portuguesa: tanto Said Ali quanto Cláudio Brandão citam exemplos a partir da *Crônica da ordem dos frades menores* de Fernão Lopes, representantes do século XV. São de Said Ali os trechos ora lembrados:

"Foi visitar os portaes a ali lhe apareçerom os santos apóstolos abraçando-o amigavelmente e fazendo-lhe graças."[8]

"El-rei Dom Fernando lhe tomou a molher, recebendo-a depois de praça."[9]

"Mas o leal vassalo... se vai ao castelhano, prometendo que ele faria dar-lhe obediência."[10]

Por tudo o que vimos até aqui, fica-nos patente o quanto se mostra difícil uma língua a quem dela quer penetrar as normas e potencialidades, quando, não conhecendo sua tradição e sua história, cria outros critérios para apontar o que nela é certo e o que é errado. O emprego do gerúndio é um desses casos que, mal estudados, ficam ao sabor do capricho de quem do idioma quer ditar regras sem conhecê-lo convenientemente.

Não só assistimos a desvarios desses em consultórios gramaticais; pior é que aflora dos conceitos e preconceitos de certas bancas examinadoras de concurso, contra cujas lições bradam ou a teoria linguística ou a tradição literária, ou ambas, pelo testemunho dos escritores que timbram em guardar a vernaculidade. Quando isto ocorre, ficam as pessoas muitas vezes prejudicadas sem a opção de um foro especializado a que possam recorrer para sanar possíveis injustiças cometidas pelo tribunal da gramática de concursos.

Uma consulta a órgãos universitários dos Institutos de Letras do país ou, talvez melhor, à Academia Brasileira de Filologia, seria o recurso a órgão de última instância a ser consultado nos casos em que persistissem as discussões.

A Academia Espanhola, que encerra no seu variado quadro a fina flor da filologia e da linguística em língua castelhana, debruça-se constantemente em atender a solicitações públicas e privadas que lhe dirigem as mais diversas fontes na Espanha e nos países hispano-americanos, para o enriquecimento das entradas no seu *Diccionario*, cuja 1.ª edição data de 1726. Julio Casares, um dos acadêmicos especializados em lexicologia e lexicografia, começara em março de 1959, pelas páginas do excelente periódico de Madri *ABC*, uma seção intitulada "A Academia Espanhola trabalha", em que apresentava ao público leitor a consulta recebida sobre a validez de tal ou qual palavra ou expressão, a discussão travada entre acadêmicos e o parecer final e oficial do colegiado. Esses artigos de imprensa despertaram tanto interesse dos leitores, que Casares os reuniu em livro, com o título *Novedades en el diccionario academico* e subtítulo "La Academia Española trabaja".[11]

Eis aí um excelente exemplo que nossa Academia Brasileira de Letras poderia imitar, no campo do vocabulário e do dicionário. Uma parceria com a Academia Brasileira de Filologia, ou esta sozinha, seria um bom caminho, bom e proveitoso aos utentes, para que as questões gramaticais de uso (a chamada "gramática de uso") no Brasil encontrassem seu mais legítimo foro de discussão e proposta de validade oficial.

Está claro que não propomos aqui um foro de imposições, mas um foro que tem condições técnicas de propor uma solução oficial, com a chancela acadêmica. É o que, noutro campo, nos idos de 1950, ensejou o Ministério de Educação e Cultura a proposta de *Nomenclatura gramatical brasileira* que, com todas as críticas que lhe foram dirigidas, muito ajudou a professores e alunos no ensino e estudo da língua portuguesa entre nós. O exemplo foi tão salutar, que, logo depois, o Ministério de Educação de Portugal reuniu seus melhores filólogos e linguistas para elaborar a *Nomenclatura gramatical portuguesa*.

Não custa nada fazer a proposta.

Texto publicado no jornal *Mundo Português* e na revista *Na Ponta da Língua*, originalmente em quatro partes: 23/9/1999, 30/9/1999, 7/10/1999 e 14/10/1999.

Notas

1   *Estrutura da língua portuguesa*, p. 5.
2   Luís de Camões, *Os Lusíadas*, 2, p. 90.
3   Sousa, *Vida do arcebispo*, p. 348.
4   *Investigações filológicas*, p. 45, em artigo publicado em 1920.
5   Ibid., p. 51.
6   *Sintaxe clássica portuguesa*. Belo Horizonte: Imprensa da Universidade de Minas Gerais, 1963, p. 479.
7   Ibid., p. 480.
8   *Crônica da ordem dos frades menores*, I, p. 14.
9   Fernão Lopes, *Crônica de D. João I*, p. 348.
10 Luís de Camões, op. cit., 3, p. 36.
11 Madri: Aguilar, 1963.

Está na hora da onça (ou de a onça) beber água?

Vou hoje começar a tecer aqui algumas considerações acerca de uma construção que, pelo menos no Brasil, vai ganhando dia a dia na imprensa maior incremento e que na língua escrita de Portugal já tem, segundo percebo, vitória absoluta.

A construção a que me refiro é uma das que estão exemplificadas no título do presente artigo: *Está na hora de a onça beber água*. Percebe-se que o que distingue uma da outra é que, na primeira, a preposição *de* se contrai com o artigo que precede o substantivo *onça* (*da onça*), enquanto, na segunda, não ocorre tal fenômeno (*de a onça*).

Em que consiste a dúvida e qual a razão que se aponta para que uma seja preterida pela outra? Para responder a esta pergunta, necessário é que se façam alguns comentários preliminares. Por outro lado, há aspectos outros da questão que ultrapassam o limite do juízo certo e errado e sobre os quais falarei mais adiante.

Em primeiro lugar, sabemos que, no português moderno (do século XVIII para cá), as orações que se estruturam em torno de um só verbo no infinitivo, gerúndio ou particípio têm o seu sujeito posposto a este verbo (a gramática tradicional chama *reduzidas* a tais orações).

> É hora *de saírem os meninos* (*os meninos* é sujeito).
> *Acabando a aula*, iremos ao café (*a aula* é sujeito).
> *Terminada a palestra*, cumprimentaram o conferencista (*a palestra* é sujeito).

Ocorrendo o gerúndio ou o particípio (veja-se mais um exemplo...), a regra geral, no português moderno, é a posposição. Por isso, não se há de dizer nem escrever:

> *A aula acabando*, iremos ao café.
> *A palestra terminada*, cumprimentaram o conferencista.

Nas orações em que o sujeito está representado por *isso, isto, aquilo, o que*, pode este vir anteposto ou posposto ao particípio:

Posto isto ou *isto posto*.

Se o gerúndio vier precedido da preposição *em* (construção hoje rara), a colocação do sujeito posposto ao verbo é a mais frequente:

Em se vendo isto, percebe-se o engano.

Se se trata de infinitivo, a posição do sujeito torna-se livre; tanto está correta a posposição quanto a anteposição:

É hora de *saírem os meninos*.
É hora de *os meninos saírem*.

Sabemos desde os primeiros anos dos bancos escolares que, quando se encontra na cadeia da frase a preposição *de* com o artigo definido ou pronome iniciado por vogal, se dá a contração:

O livro *de o* menino / O livro *do* menino.
A casa *de ele* / A casa *dele*.

Já com os artigos indefinidos e com substantivos e certos pronomes iniciados por vogal esta contração é facultativa:

O livro *de um menino* / O livro *dum menino*.
É revista *de outros tempos* / É revista *doutros tempos*.

Tais contrações representam um caso de morfofonologia (estudo dos morfemas e do modo como se relacionam na sequência fonética) ou de fonética sintática.

Voltando ao caso das orações construídas em torno de um infinitivo, teremos:

É hora *de saírem os alunos*.
É hora *de os alunos saírem*.

Ora, como se vê, a anteposição do sujeito aproxima a preposição *de* (que subordina o infinitivo) do artigo, e tal aproximação facilita ou conduz à contração, pelo mesmo fenômeno da morfofonologia:

É hora *de os* alunos saírem.
É hora *dos* alunos saírem.

E aí começa a repreensão de gramáticos, lembrando, em sua tese, que o *sujeito não pode ser regido de preposição*. O nó da questão é discutir se a simples contração é fenômeno suficiente para caracterizar a *regência*, isto é, a subordinação sintática de um termo subordinante ao termo subordinado. Vejamos as frases:

Este livro é para mim.
Este livro é para eu ler.

Em ambos temos a preposição *para* seguida de um pronome pessoal: *mim* e *eu*, que, pelas regras morfofonológicas do português, não se contrai nem com a forma *eu* e muito menos com a forma *mim*; todavia, na primeira frase a preposição rege (subordina) o pronome e, por isso mesmo, ele se apresenta na forma objetiva tônica *mim*. Já na segunda frase, a preposição não rege (não subordina) o pronome e, por isso mesmo, ele se apresenta na forma subjetiva *eu*. Daí todos os gramáticos, com razão, condenarem a construção que resulta de uma falsa regência (subordinação) da preposição *para* em relação ao pronome: *Este livro é para mim ler*.

Vejamos agora estes dois exemplos: A professora gosta de uma aluna (sem contração); A professora gosta duma aluna (com contração), em que temos a preposição subordinando um sintagma introduzido pelo artigo indefinido *uma*, independentemente de haver ou não contração.

Por tudo isso que acabo de explicitar, deve ficar claro que regência é um fenômeno sintático, enquanto contração é um fenômeno morfofonológico. Um não implica o outro. Se isto ficou entendido, ficará mais claro verificar que, se houvesse um caso de regência nas duas frases de infinitivo tomadas como exemplos, tanto ocorreriam com a ausência de contração, quanto com sua presença. Para provar a existência de um sintagma preposicionado, podemos contar com o teste da não separação da preposição que rege o termo subordinado.

Assim em: A professora gosta de uma aluna, o sintagma preposicional *de uma aluna* desloca-se como um todo inseparável: De uma aluna gosta a professora ou Gosta de uma aluna a professora, e não, com o mesmo significado, Gosta de a professora uma aluna.

Já nos exemplos com infinitivo, por condições históricas especiais, a preposição *de* pode não acompanhar *os alunos* porque com este sintagma, funcionando como sujeito, não forma um sintagma preposicionado:

É hora de saírem os alunos.

Mais adiante iremos ver que essas condições históricas especiais que permitem a inversão atuam não só no português, mas nas línguas irmãs e, por isso, têm merecido particular atenção nos compêndios de sintaxe românica.

Um estudo que merece ser feito na sintaxe portuguesa é tentar descobrir qual o primeiro gramático que não só registrou este fato sintático, mas também que considerou errônea a contração da preposição com o sujeito do infinitivo começado por vogal ou *h*, ou, então, com algum determinante desse sujeito.

Pelo que até onde pude investigar, a mais antiga fonte desta lição que conheço é a *Nova gramática analítica da língua portuguesa*, saída em 1881 (uma *Pequena gramática* já viera à luz em 1865) e escrita pelo suíço Adrien Olivier Grivet, que viera estabelecer-se no Rio de Janeiro como professor. O forte desta obra é a parte dedicada à sintaxe, quase toda alicerçada no uso que da língua portuguesa fez o exímio padre Antônio Vieira. Assinalar este último fato creio ser importante para a nossa questão, porque o grande orador tinha predileção por não proceder à contração no caso de que ora estou tratando, embora esporadicamente também se servisse da outra construção. Vejamos a lição de Grivet:

> Se (...) a índole da língua autoriza que um termo não anexo, e sim de todo independente, como um sujeito ou um complemento direto, possa intrometer-se por acaso entre a preposição e seu regime, a razão não admite que, com ele, a mesma preposição forme contração, porque daí resultariam dois absurdos: o sujeito ou o complemento direto assim agarrado pela preposição não seria mais nem sujeito, nem complemento direto, e sim regime da mesma preposição; e o regime próprio da preposição, desamparado de sua relação, não teria mais função nenhuma: o que tudo destruiria a sintaxe pela base.[1]

Apesar dessa argumentação de ordem puramente lógica, em que confunde uma alteração de regência sintática (do tipo Isto é para *mim* fazer) com o caso em questão, Grivet diz que bons clássicos praticaram a contração, inclusive o padre Vieira; mas justifica os exemplos como meros descuidos, ou se não foram antes o resultado de uma distração de compositor tipógrafo, ou o da infidelidade de um primeiro copista presumido.[2] Está claro que a justificativa não atende à realidade dos fatos e, como veremos adiante, o fenômeno é comum a outras línguas do grupo românico.

A constância desta sintaxe em Vieira nos leva a considerar errônea a citação que do orador faz uma gramática repleta de boas informações, a escrita por Eduardo Carlos Pereira:

> O sujeito não pode estar subordinado a outra palavra, e por isso não pode ser regido da preposição. Não se dirá: É tempo deles irem embora, mas: É tempo de eles irem embora ou de irem eles (...) São, portanto, condenáveis as seguintes construções: Em vez dos ladrões levarem os reis ao inferno... (A.V.). É tempo dos patriotas erguerem-se. A preposição rege o verbo e não o sujeito. Dir-se-á, pois: É tempo de os patriotas erguerem-se, ou, melhor: É tempo de se erguerem os patriotas.[3]

Pondo de lado a afirmação de ser melhor a construção É tempo de se erguerem os patriotas, em que, segundo suponho, fica ambíguo o entendimento da frase anterior, a verdade é que o exemplo de Vieira não é como está transcrito na lição do citado gramático. A frase, que aparece no *Sermão do Bom Ladrão*, pregado em Lisboa em 1655, assim ocorre na página 352 do volume original dos *Sermões*, edição de 1683: (...) em vez de os ladrões levarem os Reis ao Inferno, sintaxe repetida na página 354: (...) em lugar dos ladrões levarem consigo.

Quanto à fonte em que foi beber a lição Eduardo Carlos Pereira, ela está patente no parágrafo 458, onde textualmente cita Grivet.

Se uma ou outra gramática trata desta construção, a verdade é que a maioria dela não se ocupa, e o curioso é que nossos melhores sintaticistas (Said Ali, Epifânio, Mário Barreto) puseram de lado a questão. Desde a edição das *Lições de Português* (1960) e da *Moderna Gramática Portuguesa* (1961), venho insistindo em que não se trata de um caso de regência, mas sim de um caso de fonética sintática ou, como já disse, de morfofonologia. Citava aí que já havia registrado a contração como correta o Padre Pedro Adrião, do Seminário de Olinda (Pernambuco), na sua preciosa e informativa obra *Tradições Clássicas da Língua Portuguesa*, editada em Porto Alegre, em 1945, embora o autor continue a dar o fato como se de regência fosse: "O sujeito de uma oração subordinada infinitiva preposicional pode ser regido de preposição: *São horas do professor chegar.* É verdade que alguns gramáticos têm condenado construções como esta, mandando que se evite a contração e se diga: *São horas de o professor chegar.* Baseiam-se em exemplos clássicos, que viram, em que a preposição vem separada. Devido a esta condenação dos gramáticos, muitos escritores modernos se mostram medrosos em fazer a contração. Mas nem por isto esta contração, mais natural, mais elegante, mais eufônica, mais usual na conversação, deixa de ser consagrada pelo uso dos escritores clássicos, não só antigos como modernos."[4]

E seguem-se exemplos dos mais conceituados escritores do século XVI aos nossos dias, portugueses e brasileiros.

Outra voz autorizadíssima é a de Sousa da Silveira, que no livro *Fonética sintática*, de 1952, diz:

> Uma elisão, por assim dizer, obrigatória é a da preposição *de* com o artigo definido ou com o pronome *ele*: do, da, dos, das, dele, dela, deles, delas. Ainda quando a preposição *de* não está regendo o pronome, nem o substantivo a que se prende o artigo definido, mas sim um infinitivo, a elisão pode observar-se: Ora julga se é razão / das minhas lágrimas serem menos daquelas que são.[5]

Seguem-se exemplos de Heitor Pinto, Tomé de Jesus e Alexandre Herculano, concluindo o mestre:

> Atualmente se tem estabelecido como regra ortográfica não se praticar a elisão no caso de que acabamos de falar, isto é, quando a preposição *de* rege o infinitivo, e não o pronome *ele* ou o substantivo a que se prende o artigo. Em obediência a essa regra, teremos de escrever como o fez Alexandre Herculano, não no trecho citado acima das *Lendas e Narrativas*, mas nesta passagem de *A Cruz Mutilada* (Poes., 122): Porém (...) / Antes de o sol se pôr.[6]

Se os escritores não nos cansam de dar testemunhos de que ambas as construções estão corretas e vigentes na língua desde os mais recuados tempos, notáveis gramáticos, filólogos ou linguistas não fugiram à forma com contração: "Depois do presente estudo ter sido enviado à redação do Boletim, li uma obra análoga (...)";[7] "Antes dos romanos começarem a conquista da Hispânia (...)";[8] "(...) apesar de numerosos erros, da impossibilidade do autor se elevar no seu tempo a uma verdadeira teoria da história da língua (...)";[9] "Pelo fato do verbo *restituir*, numa de suas acepções, e *entregar*, em certos casos, terem, como diz o Dr. Rui Barbosa, o mesmo sentido (...)";[10] "(...) no caso do infinitivo trazer complemento direto".[11]

É interessante uma observação sobre a prática ou não da contração entre os modernistas brasileiros. Os dois melhores estudiosos do assunto entre nós, Raimundo Barbadinho Neto e Luiz Carlos Lessa, ao tratarem do assunto, mostram que poetas e prosadores nossos usaram das duas construções. Lessa (*O modernismo brasileiro e a língua portuguesa*)[12] transcreve numerosos exemplos com a contração; Barbadinho (*Sobre a norma literária do modernismo*)[13] mostra que os exemplos da sintaxe sem contração podem ser colhidos a mãos-cheias. De tudo isto se conclui que ambos os modos de dizer são igualmente corretos, fartamente documentados em nossa tradição literária e aceitos por estudiosos do idioma. Vamos, agora, entrar num outro aspecto da questão, até aqui não ventilado, que é o aspecto da expressividade que envolve estes dois modos de dizer.

Na sua estimulante *Estilística da língua portuguesa*, o filólogo português M. Rodrigues Lapa, tratando de usos da preposição, justifica o uso sem contração da partícula com o termo que a segue, por motivos expressivos e não, propriamente, por motivos de ordem gramatical:

> Quando se segue um artigo ou pronome começado por vogal, a preposição [Lapa referia-se a *de*] funde-se com eles, perdendo o *e* e formando uma só palavra: do, duma, daquele, dalgum, etc. Os escritores porém acham que, neste processo de aglutinação, a partícula perde um pouco do seu valor expressivo. Comparemos as duas formas:
> 1. Seu pai morreu duma apoplexia.
> 2. Seu pai morreu de uma apoplexia,
> (...) sentimos, realmente, que a ideia de causalidade sobressai com mais viveza na segunda forma, em que a preposição aparece por inteiro. Outras vezes, os escritores evitam essas elisões um pouco brutais, com um propósito de clareza, como se mostra neste passo de Eça de Queiroz: — *E eu venho ajudá-lo, primo! — disse ela animada pelo seu próprio riso, pela alegria de aquele homem a seu lado*. O autor não alude à alegria do homem — nesse caso teria escrito *daquele* homem; quer exprimir a alegria dela, por tê-lo a seu lado, nessa visão de sonho. Por isso manteve intacta a preposição.[14]

E a seguir toca no problema de que estamos tratando, quando aparece o infinitivo: "É por este mesmo princípio que as gramáticas *aconselham* [o grifo é meu] a não fazer elisão antes do verbo no infinitivo. Assim, deverá escrever-se: depois de o Governo ter caído e não depois do Governo ter caído."

Como se vê, pela argumentação de Rodrigues Lapa, saímos do domínio da gramática (reger o sujeito de preposição) para entrar no domínio da estilística, isto é, dos recursos e efeitos expressivos. No domínio da gramática, estaríamos, no caso, diante da dicotomia do juízo certo x errado em relação direta com a atividade na língua portuguesa (trata-se do plano histórico a que alude Coseriu); no domínio da expressividade, diante da dicotomia de juízo adequado x inadequado em relação direta à atividade do discurso que executo (trata-se do plano do discurso de Coseriu). Enquanto aos saberes, isto é, à competência do falante, o primeiro, o da língua, é o saber idiomático; o segundo, o do texto, é o saber expressivo.

Lapa, falando da contração da preposição, diz que esta pode ficar como que disfarçada e, assim, perder ou esmaecer o seu significado. Curiosamente ele faz referência a um fenômeno que já havia sido apontado, há mais de cem anos, pelo velho e sempre lido com proveito Friedrich Diez, linguista e filólogo alemão que fundou a disciplina filologia românica, em 1836, ao aparecer o primeiro volume da sua *Gramática das línguas românicas* (1836-1843). Para os que não a conhecem, a filologia românica é uma disciplina histórica e comparativa que procede ao estudo erudito dos temas linguísticos e literários em torno das línguas românicas (continuadoras interruptas do latim no tempo e no espaço) e de suas literaturas.

Pois bem, Diez, tratando, no final do terceiro volume da sua *Gramática*[15] dedicado à sintaxe, das possibilidades de separação, nas línguas românicas, da preposição em respeito ao infinitivo, colocando-se entre eles outros termos da oração, lembra que o fenômeno acaba disfarçado ou mascarado (*unkenntlich*) pela contração da preposição com o artigo.

Também a *Gramática das línguas românicas* (1890-1899), de W. Meyer-Lübke, trata, no seu terceiro volume dedicado à sintaxe, destas mesmas inversões e, no § 744 (trad. fr.), cita este exemplo de Júlio Dinis:

Chegou a ocasião da Sra. Teresa julgar ter obtido uma grande alavanca.[16]

Vê-se, portanto, que os dois grandes romanistas examinaram o problema pelo seu aspecto maior, a questão da ordem dos termos na frase e nem de longe enquadraram a contração da preposição com outro elemento como se fora caso de regência verbal.

A necessidade de garantir o significado da preposição, de que nos fala Rodrigues Lapa, serve também para explicar a lição dos que aconselham evitar a contração também quando a preposição vem precedida por advérbio. É a lição — e creio ser o mais contundente dos poucos defensores do fato gramatical — do notável filólogo Rebelo Gonçalves, mestre de filologia clássica e portuguesa. Tratando dos casos em que não é lícito o uso do apóstrofo, inclui o seguinte (limitar-me-ei a um só de cada série dos exemplos aludidos pelo filólogo português):

> Nas combinações da preposição *de* com as formas articulares ou pronominais *o, a, os, as,* e com quaisquer pronomes ou advérbios iniciados por vogal, quando aquela preposição rege uma construção de infinitivo. Nestes casos não só a forma prepositiva jamais se representa por *d* (*do, dele, daqui,* etc.), como também se não funde graficamente com a palavra imediata (*do, dele, daqui,* etc.): uma e outra se escrevem separadas, sem prejuízo de se combinarem na pronúncia:
> São horas de o meu pai voltar; Está desejoso de o ver; Orgulho de ele ser português; Já é tempo de este aparecer (...); Arrepende-se de aqui estar, de aí morar, de ali residir, de acolá viver.[17]

Depois de referir que a regra acima se aplica também às locuções prepositivas com *de* (*a fim de o meu pai saber; antes de ele chegar; apesar de os não ver; a ponto de o rei saber; depois de as haver encontrado; em virtude de isto ser impossível; por causa de ali morares*), continua sua lição:

> Assim como a preposição *de*, quando rege infinitivo, jamais se funde na escrita com uma forma de artigo, pronome ou advérbio iniciada por vogal, assim também outras formas prepositivas, se têm igual regência, devem ficar graficamente distintas de flexões de artigo ou pronome com as quais, noutras circunstâncias, se fundiriam. Estão neste caso *a* e *pra* (redução de *para*): *devido a o avião se ter atrasado* (*devido a o*, e não *devido ao*, apesar de *a o* soar *ao*); *pra o menino ver* (*pra o*, e não *pro*, a despeito da pronúncia); *pra o ver, pra a ver, pra os ver* (*pra o, pra a, pra os, pra as,* e não *pro', pra', pros', pras',* embora assim se leia).[18]

Tais ensinamentos de Rebelo Gonçalves ensejam alguns comentários que farei a seguir.

A leitura atenta da lição de Rebelo Gonçalves nos dá oportunidade de tocar em alguns pontos importantes. Em primeiro lugar, percebe-se que nem todas as preposições combináveis com artigo ou com palavra começada por vogal apresentam a mesma naturalidade quando se trata do fenômeno da contração que vimos estudando. Repare-se, por exemplo, nas frases abaixo (o asterisco indica a construção não usual):

> São horas de o meu pai chegar/ do meu pai chegar
> Confio em o pai chegar a tempo/ *no pai chegar a tempo.

Outro ponto em que os casos de contração parecem diferir é o relativo a se se trata da presença do sujeito ou da presença do objeto direto (termo sintático não precedido ou regido de preposição necessária). Vejam-se os exemplos:

> Estou desejoso de o ver/ *Estou desejoso do ver.
> Estou aqui para (pra) o ver/ *Estou aqui pro ver.

Vale a pena abrir aqui um parêntese para comentar um uso considerado correto em outros tempos da língua, mas que contraria um princípio de gramática, que consiste em não reger o objeto direto de preposição. Esta construção, considerada "clássica" até muito perto de nós, foi seguida por escritores contemporâneos que timbravam em imitar os clássicos de outras épocas, fazendo correr construções, como a que agora vou comentar, já consideradas antiquadas. Rui Barbosa, por exemplo, escreveu: "Mas ninguém tem forcejado mais do que eu *pela* realizar", em que o objeto direto do verbo *realizar* se combina com a preposição que rege o infinitivo; hoje preferimos pospor o objeto direto ao verbo:

"ninguém tem forcejado (...) para *realizá-la*."

Apesar da defesa que da construção de Rui Barbosa fez o nosso competente sintaticista Mário Barreto em *Novos estudos de língua portuguesa*,[19] o certo é que o sentimento linguístico do falante moderno coincide com o comentário exarado por outro grande sintaticista, Said Ali:

> A construção de *por* e antigo *per* com as formas pronominais *o, a, os, as* pertence ao número das formas arcaicas, de que se encontram ainda restos na linguagem popular de Portugal. É imprópria da linguagem culta de hoje, e se ocorre — o que é muitíssimo raro — em algum escritor moderno, deixa-nos logo a impressão de um estilo afetado.
> Não provam exemplos dessa espécie o uso geral, nem podem servir de norma para o falar correto.[20]

Esta contração da preposição com o pronome complemento objeto direto patenteia o caso de mascaramento ou disfarce de que nos falou, conforme referi antes, Rodrigues Lapa, que cita este exemplo de Monteiro Lobato: "Mas, *pela não termos* hoje, é absurdo negarmo-nos direito à fisionomia."[21]

Outro ponto da lição de Rebelo Gonçalves digno de evidência é o referir-se o ilustre filólogo a uma prática exclusivamente de ordem ortográfica — como se tivéssemos uma sintaxe só para olhos —, já que o ouvido acusaria a existência da contração (leiam-se as suas palavras:

> Sem prejuízo de se combinarem na pronúncia; apesar de *a o* soar *ao*; a despeito da pronúncia; *pra o* (...), e não *pro* (...), embora assim se leia), isto é, como se tivéssemos, paralelamente à sintaxe para os olhos, uma sintaxe para o ouvido.

Talvez por isso, Sousa da Silveira, ao tratar do tema, tivesse aludido a uma regra ortográfica, embora não fizesse distinção a uma prática para os olhos (puramente ortográfica) e outra para o ouvido.

Já o notável foneticista Gonçalves Viana, na *Ortografia nacional*, defendendo o uso restrito do apóstrofo em português (mais frequente no francês), aludia ao fato de poder o falante praticar a contração que a grafia não registrava: "Por outro lado, é sempre melhor que a ligação facultativa das partículas com os nomes se não indique, pois é lícito proferir, por exemplo, a locução *anel de ouro* quer como *anel d'ouro*, quer como *anel di ouro*."[22]

Depois de todas estas considerações, é fácil chegarmos à conclusão de que, sob o enfoque da gramática, tanto está certo dizer e escrever *está na hora da onça beber água* como também *está na hora de a onça beber água*. Em virtude de estar esta última construção corroborada por uma longa tradição escrita, e por se levar em conta certo raciocínio de natureza gramatical, tem sido eleita como exemplar (note-se que *exemplar* aqui não tem o significado de *correta* e, muito menos, de *mais correta*), e, por isso, tem angariado adeptos onde se escreve o português-padrão.

Esta eleição é devida também às últimas propostas de reformas ortográficas, principalmente emanadas de Portugal, creio que a partir da década de 1940, pois têm repetido a rejeição à forma contrata. As reformas de responsabilidade do Brasil têm silenciado este fato de linguagem, talvez por julgá-lo exclusivo do domínio da *gramática*, e não da *ortografia*. O novo Acordo reinaugura a recomendação a brasileiros, e a verdade é que, desde que começaram as discussões sobre ele, se nota um incremento de sua prática na imprensa brasileira.

A nova recomendação só tem um ponto fraco para sua total aceitabilidade: contraria hábitos de fonética arraigados, e o próprio Rebelo Gonçalves o reconhece, quando afirma que a ortografia deve rejeitar a contração (*de a onça beber água*, e não *da onça beber água*), embora assim se leia. Numa última palavra, restringe a lição exclusivamente ao seu aspecto ortográfico, em conformidade com o que já havia depreendido nosso ilustre mestre Sousa da Silveira.

A escolha consciente de uma ou de outra forma dependerá, muitas vezes, do ritmo, da eufonia e harmonia auditiva do boleio da frase, da necessidade ou não de se enfatizar o significado da preposição, no desejo e no direito do falante ou do escritor de extrair todas as virtualidades que a língua portuguesa põe à sua disposição para exteriorizar ideias, pensamentos, sentimentos e emoções.

Texto publicado no jornal *Mundo Português* e na revista
Na Ponta da Língua, originalmente em quatro partes:
22/10/1993, 5/11/1993, 12/11/1993 e 19/11/1993.

Notas

1 *Nova gramática analítica da língua portuguesa*, p. 385.
2 Ibid.
3 *Gramática expositiva*, 22.ª ed., 1927, § 457.
4 p. 259, § 691.
5 *Crisfal*, vv. 733-735, 2.ª ed., 1971, p. 7.
6 Ibid.

7   F. Adolfo Coelho, *Cultura e analfabetismo*, 1916, p. 81.
8   Id., *A língua portuguesa*, 3.ª ed., 1896, p. 87.
9   Ibid., p. 164.
10   Ernesto Carneiro Ribeiro, Redação, 579 apud P. A. Pinto, revista *Colaboração*, n.º 5, p. 20.
11   Epifânio Dias, *Sintaxe histórica portuguesa*, § 289, b), Obs.
12   1.ª ed., p. 149-152.
13   1.ª ed., 1977, p. 43-44.
14   3.ª ed. brasileira, 1959, p. 218-219.
15   5.ª ed. alemã, 1882, p. 1102.
16   *As pupilas do senhor reitor*, p. 116.
17   *Tratado de ortografia da língua portuguesa*, Coimbra, 1947, p. 285-286.
18   Ibid., p. 286-287.
19   2.ª ed., p. 111-125.
20   *Revista Americana*, 11, 4, p. 160.
21   *Ideias de Jeca Tatu*, 7.ª ed., 39 in *Estilística*, p. 213.
22   Aniceto Reis Gonçalves Viana, *Ortografia nacional: simplificação e uniformização sistemática das ortografias portuguesas*. Lisboa, 1904, p. 204.

Etimologia como ciência

A etimologia, isto é, a disciplina histórica que trata de investigar a origem das palavras e seguir seu destino nos diversos períodos da língua, é de data muito recente como ciência. Antes ficava sua pesquisa muito sujeita à semelhança fonética ou de significado de outras palavras, com as quais nem sempre deixa entrever rastros de relação histórica, embora algumas vezes tais semelhanças vieram a ser depois levadas a sério num estudo mais aprofundado da disciplina. Acertar com a origem de uma palavra é reconhecer-lhe o seu étimo, termo grego que vem a referir-se ao significado primitivo ou mais próximo de sua origem. O étimo pode ser próximo ou remoto. Será próximo se se prende diretamente à sua fonte originária; será remoto, se a palavra nos chega por intermédio de outra fonte. Esta distinção se impõe no estudo histórico de um idioma: por exemplo, o fonema latino *c* (= k) antes de *a* mantém-se, mas o termo chefe, que se prende ao latim *caput*, nos chegou por via do francês. Da família de *caput* temos o português *cabeça*.

Uma das grandes dificuldades na investigação etimológica decorre do fato de que as palavras dificilmente podem ser estudadas como entidades isoladas; elas se deixam influir por outras palavras com que guardam aproximações fonéticas ou morfológicas, o que favorece desvios do seu percurso retilíneo com base nos princípios da fonética histórica de cada idioma. Há ainda fatores extralinguísticos que vêm alterar a forma primitiva da palavra; assim, o pequeno objeto conhecido em latim pelo nome *veruculu-*, "pequeno espeto", sofreu o influxo da palavra *ferru-* por ser em geral de ferro, passando a um possível *ferruculu-*, origem do nosso *ferrolho*.

Apesar de todas estas razões que demandam maior cuidado de quem pratica etimologia, ainda hoje se leem étimos fantasiosos e insólitos. Quando tais fantasias são discutidas e apresentadas em órgãos especializados de estudo das ciências da linguagem, os entendidos têm argumentos e conhecimentos para apontar-lhes seus contrassensos e refutá-las em nome da ciência. Perigo e dano maiores ocorrem quando tais etimologias fantasistas constituem lições ou alusões em consultórios gramaticais ou artigos destinados a público não especializado, pois, em geral, o leitor desavisado acredita na lição e passa a divulgá-la.

Já tivemos, não faz muito, oportunidade de chamar a atenção para o engano de se filiar o nosso tradicional baile e arrasta-pé *forró* à expressão inglesa *for all*, acompanhada de uma complexa história para inglês ver.

Agora lemos que também a palavra *gringo* pode ser explicada por outra expressão inglesa: *green, go!* ("verde, vai"). Segundo a história em que o referido étimo se encaixa, durante a época da construção de nossas ferrovias onde se imaginou ter nascido o forró.

A bem da verdade, o comentarista começa por explicar a origem de *gringo* pelo étimo próximo do espanhol ligado a *griego*, aquele que falava grego, considerado como idioma de difícil entendimento para o povo. Primeiro se aplicou à linguagem difícil, como se diz em português: *Isso é grego para mim*. Depois, na América, se aplicou a pessoas que falavam idiomas diferentes, o estrangeiro. Discutem os especialistas se a nasalação de gringo se deve a fator fonético. Parece que não.

É curioso observar que entre o étimo que resulta de longa pesquisa científica (gringo << *griego*), com base em farta documentação escrita, e o étimo folclórico, anedótico (gringo << *green, go!*), o público não especializado adere mais a este último. Tem sido, por exemplo, o caso de *forró*, ligado a *for all*, corrente em revistas e jornais.

Parece querer entrar para esse rol fantasioso o caso de *arigó*, que o comentarista de *green, go!* relaciona com a pergunta que ingleses e americanos teriam feito com frequência a andarilhos brasileiros, *Where are you going to?*, quando em busca de mão de obra para a construção de nossas ferrovias.

Com étimos desse jaez, podemos hoje subscrever a quase tricentenária definição que Voltaire deu à etimologia de seu tempo: ciência em que as vogais pouco valem e as consoantes muito menos.

Texto publicado no jornal *Mundo Português* e na
revista *Na Ponta da Língua*, em 19/6/2003.

FAMÍLIAS DE PALAVRAS E TEMAS CONEXOS

Já fiz alusão às relações existentes entre *pé* e *pedal* ou *mês* e *mensal*, alertando para o fato de que *pé* e *mês* são formas *hereditárias*, enquanto *pedal* e *mensal* são formas de *empréstimo* tomadas do latim. Forma hereditária é aquela que reflete as transformações fonéticas que caracterizam o idioma à época dos seus primeiros momentos. Já a forma de empréstimo, entradas posteriores no idioma, não reflete essas mesmas transformações fonéticas; são empréstimos tirados diretamente de uma língua a outra, por via culta: em geral, a língua da Igreja, da ciência e da literatura.

Este duplo corredor de produção vocabular favorece a que uma língua como o português apresente famílias de palavras com duas bases ou radicais: um vernáculo, hereditário, outro latino, de empréstimo. Assim, o latim *acutu-* continuou no português *agudo*, em que as consoantes surdas intervocálicas (/k/ e /t/) se sonorizaram, respectivamente, em /g/ e /d/, e as duas vogais *u*, a tônica e a átona breve, continuaram, grafadas respectivamente *u* e *o*. Estas transformações são regulares e normais em contextos fonéticos iguais: *mutu > mudo*; *securu > seguro*.

Todavia, o latim *acutu-* foi aproveitado também, importado nos chamados derivados e flexões eruditas: *acutângulo* ("com todos os ângulos agudos"), *acutirrostro* ("de cabeça prolongada em bico"), *acutíssimo* ("muito agudo").

Este último termo nos lembra de que muita gente supõe que a nossa língua só admite esses superlativos alatinados ou, então, que as formas superlativas de base vernácula não têm passaporte visado para penetrar no estilo solene e literário. Também no ensino escolar insiste-se nessas formas alatinadas, em detrimento das vernáculas, como se só aquelas tivessem vida no idioma. A verdade é que os escritores de todas as épocas deram testemunho de que ambas as formas são igualmente utilizadas, com a presença do sufixo latino *-íssimo*, sufixo de origem erudita que se generalizou nas línguas românicas por influxo do Renascimento, a partir da iniciativa dos escritores italianos: *agudíssimo* e *acutíssimo*, *docíssimo* e *dulcíssimo*, *sagradíssimo* e *sacratíssimo*, *nobríssimo* e *nobilíssimo*, *cruelíssimo* e *crudelíssimo*, *miserabilíssimo* e *miserabilíssimo*, *amiguíssimo* e *amicíssimo*, *friíssimo* e *frigidíssimo*, *humildíssimo* e *humilíssimo*.

Também há a possibilidade de duplas formas, com sufixos superlativos diferentes, sendo ainda um com recurso do radical vernáculo e outro com emprego do radical alatinado, em que *-rimo* se junta a radicais em *-er*:

Pobríssimo e paupérrimo (de *pauper* "pobre"), *negríssimo* e *nigérrimo*, *acríssimo* e *acérrimo*, *integríssimo* e *integérrimo*, etc.

Entre os sufixos *-íssimo* e *-rimo*, percebe-se uma gradação de nível, de modo que o último é sentido com ar de maior erudição ou enobrecimento e, por isso mesmo, é usado, reforçado, nas criações populares para denotar maior intensidade do conteúdo semântico expresso no radical: *fraquérrimo*, *inteligentérrimo*, *riquérrimo*, etc. O desejo de garantir cada vez mais a expressividade do superlativo leva o falante a variar o sufixo, chegando a criações populares muito pessoais e de circulação restrita na língua comum. Recentemente, por exemplo, numa novela da TV, a personagem megalomaníaca interpretada pela atriz Claudia Raia usava e abusava dessas criações, de vida muito exígua no idioma, utilizando-se do final *-ésimo*: *importantésimo*, gente *finésima*, *gatésimo* (em referência ao namorado) e outros que tais.

Falamos aqui em famílias de palavras que ostentam radicais vernáculos e alatinados; está claro que entre elas se estabelecem parecenças formais que logo denunciam a relação de parentesco que as une. Todavia, algumas vezes a similitude é enganadora, e estaremos diante de vocábulos que não pertencem à mesma família. Os domínios semânticos bem diferenciados servem para acautelar-nos de possíveis tentações de aproximação, uma vez que os étimos ou as origens deles são distintas: é o caso, por exemplo, de *nora* "mulher do filho em relação aos pais dele" e *nora* "aparelho para tirar água do poço". O primeiro é de origem latina e o segundo, de origem árabe.

Algumas vezes o domínio semântico diferenciado é vencido por uma relação que o falante estabelece entre dois termos, relação que o leva a aproximar ainda mais as formas para garantir a pretendida analogia. Estes casos são conhecidos como de *etimologia popular* ou *etimologia associativa*, através dos quais, como bem comenta o linguista francês Vendryés, se assiste a uma reação contra a arbitrariedade do signo linguístico, à medida que se procura explicar aquilo para o que a língua é incapaz de oferecer a explicação. *Braguilha* é a abertura na braga ou na calça; como está à altura da barriga e como já não é tão corrente o termo *braga* "calção", popularmente se estabelece uma falsa relação formal e *braguilha* passa a *barriguilha*.

O fenômeno não se dá somente no domínio da língua popular; o estrato culto da língua também conhece dessas associações. É o caso, por exemplo, de *vil* e *vilão*. *Vil* liga-se ao latim *vilis*, que significa "de pouco preço", "barato", "sem valor", sendo que a acepção moral de *vil* (i.é. "desprezível", "infame") foi a pouco e pouco desbancando a material de "coisa de pouco preço". A interpretação adequada da palavra *vil* deve ser no sentido material dos seguintes versos de Camões, em que o poeta contrapõe o *prêmio vil* (prêmio de baixo preço) ao prêmio alto e quase eterno:

Verei amor da pátria, não movido
De prêmio vil, mas alto e quase eterno
Que não é prêmio vil ser conhecido
Por um pregão do ninho meu paterno[1]

Vilão prende-se ao latim *villanus*, derivado de *villa* ("casa de campo", "granja"), e tinha o significado de "morador de casa de campo", "labrego".

Por sua condição humilde, em relação ao habitante da cidade, passou à acepção de "homem de baixa condição, vil" e adquiriu sentidos correlatos, como o fr. *villain* "mau". De *vilão* tiramos *vilania*. Apesar dessas aproximações semânticas, *vil* e *vilão* pertencem a famílias diferentes, embora um ou outro dicionário etimológico os arrole num só verbete, o que não está rigorosamente correto.

Moradores distantes que passam a ocupar cômodos de parede-meia são *intimoratos* e *intemeratos*; o primeiro significa "destemido" e o segundo, "íntegro, puro, imaculado". Dada a aproximação formal de *intemerato* a *temer* e, ao contrário, o distanciamento, também formal, de *intimorato* a esse verbo — já que *timor*, acusativo *timore* —, está representado em português por *temor* —, a verdade é que *intemerato* como sinônimo de *destemido* já está registrado literalmente e só tem este emprego evitado por aqueles que primam em respeitar a boa tradição do idioma.

Texto publicado no jornal *Mundo Português* e na revista *Na Ponta da Língua*, em 5/4/1991.

Nota

1   Luís de Camões, *Os Lusíadas*, I, p. 10.

FORRÓ: UMA HISTÓRIA AINDA MAL CONTADA

A falta cada vez mais sentida de um levantamento histórico do léxico de nossa língua põe o estudioso e os utentes do idioma em grande desvantagem quando se compara o português com suas irmãs românicas. Já não se está falando de uma língua de larga tradição lexicográfica como o francês — a mais estudada da família neolatina — nem do italiano: a comparação pode ser feita com idiomas de menor peso literário e de diminuta extensão geográfica, como o reto-românico (representante latino na região alpina central e oriental da Suíça) e o sardo, que não chegou a dar lugar a uma língua literária, representante latino na ilha da Sardenha.

Não se consulta, para a primeira dessas línguas, o monumental *Dicziunari rumantsch* — Grischun, editado pela Società Retorumanstscha, ainda em via de publicação que atingirá perto de duas dezenas de volumes de grande porte, nem, para a segunda, o *Dizionario etimologico sardo*, em três volumes, devido à competência do extraordinário romanista alemão Max Leopold Wagner, sem certa frustração, quando se pensa no quanto se poderia fazer em prol do conhecimento mais aprofundado do nosso idioma, na sua diversidade histórica e na sua variedade regional, social e estilística.

É bem verdade que sempre houve esforços individuais de estudiosos brasileiros, portugueses e estrangeiros, apesar do pequeníssimo interesse oficial. Nessa extraordinária tarefa, muito valeu o talento e muito descobriu a erudição de um Padre Augusto Magne, um Antenor Nascentes, um Pinheiro Domingues e um Serafim da Silva Neto (entre brasileiros), de um José Leite de Vasconcelos, uma Carolina Michaëlis de Vasconcelos, um Gonçalves Viana, um A.A. Cortesão, um Rodolfo Dalgado (Portugal), um Oskar Nobiling, um Harri Meier, um Joseph-Maria Piel, um Joan Corominas, um Jakov Malkiel e um B.E. Vidos, entre os estrangeiros, para só falar em alguns.

Todavia, grande parte de nossa pesquisa universitária e superior não cuida de preservar o que já se fez de bom e que precisa ser continuado.

Essa atividade, aparentemente orientada na busca de um cientificismo válido, acaba sendo uma atividade marginal, sucumbida pela chegada do próximo *ismo* de verão ou de inverno, que vai a pouco e pouco marcando o outono da pesquisa universitária, sem os benefícios que dela se poderiam esperar na investigação pura ou nos cursos de graduação, na preparação de professores de 1.º e 2.º graus, na formação integral do adolescente e na elaboração de textos para o ensino superior, médio e elementar.

Uma das vertentes mais prejudicadas nesse campo da investigação superior é, no que toca aos cursos de letras, os estudos históricos de língua e literatura, como se nossa cultura tivesse nascido ontem ou quase hoje e, assim, só essa parcela diminuta de uma cultura multissecular é objeto de maior estudo, investigação ou interesse intelectual. O resto é quase silêncio, e considerado ultrapassado.

Neste sentido, os modernos currículos universitários, com honrosas exceções que patenteiam a orientação, fazem desaparecer disciplinas de pujante vitalidade no mundo científico lá de fora, que dizem respeito à história linguística, como a gramática histórica, a história interna da língua, a filologia ou linguística românica, para ficarmos somente no que nos toca mais de perto.

Tudo isto parece não estar ligado ao tema de nossa conversa de hoje; mas esse sentimento não passa de ledo engano do Poeta. O desprezo, para não dizer ignorância, do que já se fez no desvendamento da história do termo *forró* reflete esse abandono dos estudos históricos, já que a palavra tem merecido monografias e artigos de nacionais e estrangeiros que procuraram pôr luz no problema.

Vale a pena lembrar que o que nos despertou a vontade de falar do *forró* foram as duas ou mais referências relativas ao termo saídas em jornais do Rio de Janeiro.

Um leitor de O Globo, na seção *Carta dos Leitores*, reclamava, com justa razão, que, ao ser anunciado o lançamento do filme *For all: o trampolim da vitória*, determinado cineasta estava afirmando que a festa popular conhecida por *forró* teve origem no baile franqueado "a todos".[1]

A lição errônea, perdoável à cultura de um cineasta, já não o é à cultura de um professor de língua portuguesa que ensina num consultório gramatical de conceituado jornal carioca que *forró* é "uma corruptela" do inglês *for all*.

É muita imaginação e pouco senso de realidade supor que um inglês ou grupo de ingleses se lembrasse de rotular, no interior do Brasil, um convite para baile popular aberto a todos com os dizeres *for all*. Por outro lado, a prevalecer a hipótese, restaria o problema linguístico de explicar a duplicação do r de *forró*, em oposição à estrutura fônica do pseudoétimo. A prevalecer a explicação, o termo natural e originário teria sido *foró*, nunca documentado.

Se andou bem o autor da reclamação contra a etimologia popular *for all*, andou menos bem na explicação complementar: "Sugiro se faça melhor pesquisa a respeito, porquanto sempre se soube que *forró* é a simples corruptela de *forrobodó*, palavra de origem africana."

Realmente é bem mais avisado que o étimo *for all* relacionar *forró* a *forrobodó*, que não é de origem africana, como veremos adiante. É lamentável que nosso folclorista Câmara Cascudo, no seu *Dicionário de folclore brasileiro*, tivesse registrado os dois termos em verbetes diferentes, sem os aproximar semântica e historicamente.

Forrobodó, na sua forma primitiva galega *forbodó*, começou por designar um baile com dança monorrítmica e monótona, levada a cabo com muita seriedade, em comemoração a um rito religioso que acontecia em Galiza. Depois passou a ser aplicado ao baile de caráter popular, ruidoso, estridente e ligeiro, bem ao contrário da primitiva monotonia com que se caracterizava. Daí dimanarem acepções secundárias, já não presas à ideia de baile ou dança, mas de "balbúrdia", "barafunda", "pândega".

A origem da palavra, na versão primitiva galega (*forbodó*) ou na variante moderna (*forrobodó*), tem merecido a atenção dos estudiosos. Antenor Nascentes acredita numa formação de expressividade fonética, como, por exemplo, *borogodó* e *ziriguidum*. Muito sedutora é a proposta do romanista alemão Joseph-Maria Piel, publicada no *In memoriam Antônio Jorge Dias*[2] e recolhida nos *Estudos de linguística histórica galego-portuguesa*.[3]

Piel, instigado por um estudo etnológico-linguístico de Luis Bouza-Brey Trilho ("O forrobodó; un rito y un vocablo gallego del Bajo Miño"), propõe uma origem para *forrobodó*. José Maria Viqueira demonstrou que o termo não é privativo da região delimitada por Bouza-Brey Trilho, mas comum em todo o Portugal, e Piel acredita que nosso vocábulo esteja relacionado com *forbodão* "composição de harmonia silábica em que as vozes cantam com igualdade de números e de valor dos pontos, mas sem pausas", vocábulo este de origem francesa *faux-bourdon*. Figuradamente, a palavra se aplica a "sensaboria", "desentoação".

A novidade da proposta de Piel está na ligação semântica de *forbodão* a *forrobodó*, já que, segundo registrou Bouza-Brey, na região pesquisada, a multidão de gente "danza con absoluta seriedad a golpe de bombo, los puntos monorrítmicos monótonos de ese baile que se llama forbodó".

Da seriedade litúrgica à pândega popular vai uma curta distância nesses aglomerados humanos, distância que vai da sua sensaboria e desentoação do *forbodão* à algazarra popularesca do *forrobodó*, que logo abriu espaço para a redução *forró*, assinalada já pelos nossos etimólogos, como em, por exemplo, o *Dicionário resumido* de Antenor Nascentes.

Era mais um termo afim do *pagode* (de origem indiana), *batuque* (de origem africana) e *banzé* (de origem japonesa), todas designativas de baile e dança.

A antiguidade na Península Ibérica da presença de *forbodó* e *forrobodó* faz cair por terra duas afirmações errôneas: que se trata de um brasileirismo e que é de origem africana.

Piel não explica *forrobodó* como apenas de origem expressiva, conforme ensina Nascentes, mas admite "uma motivação, uma modulação acústico-rítmica secundária com base em *forbodó*",[4] através de um possível *forbodó*, mais próximo do étimo proposto *fabordão*.

> A fonte primitiva seria o termo técnico de música francesa *faux-bourdon*, cuja integração no léxico galego-português se teria operado sob duas formas: uma, *fabordão*, com dissimilação da primeira vogal, e já literalizada na época de Sá de Miranda, o mais tardar; outra, *fobordó* e *forbodó*, de ressaibo popular, e daí tardiamente lexicografada sob a forma "degenerada" *forrobodó*.[5]

No que toca ao final — *ó* de *forbodó* ou *forrobodó*, lembra Piel que de galicismos entrados no português com este final correspondem a palavras francesas com a desinência *-eau* (*bandeau* / *bandó*) ou ainda à terminação *-on* (*chignon* / *chinó*), que vieram juntar-se ao filão de vocábulos castiços portugueses em *-ó*, como *enxó*, *filhó*, *ilhó*, cuja vogal final aberta corresponde a um sufixo medieval, hoje paralisado, que se prende ao sufixo diminutivo latino *-íola*, com acentuação vulgar paroxítona no *-o*.

Não foi só *forbodó* ou *forrobodó* que sofreu gradação semântica da acepção primitiva. *Fabordão* passou a associar-se à desentoação "com sensaborias monotônicas", conforme explica o nosso dicionarista Morais (1813), comentando um passo dos *Estrangeiros* de Sá de Miranda (século XVI). Assim, o termo serve para referir-se a "coisa enfadonha, sensaborona, em que se repisa sempre na mesma tecla, no mesmo bordão".

Foi atendendo a essa noção que João Ribeiro deu a um livro seu o título de *Fabordão*.

Não sei se o nosso Carlos de Laet havia intuído a ligação *fabordão – forrobodó*. Contava-me Said Ali, em conversa que tanto ensino e tanta saudade me deixou, que João Ribeiro ria quando ouvia que Laet chamava *forrobodó* ao seu *Fabordão* e que só dessa maneira zombeteira se referia à própria obra.

Eis aí a falta que nos fazem as pesquisas históricas sobre nossa língua.

Texto publicado no jornal Mundo Português e na
revista Na Ponta da Língua, em 2/4/1998.

Notas

1 *O Globo* de 26/8/1997.
2 Vol. I, Lisboa, 1974.
3 Lisboa, 1989, p. 179-183.
4 Ibid., p. 182.
5 Ibid., p. 181.

GANDAVO OU GÂNDAVO?

Pero de Magalhães de Gandavo, gramático e historiador português do século XVI, em 1946, voltou a suscitar a atenção do público estudioso, não porque um historiador viesse trazer novos subsídios de interpretação a seus *História da província Santa Cruz*[1] ou *Tratado da Terra do Brasil*[2] ou um filólogo focalizasse aspectos de seus opúsculos gramaticais. A razão era tão somente a questão de pôr em dúvida o tradicional uso de se proferir como paroxítono — *Gandavo* — o último elemento aposto ao nome próprio daquele que Barbosa Machado considera "insigne humanista e excelente latino", natural de Braga e dos primeiros apaixonados do Brasil.

O problema foi levantado pelo competente estudioso da toponímia e antroponímia portuguesa, o Dr. Joaquim da Silveira, que, em nota inserida na revista *Brasília*,[3] defendia a tese de que a verdadeira pronúncia seria *Gândavo*, proparoxítono, e não *Gandavo*.

Tal gentílico, que tem como base *Gand* ou *Ganda*, se explica porque o autor descendia de flamengos, provavelmente pelo lado paterno: *Gandavo*, correspondente ao francês *Gantois*, designaria o morador ou filho de *Gand*, segundo Capistrano de Abreu, que lhe estudou a vida e a obra.

Joaquim da Silveira alicerça sua proposta em dois argumentos que considera decisivos. O primeiro deles é o testemunho do célebre bibliógrafo espanhol Nicolás Antonio (1617-1684), que viveu "um pouco depois" do nosso historiador e gramático, que, embora registre

> o apelido deste sem qualquer sinal diacrítico no texto da sua *Biblioteca Hispana*, tomo 11, p. 168 (Roma, 1695), é certo que, na parte final desse mesmo tomo, quer no *Index cognominum*, p. 391, quer no *Index patriarum*, p. 458, quer ainda no *Index ultima materiarum — Historica*, p. 629, o acentua expressamente e sempre *Gàndavo*, como acentua igualmente *Gàndara*, *Gàlvez*, etc.[4]

Continuando, o mesmo estudioso conclui:

> Este uso proposital e insólito, em obra latina, de um acento não conhecido em latim, e a sua repetição três vezes, pelo menos, manifesta

o empenho do autor em evitar silabadas, e denuncia claramente que Nicolás Antonio estava bem ciente do que fazia marcando de esdrúxulo aquele vocábulo.[5]

A outra prova vem da lição do lexicógrafo J. Facciolati:

> Em segundo lugar, o topônimo latino *Gandavum*, base do apelido, tinha, segundo os latinistas, a segunda sílaba breve e, portanto, o acento tônico recaía sobre a primeira, o que de resto é corroborado até pela forma curta medieval *Ganda*, que não pode ter outra acentuação, e pelas modernas *Gent* e *Gand*, que lhe sucederam, citadas na nota anterior. Essa quantidade breve de 2.ª sílaba vejo-a, marcada no conceituado *Calepinus Septem Linguarum*, de J. Facciolati, segundo a cuidada edição de Veneza de 1778, dirigida por J. B. Galliccioli, onde se lê: *Gandăvum*, n.º 2, ante Ganda, olim Clarinea: *Gant*, inc[olis] Ghent, urbs maxima Belgii, Flandriae caput...[6]

Diante de tais provas, arremata Joaquim da Silveira: "Em face destes dados, e salvo melhor documentação em contrário, entendo, pois, que a prosódia verdadeira do apelido discutido é *Gândavo*, e não *Gandavo*."[7]

A proposta do estudioso português mereceu o aplauso de quantos vieram posteriormente a tratar de Pero de Magalhães, quer em enciclopédias, quer em trabalhos de natureza histórica, literária ou linguística, assinados por notáveis especialistas nestas áreas da ciência. Recentemente, foi agasalhada pelo *Vocabulário onomástico da língua portuguesa*, preparado pela Academia Brasileira de Letras, como antes já tivera sido adotada pelo *Tratado de ortografia*, da lavra de Rebelo Gonçalves.[8] Por ser anterior ao artigo de Joaquim da Silveira, o *Vocabulário ortográfico*,[9] da Academia das Ciências de Lisboa, registra *Gandavo* como paroxítono, prova evidente da pronúncia então geral nos domínios da língua portuguesa. Entretanto, a proposta deixou alguns pontos no ar, pontos que o presente artigo pretende trazer à baila e discutir mais amiudamente. São pontos que descuram a história cultural e linguística mesma do topônimo e do etnônimo, o processo de formação da palavra e, assim, os elementos linguísticos que a constituem dentro da língua portuguesa. Em primeiro lugar, há de se indagar por que, diante de tais contundentes provas, passaram grandes e competentíssimos mestres da história, da literatura e da linguística a proferir o apelido como paroxítono. Causa estranheza que, tratado e estudado por tantas autoridades nacionais e estrangeiras, venha um bibliófilo espanhol, ainda que ilustre na sua especialidade, atestar e corrigir a pronúncia vigente do nome do nosso latinista. Estranheza ainda maior causa-nos verificar que o próprio *Gandavo*, autor de um opúsculo sobre ortografia,[10] não aludiu à prosódia do seu nome; igual ausência se registra nos numerosos ortógrafos dos séculos XVIII e XIX, a partir de Madureira Feijó (1734), que não se cansaram em corrigir a pronúncia de nomes próprios e comuns, e nem um deles se deteve em mudar *Gandavo* para *Gândavo*. No Brasil, Capistrano de Abreu não pronunciava de outra maneira. Em Portugal, José

Leite de Vasconcelos, nos livros em que já marcava com acento diacrítico os proparoxítonos, nunca procedeu diferentemente. William Dwight Whitney, linguista geral e indo-europeísta consagrado, ao dirigir *The Century Dictionary of English*, reservou o décimo e último volume da obra ao registro dos nomes próprios em geral e aí seu colaborador, Benjamin E. Smith, inclui o nome do humanista português, assinalando, entre parênteses, como paroxítono o apelido *Gandavo*. Por fim, o filólogo brasileiro de muito mérito que foi Cândido Jucá (filho) registra *Gandavo* paroxítono, pronúncia recomendável, no seu prestante *Dicionário escolar das dificuldades da língua portuguesa*. Esta é também a opção de um notável especialista português da historiografia gramatical e lexicográfica, Telmo Verdelho, no erudito *As origens da gramaticografia e lexicografia latino-portuguesas*.[11] Assim também sempre o ouvimos proferir Said Ali, que nos iniciou na leitura de Capistrano de Abreu e do humanista português.

Se não bastasse o peso da tradição, juiz da exemplaridade da linguagem, ainda que de tradição mais recente — partindo do pressuposto da aceitação das provas trazidas por Joaquim da Silveira —, vale a pena começar nossa tese pelo latim, já que aí repousa, a nosso ver, o argumento mais forte e cientificamente mais decisivo da proposta inovadora do estudioso português.

Antes de mais nada, vale só como artifício retórico da discussão afirmar Joaquim da Silveira que, nessa língua, tinha o topônimo *Gandavum* "segundo os latinistas, a segunda sílaba breve". Se não estamos em erro, esse registro trazido como prova, só o encontrou Silveira no citado léxico, aliás, difundidíssimo outrora. E, assim mesmo, nem todas as edições do *Calepinus* trazem a lição evocada por J. da Silveira. Cremos que se houvesse mais registros em outros dicionários, eles seriam trazidos em favor da tese inovadora. Na realidade, não os topamos em nenhum dicionário latino de prestígio, pondo nesse rol os antigos e os modernos. Nem mesmo no *Lexicon totius latinitatis*, de Egídio Forcellini, discípulo de Jacopo Facciolati, considerado ainda hoje fundamental repertório da lexicografia latina, o topônimo é contemplado. Os dicionários mais modernos que estendem sua documentação ao latim medieval, como o *Lexicon latinitatis medii aevi*, publicado sob a direção de Albert Blaise,[12] registram o topônimo sem nenhuma indicação quanto à sua prosódia. Assim também a obra de indispensável consulta de Ernst Förstemann, *Altdeutsches Namenbuch*, citada por Joaquim da Silveira. Aí vem assinalado o exemplo mais antigo do topônimo, colhido na *Vita S. Amandi*, do século XII, inserida nos *Acta Sanctorum*, editados por Mabillon.

É patente que o topônimo tem como base *Gand* ou *Ganda*, mas como explicar o final? O pretenso sufixo *-(a)vus* não existia para formação dos gentílicos nem em latim, nem no flamengo e holandês, nem nas línguas românicas. No latim e nas suas continuações neolatinas, o sufixo por excelência é *-ensis*, como registra o *Lexicon*, de Blaise.

Gandavensis, correspondente ao português *Gandense*. Aliás, pelo testemunho do referido *Lexicon*, *Gandavum* poderia valer pelo simples *Gand*, donde sairia o gentílico *Gandavensis*. Não tem peso científico nem se baseia na prática dos procedimentos de formação de palavras por meio de sufixos defenderem a pronúncia proparoxítona, estribando-se na sílaba tônica do primitivo *Ganda*; basta atentar para *Roma-romanus*.

Não sendo o nosso topônimo formado de *Gand(a)* mais sufixo, onde encontraria sua fonte originária? Pensamos que tal forma se explica por analogia com *Batavo*, esse sim com boa tradição em latim, quer na forma substantiva plural *Batavi*, quer na adjetiva *Batavus*, correntes em César, Marcial, Tácito e tantos outros escritores. Não seria a primeira vez que se tomava parte da base como se fora morfema sufixal; em português, por exemplo, já se pensou depreender o sufixo formador de gentílicos *-io* em *algarvio*, favorecendo a pronúncia errada *algárvio*. Na realidade, a palavra é do árabe *algarbî*. Leite de Vasconcelos, referindo-se a *Gandavo*,[13] alude a um trabalho de certo Victor Tourneur, funcionário da Biblioteca Real da Bélgica, acerca da história e etimologia do nome *Gand*, que mencionava no século VII o *pagus Gandavus, -um*, com o sufixo *-avu*. Infelizmente o notável mestre da filologia portuguesa não aprofundou a discussão do nome e do pretenso sufixo. A verdade, porém, é que, na extensa obra que escreveu sobre onomasiologia, antroponímia e toponímia, jamais registrou um sufixo *-(a)vu*. Chegou a discutir a pronúncia do topônimo *Ílhavo*, proparoxítono, do latim *Iliabum*, onde poderia ter aproveitado a ocasião para aludir ao caso, já que tratava da questão de se dever proferir Ílhavo ou Ilhavo.

Na hora de trazer para o nome a lembrança de suas origens flamengas, não seria outra a decisão em favor da pronúncia paroxítona da parte de um insigne humanista e excelente latino, nas palavras de Barbosa Machado, com a utilização do termo *Gandavo*.

Além das raízes tradicionais latinas, a região Batavia ocupava destacado lugar na área política, econômica e cultural, além de geograficamente vizinha, o que a colocava em condições de servir de modelo a um neologismo como *Gandavum*, na época em que este foi criado, aliás, diga-se de passagem, muitíssimo antes do nascimento do ilustre português. E no padrão prosódico de *Bativi* e *Batavus*, só poderíamos ter *Gandavum* como paroxítono em latim medieval e eclesiástico, e *Gandavo* em português, portanto. É difícil explicar a razão que levou Facciolati a optar pelo registro inédito — insistimos nisso, caso não seja uma gralha tipográfica — do topônimo com sílaba medial breve; de qualquer maneira, a lição do lexicógrafo não recebeu o beneplácito do uso até que viesse à luz a nota de Joaquim da Silveira, mais de um século e meio depois.

No que toca ao testemunho do bibliógrafo espanhol Nicolás Antonio nos índices que rematam sua *Biblioteca Hispana Nova*, cabe lembrar que a primeira edição de 1696, citada pelo estudioso português, teve segunda edição saída em 1788, em dois tomos, com acréscimos e numerosas correções a cargo de Francisco Pérez Bayer.

Na segunda edição aparece *Gàndavo* nos lugares indicados por Joaquim da Silveira, só que, primeiro, é preciso verificar se a novidade da prosódia pertence mesmo a Nicolás Antonio. Assentada a responsabilidade do bibliógrafo espanhol, é tal a proliferação de acentos diacríticos nessa segunda edição da *Biblioteca Hispana Nova*, que não se percebe a existência de critério orientador de tal procedimento. É, portanto, pesquisa que fica em aberto para posteriores aprofundamentos.

Os argumentos colhidos por Joaquim da Silveira para fundamentação da sua proposta não têm, cremos nós, a força que dispense a análise e discussão dos aspectos linguísticos trazidos aqui à baila. Por esses aspectos intrínsecos ao problema é que continuamos a pensar que se deva retornar ao testemunho da tradição e continuar pronunciando *Gandavo* o nome daquele que, segundo Camões, seu amigo, exaltou a "terra Santa Cruz pouco sabida".

Texto publicado no jornal *Mundo Português* e na revista *Na Ponta da Língua*, em três partes: 3/2/2000, 10/2/2000 e 17/2/2000.

Notas

1   Lisboa, 1576.
2   Lisboa, 1826.
3   Coimbra, 1945, vol. 111, p. 525-528.
4   Brasília, p. 527.
5   Ibid.
6   Ibid., p. 527-528.
7   Ibid., p. 528.
8   Coimbra, 1947.
9   Imprensa Nacional de Lisboa, 1940.
10 Lisboa, 1574.
11 Aveiro, INIC, 1995.
12 Turnhout: Brepols, 1975.
13 *Opúsculos*, 111, *Onomasiologia*, p. 103.

GRAMÁTICOS E CATURRAS

Todas as literaturas apresentam páginas críticas à pessoa do gramático que quer tornar imóvel a língua escrita, alheio ao que vai acontecendo no falar despreocupado e informal das pessoas comuns, quer no seio da família, quer no trato diário da rua, do escritório, do quartel, da fábrica e do comércio. Da antiguidade aos nossos dias, a crítica é a mesma.

Todavia, como tudo na vida, há gramáticos e gramáticos. Há os que, atentos à lição da tradição escrita culta e às boas normas das ciências da linguagem, sabem distinguir o joio do trigo, sabem os fatos por cuja permanência hão de lutar, e sabem também que há fatos que o peso do uso e a sanção dos escritores fiéis à tradição aos poucos vão impondo e dando-lhes foros de cidade. Sabem que uma língua nunca está feita, nunca se acha petrificada, mas se vai fazendo e renovando a pouco e pouco, sem a velocidade das transformações da língua oral, espontânea e viva, que conta na expressão comunicativa, não só com o material linguístico, senão também com o auxílio preciosíssimo de materiais extralinguísticos como a situação, o contexto, a presença do interlocutor que nos leva a calibrar a mensagem conforme a receptividade de quem nos ouve, o jogo gestual do corpo, a curva melódica da frase, a entoação. Apesar de todas as razões que justificam os atos de fala no discurso informal ou lhes dão a necessária absolvição, estão esses gramáticos atentos àquilo que disse um grande linguista patrício e autor de gramática, o professor Said Ali: "Explicar um fenômeno linguístico não significa recomendar a sua aceitação no falar das pessoas cultas. Isto não é da jurisdição do linguista."[1]

Mas há aqueles, os caturras, que se petrificam em determinadas lições mal apreendidas nas páginas dos grandes escritores que primam em exprimir-se na língua exemplar, não continuaram a ler e a estudar, fazendo ouvido mouco das lições que foram apontando e corrigindo esses maus ensinamentos, ainda que hauridos em gramáticas e dicionários pouco informados, não puderam ter oportunidade de corrigir-se mediante a leitura de pesquisas sérias levadas a cabo pela investigação posterior. Nos autores atentos a essas revisões estão estudiosos do mais alto valor que integram a literatura gramatical. É o caso já lembrado nesta seção de Mário Barreto, que, no primeiro livro, ensinava que o certo era dizer "Deu dez horas". Depois, corrigido pelo seu mestre Silva Ramos, denunciou o engano da lição antiga, haurida na *Gramática* de Júlio Ribeiro, e apressou-se a emendar-se numa das suas últimas produções.

Os escritores não se cansam em pôr em ridículo os gramáticos que extrapolam sua missão e fazem do ensino da língua uma camisa de força da expressão linguística e um amontoado de regras que não encontram respaldo no uso dos que melhor a escrevem e a falam. Foi justamente endereçado a esse tipo de vigilantes do idioma que uma vez, em conversa, o professor Said Ali me estimulou a escrever um artigo que, segundo ele, teria por título "A ação nefasta de certos gramáticos". Em seus escritos, o mestre já tinha chamado a atenção para alguns desses maus ensinamentos; mas achava que o terreno ainda precisava ser mais aplainado. Infelizmente, muitas dessas regras cerebrinas continuam a ser repetidas, e várias delas incorporadas até nos manuais de redação preparados por pessoas que trabalham em alguns dos mais conceituados jornais do país, manuais que muitas vezes são mais rígidos e exigentes em matéria de correção de linguagem do que muitos gramáticos. São caturras!

Uma dessas regras cerebrinas, que voltou à cena por uma extrapolação dos princípios no formulário do recente Acordo Ortográfico, diz respeito à exigência de se dizer e escrever "É tempo de o pessoal sair", e não "É tempo do pessoal sair".

Já tive oportunidade de referir-me a esse falso ensinamento, que se apoia na alegação insustentável de que, na construção assinalada como errônea, se está regendo o sujeito de preposição. Ora, se houvesse realmente o fenômeno de regência, este estaria presente com a forma *do pessoal sair* e com a forma *de o pessoal sair*. A relação sintática não se alteraria pelo simples fato de haver ou não haver combinação da preposição com o artigo, no exemplo citado.

Recentemente, o professor Adriano da Gama Kury se insurgiu contra esse pseudoerro assinalado em redações de candidatos ao Instituto Rio Branco. Se a construção fosse errônea, nela teriam incorrido alguns dos que melhor estudaram nossa língua, como Adolfo Coelho, Epifânio Dias, Carneiro Ribeiro:

"Antes dos romanos começarem a conquista da Hispânia (...)";[2] "apesar (...) da impossibilidade do autor se elevar no seu tempo (...)";[3] "(...) no caso do infinitivo trazer compl. direto";[4] "Pelo fato do verbo *restituir* (...) e *entregar*, em certos casos, terem (...) o mesmo sentido."[5]

Se passarmos aos escritores, o uso se repete:

"(...) só voltou depois do infante estar proclamado regador";[6] "sabia-o, senhor, antes do caso suceder";[7] "Depois do Garrett escrever erradamente no seu *Camões*";[8] "apesar das couves serem uma espécie de legumes."[9]

Curioso é o caso de Rebelo da Silva, que, no volume IV, p. 87, de sua *História de Portugal*, depois de escrever "Nem o rei, nem o ministro apreciaram o perigo, senão depois de ele declarado é irremediável", emendou na errata final: "Onde se lê: depois *de ele* leia-se depois *dele* (*d'ele*, no original)."

O maior absurdo é estender essa cerebrina regra ao caso de haver advérbio em construções do tipo: *de aqui estar, de ali residir, de aí morar*, onde já não prevalece a explicação pela "regência" do sujeito.

Portanto, a boa regra será admitir as duas construções, ficando ao escritor a opção pela eufonia, pela ênfase, pelo ritmo. No mais, é o sapateiro ir além da sandália...

A preocupação com a língua exemplar e a crítica ao gramático de vistas curtas (Croce chamava *insegnante pedante* em lúcidas páginas sobre a tarefa de ensino da língua materna inseridas nos *Problemi di estetica*, Bari, 1910) estão saborosamente estampadas em mais de um livro de Lima Barreto, com especial atenção para o nosso propósito aqui as *Recordações do escrivão Isaías Caminha*, cuja primeira edição saiu em Lisboa, em 1909, fase em que pela imprensa brasileira se publicavam vários consultórios gramaticais preocupados com o certo e o errado, além da caça aos invasores francesismos (galicismos) que pululavam nos livros, nos jornais e na fala familiar. Todos liam e muitos falavam francês, em torno de cuja literatura giravam para receber luz e calor da inteligência da França. O elogio maior à cultura de alguém consistia no domínio da língua de Zola, e Lima Barreto soube surpreender esse fato: "és injusto com D. Inês, Adelermo (...) Não é como tu dizes uma simples menina das Irmãs (...) É uma senhora ilustrada: fala francês (...)"[10]

Nas alusões aos erros de português comentados no romance, Lima Barreto inclui os criados por essas regras cerebrinas. Senão, vejamos:

> Tendo o Floc e o Oliveira cessado de falar, alguém perguntou-lhe [ao Lobo, o consultor gramatical da redação do jornal]: — Dr. Lobo, como é certo: *um copo d'água* ou *um copo com água*? O gramático descansou a pena, tirou o *pince-nez* de aros de ouro, cruzou os braços em cima da mesa e disse com pachorra e solenidade: Conforme: Se se tratar de um copo cheio, é *um copo d'água*; se não estiver perfeitamente cheio é *um copo com água*. Explanou exemplos, mas não pôde levá-los à dezena, pois alguém apontou na porta (...)[11]

Aí está um falso problema — já como se pode dizer das duas maneiras, sem que haja entre elas qualquer diferença estabelecida de sentido em volta do qual debateram os puristas em livros e jornais. Houve até aqueles gramáticos de estreita visão logicista que defendiam apenas a construção *copo com água*, pois seria absurdo dizer *copo d'água*, uma vez que o copo não é feito de água! A bem do nosso gramático cabe dizer que tal raciocínio é comum a gramáticos de outras línguas. Na realidade, esqueceram-se essas pessoas de que ao dizermos *copo d'água*, copo aqui não é mais a coisa, o objeto, mas um termo de medida de capacidade (tal como se diz *uma lata, um balde, um galão de tinta, dois dedos de vinho, sete palmos de terra*, etc.), e aí não cabe mais a abstrusa explicação e, muito menos, a pretendida ambiguidade de sentido. Inventou-se, por isso, a variante *copo com água* para a medida (como não dizemos *lata com tinta, balde com tinta, galão com tinta, dois dedos com vinho*, etc.), que irá se estender a *garrafa d'água, garrafa de vinho* e assim por diante.

Em outro passo das *Recordações*, volta Lima Barreto a zombar do mau gramático e suas regras descabidas e mal assimiladas:

> — Quem é este Sanches que escreveu este artigo sobre "Bancos emissores"?
> — Não sei bem, disse Floc. Creio que é um advogado aí.
> — Que ignorante! Pois esta besta não escreveu — *um dos que foram* — isso se admite? Qual! Como é que saem batatas destas? Estou desmoralizado... Todos sabem que tenho aqui a responsabilidade da língua... Que dirá João Ribeiro? O Said-Ali [a grafia com hífen seria para mostrar

a pronúncia, aliás, correta, porque era a do autor das *Dificuldades*]? O Fausto? E o Rui, que dirá? Naturalmente vão acusar-me de ignorante...[12]

Ora, sabemos o que dizem, na realidade, os autores citados, menos Fausto Barreto, que não nos deixou nenhum compêndio gramatical, exceto a excelente *Antologia nacional* — de parceria com Carlos de Laet — e artigos de natureza gramatical esparsos em revistas e jornais a que naturalmente o Lobo teve acesso. Mas o romancista refere-se à fama do Fausto, em torno de cujo prestígio linguístico como catedrático do Imperial Colégio Pedro II, e renovador dos grandes programas de ensino de línguas, *maxime* da vernácula, giraram autores e obras de natureza gramatical do final do século XIX e início do XX.

Assim, João Ribeiro, na sua *Gramática portuguesa*, ensina diversamente do Lobo:

> Sujeitos da forma *um dos que*. O verbo da seguinte proposição deve estar no plural: "eu sou um dos que entendem...", "Sou um dos que pensam".
> Deve-se, pois, considerar excepcionais (ainda que não faltem exemplos entre os artigos) todas as construções como a de Júlio Dinis (Pup., 3.º): "O reitor foi um dos que mais se importou com a preocupação do homem."[13]

E arremata, depois de citar exemplos de Bernardes e Fernão Lopes, que lhe foram lembrados pelo competente colaborador e excelente filólogo Firmino Costa: "Entretanto, esses exemplos já não se conformam com o uso moderno mais geral."[14]

Não é outra a lição de Said Ali, na *Gramática secundária*:

> O verbo que se segue às locuções *uma das cousas que...*, *um dos homens que...* e outras semelhantes, usa-se, por via de regra, no plural:
> "Um dos homens que mais trabalharam foi Pedro." "Foi uma das cousas que mais me surpreenderam." "Paulo é um dos que mais estudam."
> Há, contudo, exemplos de atração em que se usa o verbo no singular concordando com *um*.[15]

Seguem-se exemplos antigos de Damião de Góis, Vieira e Bernardes.

Na *Réplica* (192 n.) Rui Barbosa mostra que não só os antigos, como também os modernos escritores e filólogos usaram o verbo no singular como no plural, apesar de, contraditando a Carneiro Ribeiro, defender o uso do singular. Carneiro Ribeiro[16] chama a atenção para as construções em que se impõe o singular, porque o verbo alude a uma só pessoa ou coisa, em frases do tipo: "foi um dos teus filhos que jantou ontem comigo", "é uma das tragédias de Racine que se representará hoje".

De qualquer maneira, patenteia-se a lição da maioria dos autores, que o plural não é um erro, como supôs Lobo, mas a construção normal, sendo ainda possível o emprego do verbo no singular. Reforça-se, desta maneira, a sutileza da crítica de Lima Barreto ao gramático de visão estreita, que lê pela metade a lição dos estudiosos mais sérios e que fecha os olhos ao testemunho da tradição literária. Ou, no dizer do romancista: "A gramática do velho professor era de miopia exagerada."[17]

Volta Lima Barreto, no mesmo romance, *Recordações do escrivão Isaías Caminha*, a comentar a lição de gramáticos e puristas:

> O que não seria se o doutor em exegese bíblica tivesse os cuidados puristas do Oliveira, que reclamava um *propositalmente* por um *propositadamente*! Toda a sua gramática estava aí. Ele conseguira saber que *propositalmente* não era aconselhado pelo Rui e ai do revisor que deixasse escapar um na sua seção![18]

Este *propositalmente* posto no banco dos réus sob o peso da autoridade de Rui Barbosa, em duas passagens da *Réplica*, é mais um testemunho de má leitura de lição que começou no início do século e persiste em textos gramaticais recentes, em dicionários de dúvidas de linguagem.

A verdade é que Rui condenara a má formação de *propositalmente*, e não por se tratar de um neologismo (*Réplica*, números 102 e 103). Mais adiante (n.os 379-380), retorna ao assunto e decide-se pela lição de Cândido de Figueiredo,[19] que diz: "O termo *proposital* nunca se me deparou em escritor português. E para que se há de ele inventar, se *propositado* exprime a mesma ideia, tem derivação conforme a índole do nosso idioma, e é usado pelos que bem falam?" A questão foi muito bem posta pelo professor Said Ali, em artigo publicado no final da década de 1920 e incluído nos *Meios de expressão e alterações semânticas*, saídos em 1930. Aí mostrou Said Ali que tanto *proposital* quanto *propositado* são neologismos, de pouca circulação no idioma, como os derivados *propositalmente* e *propositadamente*. Se valesse o peso da exemplificação, a balança penderia para *propositalmente*, usado por Júlio Ribeiro;[20] de *propositadamente* há o testemunho de D. Carolina Michaëlis de Vasconcelos, que o empregou na tradução do livro do alemão Storck sobre a vida e obra de Camões. Na lição de Said Ali, se vamos atentar para a derivação, ainda que pouco conforme à índole do nosso idioma, há mais razão para defender o *proposital*, formado do substantivo *propósito*. Sobre *propositado* comenta Said Ali:

> Que o povo tivesse dado acolhida a *propositado*, o que nunca fez, a ele se afeiçoasse, ou fosse o próprio criador da palavra, ainda assim teríamos por extremamente pueril o alegar que tal derivado se harmoniza com a índole da língua portuguesa. Seria, sim, um caso muito particular de derivação, muito contrário à índole, mas aceitável sem dúvida e sem discussão por ter a sanção da massa popular.[21]

E conclui, páginas adiante, defendendo o mais que muito analógico *proposital*:

> Em verdade, mais senso do que o desse demiurgo não revelam os que, em vez de refugarem, como outrora se fazia, todo e qualquer derivado da locução *de propósito*, propõem se substitua ao produto mau, segundo imaginaram, outro produto certamente pior.[22]

Apesar desta lição, poucos anos depois da polêmica travada em torno da vernaculidade das suas expressões, ainda hoje se repisa a má doutrina, em favor de *propositado, propositadamente*, se se optar pelo neologismo.

É interessante acompanhar o desdobramento dessa discussão nos nossos dicionários mais correntes; limitar-me-ei ao *Pequeno dicionário brasileiro da língua portuguesa* e ao *Novo dicionário da língua portuguesa* de Aurélio Buarque de Holanda. No *Pequeno dicionário*, pelo menos na segunda edição (1939), *proposital* e *propositado* aparecem em pé de igualdade, autônomos, sem remissão interna de verbete. Já na 11.ª edição (1969), supervisionada por Aurélio, o verbete *proposital* remete para *propositado*, que, em técnica lexicográfica, supõe uma preferência pela última forma, embora se dê, no fim deste, a informação: "*Sinônimo: proposital.*" De certa maneira, resgata o equilíbrio entre os dois neologismos. No *Novo dicionário*,[23] registra-se *proposital* com simples remissão a *propositado*, com a abstrusa formação *propósito + ado*: "Adj. Em que há propósito, intenção ou resolução prévia; acintoso, proposital." Percebe-se que nas edições sob a supervisão ou de sua autoria Aurélio retoma a lição de Cândido de Figueiredo, apadrinhada por Rui Barbosa.

A colocação de pronome átono no início de período e a novidade lusitana do uso do pronome *si* em sentido não reflexivo, que entre nós não vicejou, mereceram referência de Lima Barreto na pessoa do gramático Lobo, embora aqui não haja propriamente lição discordante entre os estudiosos:

> O Dr. Ricardo julgou do seu dever erguer um brinde; o novo redator respondeu:
> — Me falece competência para falar de si, começou.
> Lobo, que continuava de mau humor, não se conteve e exclamou do canto:
> — Xi! Quanta asneira!
> O recém-chegado não se vexou e todos ficaram calados de espanto diante da grosseria do velho gramático.[24]

Naturalmente, o rol dessas lições que precisam ser revistas e doutras que já foram revistas, mas que continuam vigorando por inércia, ao lado de outras invencionices modernas, encheriam vários artigos desta seção. Algumas dessas invencionices já têm sido aqui criticadas e a faina, com certeza, continuará.

Não se pode hoje, quando os bons estudiosos do idioma, no Brasil e em Portugal, aplainaram o caminho correto, ver a gramática como o velho caturra do jornal *O Globo*, caricaturado no romance de Lima Barreto. Este, com palavras que poderiam ser subscritas por um especialista bem orientado, assim descreve:

"A gramática do velho professor era de miopia exagerada. Não admitia equivalências, variantes; era um código tirânico, uma espécie de colete de forças em que vestira as suas pobres ideias e queria vestir as dos outros."[25]

Texto publicado no jornal *Mundo Português* e na revista *Na Ponta da Língua*, em três partes: 4/12/1997, 11/12/1997 e 18/12/1997.

Notas

1. *Meios de expressão e alterações semânticas*, 1.ª ed., 1930, p. 233.
2. A. Coelho, *A língua portuguesa*, 3.ª ed., p. 87.
3. Ibid., p. 164.
4. Epifânio Dias, *Sintaxe histórica portuguesa*, p. 226.
5. E. Carneiro Ribeiro, *Redação*, p. 579.
6. Alexandre Herculano, *Fragmentos*, p. 44.
7. Id., *Lendas e narrativas*, I, p. 267.
8. Castilho in *Arquivo literário*, V.
9. Rui Barbosa apud P.A. Pinto.
10. Lima Barreto, *Recordações do escrivão Isaías Caminha*, 1.ª ed., p. 154.
11. Ibid., p. 162-163.
12. Ibid., p. 234.
13. *Gramática portuguesa*, curso superior, 21.ª ed., 1930, p. 230.
14. Ibid.
15. 4.ª ed., p. 219.
16. *Serões gramaticais*, 2.ª ed., p. 615.
17. Lima Barreto, op. cit., p. 235.
18. Ibid., p.176.
19. *Lições práticas*, vol. III, p. 44.
20. *A carne*, 1.ª ed., p. 8.
21. Manuel Said Ali, *Meios de expressão e alterações semânticas*, p. 188.
22. Ibid., p. 191.
23. Aurélio Buarque de Holanda, *Novo dicionário da língua portuguesa*, 2.ª ed., 1986.
24. Lima Barreto, op. cit., p. 242.
25. Ibid., p. 235.

IMEXÍVEL: UMA INJUSTIÇA A SER REPARADA

Cabe-me a honra de iniciar, nesta seção, a série de comentários sobre fatos da língua portuguesa, série que está, em particular, a cargo dos integrantes do recentemente criado Instituto da Língua Portuguesa, órgão do Liceu Literário Português. É objeto desta seção discutir, ao agasalho dos modernos estudos das ciências da linguagem e da pedagogia do aprendizado da língua materna, os mais variados assuntos da nossa especialidade — quer por iniciativa do redator, quer por proposta ou consulta dos leitores deste semanário que gentilmente nos abre espaço —, procurando patentear o riquíssimo acervo que a língua portuguesa põe à disposição dos seus utentes para a adequada e competente expressão e comunicação das ideias e sentimentos.

Através das oportunidades que se nos forem apresentando, iremos insistir na necessidade de analisar, de aprender e de utilizar o idioma dentro de uma perspectiva mais ampla e mais conforme à complexidade e variedade de que se tece uma língua histórica, no caso particular, o português, a serviço de sete nações soberanas.

A impressão de ser esta uma tarefa amena e fácil logo se desfaz quando se percebe o quão pouco sabem os falantes como funciona uma língua, ainda que seja a materna. Está claro que, neste primeiro comentário, não posso trazer à luz algumas dessas inocentes ignorâncias; todavia quero preencher o espaço que me cabe para convidar meu leitor a examinar um caso recente de linguagem, que tem dado margem a críticas e comentários de entendidos em coisas do idioma: é a palavra *imexível*, empregada por um integrante do novo governo brasileiro. Tem-se dito que o termo não existe, não está dicionarizado e, por isso, deve ser considerado errôneo.

A questão, aparentemente simples, pode ser desdobrada em vários aspectos, dos quais passarei a examinar apenas quatro. O primeiro deles é perguntar se o termo foi criado segundo os princípios que regem a formação de palavras antigas e modernas no nosso léxico. Segundo, se a criação traduz com eficiência a ideia que quis transmitir quem a empregou. Terceiro, se, para traduzir a mesma ideia, o idioma não dispõe de palavras antigas e mais expressivas. Quarto, se o fato de não existir um termo no dicionário é prova suficiente de que não deva ser criado ou de que constitui um erro o seu emprego.

Postos estes quatro aspectos, começarei pelo último, em vista da relevância metodológica de que se reveste o argumento. Nenhuma língua histórica tem toda a extensão de seu vocabulário refletida nos dicionários correntes, ainda que se trate da inglesa ou da francesa, que gozam do privilégio de serem daquelas detentoras dos mais exaustivos trabalhos do gênero. Um idioma a serviço de uma comunidade está sempre numa perpétua mudança, numa permanente ebulição, de modo que nunca tem esgotada a infinita possibilidade de renovar-se, e ampliar-se, se seus falantes e sua cultura se renovam e se enriquecem. E deste trabalho tanto participam os literatos, os artistas e os cientistas como o simples cidadão integrante da comunidade. Portanto, o argumento de que não está no dicionário nada ou muito pouco contribui para dirimir a questão.

No tocante ao primeiro aspecto, o vocábulo *imexível* regula-se pelos princípios que fundamentam a gramática portuguesa, da mesma forma que *invencível* e *impagável*, ambos dicionarizados ou veiculados e sobre cuja vernaculidade ninguém discute. Assim como *invencível* é o que não pode ser vencido e *impagável*, o que não pode ser pago, *imexível* significará fatalmente para falantes do português o que não pode ser mexido. Se não tem tradição no idioma, *imexível* está conforme com aquilo que alguns linguistas chamam a *virtualidade* ou *potencialidade* do idioma, isto é, aquilo que, ainda inédito, está de acordo com as regras do sistema linguístico.

Se virmos a questão pelo segundo e terceiro aspectos, *imexível* continuará a não fazer má figura no léxico português e será imbatível, frente a seus possíveis competidores, no contexto da fala ministerial. Tentemos, por um instante, confrontá-lo com seus sinônimos considerados mais próximos: O Plano é *irretocável, intocável, intangível, impalpável, intáctil*. Tais concorrentes desbancariam O Plano é *imexível*, sem adulterar a essência da intenção comunicativa? Quem tiver o sentimento da língua, verá que não, pois os companheiros de *imexível* não trazem a ideia subsidiária de que o movimento no plano iria revolver e misturar os propósitos que o ditaram.

Imexível terá, assim, passado por dois testes importantes que validam qualquer palavra do léxico a serviço do texto: a observância das regras de formação de palavras e sua adequada expressividade de comunicação. Não ter sido usado ainda — ponto que não foi aqui objeto de análise e discussão — é prova salutar de vida, de dinamismo, da comunidade que fala o português e está apta a buscar o termo próprio. O argumento de que não consta nos dicionários é o de menor peso, já que o dicionário não é a língua, mas um aspecto dela, aquele de língua já feita, já produzida, o seu lado estático.

Pelos argumentos expostos, um dicionário com pretensões a ser exaustivo quanto possível deverá dar a *imexível* o lugar que injustamente lhe querem alguns críticos negar.

Texto publicado no jornal *Mundo Português* e na revista *Na Ponta da Língua*, em 10/5/1990.

IMEXÍVEL NÃO EXIGE MEXER

O Sr. Duarte Pacheco (Belo Horizonte) envia carta à Redação do conceituado jornal *O Estado de Minas* (publicada em 7/2/1991) em que faz crítica à vernaculidade do adjetivo *imexível*, alegando que se trata de "formação parassintética" e que, para ser correto, necessitaria de que existisse na língua portuguesa o verbo *imexer*. Eu já havia defendido nesta seção este injustiçado *imexível*, fazendo ver que o não estar registrado nos dicionários não era razão cabal para rejeitar-se; aliás, também pensa assim o missivista. Está criado por princípios de formação de novos termos vigentes no sistema do idioma e — o que é importante — tem significado que cabe como luva ao teor da mensagem do Sr. Ministro, que nem sempre ocorre com seus possíveis sinônimos: *intocável, intangível*, por exemplo. *Imexível* procurava aludir à impossibilidade de alterar o espírito da medida (se certa ou errada, isso já é outra história, que extrapola os limites da gramática, que está aqui em discussão), e não que a medida não pudesse ser retocada aqui ou acolá. O Sr. Duarte Pacheco veio trazer à questão, hoje ainda não de todo esquecida, um argumento de ordem técnica: *imexível* está malformado porque é um parassintético que, a ser correto, exigiria a presença do verbo *imexer*. Assim mandaria, segundo o missivista, a gramática. Ora, *imexível* não exige, necessariamente, *imexer*. A prova disto é que temos — e não me conta que fossem censurados — *impagável* (a nossa dívida é impagável), *insubstituível, infalível, insustentável, insusceptível...*, sem que precisemos dos verbos *impagar, insubstituir, infalir, insustentar*. Para *insusceptível* nem verbo teríamos! Aliás, confesso que não conheço regra de gramática que exija, por exemplo, o verbo *imexer* para que *imexível* seja rotulado como formado pelo processo de parassíntese. Se por este processo entende o Sr. Duarte a presença — ainda que não concomitante — de prefixo e sufixo, *imexível* seria um parassintético se o entendêssemos formado por *mexível* com o prefixo negativo *in-*.

Imexível foi formado pelo mesmo princípio por que de *pagável* fizemos *impagável*, de *substituível*, fizemos *insubstituível*, etc., etc. Na carta endereçada àquele conceituado órgão da nossa imprensa, critica ainda o Sr. Duarte outras coisas que vigem na língua; está no caso a formação de *coisíssima*, registrada nos dicionários portugueses. Ora, a língua corrente e literária desde muito faz circular criações idiomáticas do tipo de *coisíssima*; é a busca da expressividade que leva o falante ou escritor a usar dessa potencialidade do sistema linguístico. Júlio Dantas, atento observador da fala coloquial lisboeta, emprega o superlativo que desagradaria a gramática do Sr. Duarte, num diálogo em que a filha de 17 anos declara ao pai: "Qual criança! Sou mulher, sou *mulheríssima*..."[1]

O Sr. Duarte respalda em Sêneca a sua pouca simpatia aos superlativos; gostaria de lembrar que os cômicos latinos — depois dos gregos —, Plauto à frente, praticavam superlativos aparentemente insólitos; por exemplo, com pronomes (*ipsíssimus*). Petrônio usa *ipsimus* "ele em pessoa" e as línguas românicas possuem representantes de *metipsimus*: fr. ant. *medesma*, it. *medesimo*, port. *mesmo*, etc.

Por fim, cabe aqui fazer registros de dois pontos altos da carta do Sr. Duarte Pacheco; o primeiro deles é o seu respeito e admiração a velhos e exigentes mestres da gramática do tempo de aluno. Isto é extremamente louvável nestes dias em que a irreverência de muitos jovens e adultos faz do magistério um sacerdócio cada vez mais desestimulante. O segundo ponto é o zelo que demonstra no uso correto do idioma, traço indispensável da cultura de uma pessoa instruída e educada. São dois méritos que não podem passar em silêncio.

Texto publicado no jornal *Mundo Português* e na revista *Na Ponta da Língua*, em 1/3/1991.

Nota

1   *Diálogos*, 2.ª ed., p. 13.

Língua culta oculta

Toda nação que ascendeu a certo nível cultural tem seu código de bem falar, isto é, um modo de falar idealmente unitário e historicamente eleito dentro da língua comum para que possam as pessoas sobrelevar-se às variedades geográficas e sociais. Desta maneira, serve esse modo-padrão de instrumento para expressar e comunicar ideias, pensamentos e emoções da comunidade no âmbito da vida pública, do ensino, da administração, da ciência e da arte, do jornalismo, da literatura, da política e de tantas outras esferas das atividades superiores da sociedade.

Fora dessas circunstâncias e contextos, prevalecem os modos de falar espontâneos e distensos da conversação diária. De uns tempos a esta parte, amparando-se no falso pressuposto de que tais variedades não submetem os falantes ao rigorismo e à imposição dos modelos recomendados pelas normas da tradição gramatical antinacional e purista de base lusitanizante, começou entre nós uma campanha de política linguística dita "democrática", enfatizando o privilegiamento desses usos espontâneos, distensos e muito próximos da oralidade familiar que, muito naturalmente, oculta na expressão escrita as virtualidades da língua-padrão ou exemplar.

Tal orientação de política linguística se reveste de um tom científico na lição de que essas diferenças e evolução é que caracterizam as línguas vivas, tendentes à simplificação e à comunicação imediata. A isso acrescentam a pitada da condição social das línguas, segundo a qual todos os falantes são iguais e, assim, não pode haver discriminação a usos diferentes.

Essas ideias invadiram o ensino da língua portuguesa nos diversos graus (curiosamente, no tocante a línguas estrangeiras, o cuidado com a norma-padrão é o almejado), contaminaram os meios de comunicação de massa, estabelecendo uma distância cada vez maior entre o padrão e o usual, de maneira que, a pouco e pouco, se vai tornando impossível transitar reflexivamente de uma realidade linguística para outra.

Contra esse empobrecimento das potencialidades do idioma se insurgem escritores, como ocorreu em crônica recente de João Ubaldo Ribeiro, acerca de quem não se pode imputar a pecha de gramatiqueiro ou o ranço de purista. Reclama ele que mais se ocultam à língua culta certas virtualidades idiomáticas: a mesóclise; as combinações pronominais do tipo *mo, to, lho*; o uso do subjuntivo e do mais--que-perfeito, além de impropriedades ortoépicas e lexicais.

Ubaldo toca, desta maneira, na tecla relevante do papel do escritor para garantir a permanência dos tesouros expressivos da língua. Enfileira-se nosso cronista na legião daqueles de que fala o espanhol Pedro Salinas em páginas recolhidas no livro *Responsabilidad del escritor*:

> O que chamo educar linguisticamente o homem é despertar-lhe a sensibilidade para seu idioma, abrir-lhe os olhos às potencialidades que traz consigo, persuadindo-o, pelo estudo exemplar, de que será mais homem e melhor homem se usa com maior exatidão e finura esse prodigioso instrumento para expressar seu ser e para conviver com seus próximos.

Texto publicado no jornal *Mundo Português* e na revista *Na Ponta da Língua*, em 23/10/2003.

Linguagem e educação linguística

O título educação linguística não é novo nem cedo conseguiu impor-se tal como hoje se procura entender. Começou por merecer certa preocupação entre os linguistas, passando depois a ser considerado, entre pedagogos e professores, um domínio puramente técnico-didático. Hoje constitui um promissor campo de pesquisa e de resultados para a linguística e a educação, pondo claro, como bem disse o professor italiano Raffaele Simone,[1] que a linguagem não é apenas uma "matéria" escolar entre as outras, mas um dos fatores decisivos ao desenvolvimento integral do indivíduo e, seguramente, do cidadão.

Lá fora, os resultados desses estudos empreendidos por conhecidos representantes da pesquisa linguística e educacional já repercutiram nos programas e currículos das universidades e das escolas de ensino médio.

Entre nós, onde tem sido tênue o fluxo de influência científica dessas pesquisas, explodiu uma reação ao que se convencionou chamar pejorativamente "tradicionalismo", e a mudança — que se fazia necessária em vários pontos — acabou por produzir resultados desastrosos.

É oportuno lembrar que, de todos os componentes dos currículos das escolas de ensino médio, foram os textos destinados ao ensino de língua portuguesa os que mais sofreram com a onda novidadeira, introduzindo, além da doutrina discutível, figuras e desenhos coloridos tão extemporâneos e desajustados, que aviltaram o *tradicionalismo* e insultaram a dignidade por que sempre se pautaram os textos escolares entre nós. A comparação entre um livro para ensino da língua portuguesa e outro para ensino da matemática, da história ou da geografia quase nos leva a retirar o primeiro da linha do que se costuma chamar compêndio didático, para incluí-lo no rol dos antigos e coloridos almanaques distribuídos ao início de cada ano, como os tornados célebres Almanaques do Capivarol, esquecido produto farmacêutico. Muito lucrariam os alunos se esses produtos de uma pretendida revolução educacional guardassem a dignidade e a soma de boas informações que caracterizaram o Almanaque Garnier, por exemplo.

Já que estamos fazendo uma crítica a certas inovações perturbadoras e pouco producentes que muitos compêndios, à luz de uma didática formal ou informal, pretenderam introduzir no ensino da língua portuguesa, na década de 1960, cabe um comentário acerca do privilegiamento da língua oral, espontânea, em relação à língua escrita.

Deveu-se o fenômeno, cremos nós, a duas ordens de fatores: uma de natureza linguística, outra de natureza política. As ciências da linguagem vieram patentear que as línguas históricas são fenômenos eminentemente orais, e que o código escrito outra coisa não é senão um equivalente visível do código oral, que, de falado ou ouvido, passa a ser escrito e lido. Assim sendo, a linguística norte-americana, especialmente ela, pôde desenvolver rígidos e precisos modelos de descrição de línguas indígenas que jamais conheceram, de modo sistemático, a transposição escrita do discurso falado.

Esta possibilidade de uma metodologia com rigor científico aplicado a línguas ágrafas parece que estimulou em muitos estudiosos bloomfieldianos certa desatenção ao código escrito, considerando-o até campo que extrapola a investigação linguística. Tal atitude chegou a provocar a crítica de Gleason, autor de um dos melhores manuais de linguística descritiva de orientação norte-americana.

Essa visão distorcida da realidade incentivou outro passo adiante dado por alguns linguistas, também, em geral, norte-americanos: a crítica à natureza normativa da gramática tradicional, com a defesa de que se deve deixar a língua livre de qualquer imposição. Um desses linguistas, Robert Hall, em 1950, chegou a intitular ou a aceitar esse título proposto pela editora a um livro seu de divulgação linguística: *Leave your language alone* (*Deixe a sua língua em paz*), título que foi alterado na segunda edição.

Portanto, vieram pela porta da própria linguística e se instalaram nas salas de aula de língua portuguesa esse privilegiamento do código oral em relação ao escrito e certa desatenção a normas estabelecidas pela tradição e conservadas ou recomendadas no uso do código escrito-padrão.

Por isso, assistiu-se entre nós, na década de 1960, a um insurgimento contra o ensino da gramática em sala de aula; em vez de dotá-la de recursos e medidas que a tornassem um instrumento operativo e de maior resistência às críticas que justamente lhe eram endereçadas desde há séculos, resolveram muitos professores e até sistemas estaduais de ensino aboli-la, sem que trouxessem, à sala de aula, nenhum outro sucedâneo que, apesar das falhas, pudesse sustentar-se pelo espaço curto de uma única geração.

A bem da verdade cabe-nos dizer que já se assiste a uma reação a esse estado de coisas, e os livros didáticos mais recentes voltam a insistir no padrão culto da linguagem, quer nas recomendações da gramática normativa, quer através da inclusão e seleção de textos, literários ou não, a que refletem esse padrão.

Ainda insistindo nessa ordem de ideias, é interessante lembrar a indulgência e até certo elogio com que Ferdinand de Saussure comenta a tarefa da gramática tradicional, de inspiração grega. Logo na introdução do *Cours de linguistique générale*, ao referir-se à polissemia do termo *gramática*, diz que essa gramática tradicional está "fundada na lógica e desprovida de toda a visão científica e desinteressada da própria língua", portanto o que se pretende é "unicamente dar regras para distinguir as formas corretas das incorretas; é uma disciplina normativa, muito distante da observação pura, o seu ponto de vista é necessariamente restrito".[2]

A outra ordem de fatores procede da política, ou para não desmerecer uma atividade nobre, de certas teses populistas e demagógicas, especialmente no que concerne à educação linguística de adultos, segundo as quais devem os "oprimidos" ficar com sua própria língua e não aceitar a da classe dominante.

Ora, a educação linguística põe em relevo a necessidade de que deve ser respeitado o saber linguístico prévio de cada um, garantindo-lhe o curso da intercomunicação social, mas também não lhe furta o direito de ampliar, enriquecer e variar esse patrimônio inicial. As normas da classe dita "opressora" e "dominante" não serão nem melhores nem piores do que as usadas na língua coloquial. Como bem lembrou o professor Raffaele Simone "enquanto a posição populista perpetua a segregação linguística das classes subalternas, a educação linguística deverá ajudar a sua libertação".[3]

A tese populista do ponto de vista democrático é tão falha quanto a tese que combate, pois ambas insistem num velho erro da antiga educação linguística, já que ambas são de natureza "monolíngue", isto é, só privilegiam uma variedade do código verbal, ou a modalidade dita "culta" (da classe dita "dominante" ou "opressora"), ou a modalidade coloquial (da classe dita "oprimida").

> Texto publicado no jornal *Mundo Português* e na revista *Na Ponta da Língua*, em 15/4/1994.

Notas

1 Raffaele Simone, ed. *L'educazione linguistica*. Florença: La Nuova Italia, 1979, p. 8.
2 Ferdinand de Saussure, *Cours de linguistique générale*. Paris: Payot, 1949, p. 13.
3 Raffaele Simone, op. cit., p. 61.

Má ideologia na linguagem?

Carlos de Laet, professor e jornalista brasileiro, escritor exímio, tem uma crônica extremamente mordaz, estampada no jornal *O País* de 23 de setembro de 1914, em que discorre sobre o mau emprego de grandes inventos. Lembra aí a pólvora, o avião e a imprensa, que acabaram também por serem utilizados para fins opostos à sua primordial destinação. Deste último invento, imaginou Laet que Gutenberg, depois de ler notícias divulgadas em folhas volantes, segredara pesaroso a justa conclusão de que as notícias nelas divulgadas eram, "em quase toda a sua generalidade, falsas (...) e assim teríamos nós dado asas não à Verdade, mas à Potoca!".

Esta crônica veio-me à lembrança após ler recente artigo de conhecido filólogo patrício intitulado "Ideologia na linguagem?", em que tripudia as duas disciplinas linguísticas — a etimologia e a semântica — ao manipular origens e significados de certas palavras, torcendo-lhes a história para acomodá-los aos pressupostos da ideologia que professa e quer divulgada entre leitores de conceituado órgão da imprensa carioca.

Rastrear etimologias e perseguir a história cultural das palavras têm sido recursos muito utilizados por notáveis filósofos antigos e modernos, na tentativa de lhes extrair o significado originário, por isso, verdadeiro, e daí chegar a certos conceitos com repercussões em aspectos doutrinários. Como corretamente lembra o autor do artigo,

> a história das palavras nos proporciona um riquíssimo material de reflexão a respeito da história das nossas sociedades, em geral. Os movimentos da linguagem ocultam, mas ao mesmo tempo revelam os movimentos dos desejos, dos medos, dos preconceitos e dos conhecimentos dos seres humanos.

Mas isso em geral se faz sem ferir o curso da história cultural que cada palavra encerra. Tal não foi, todavia, a preocupação do nosso filósofo, atento apenas em encontrar, no devenir mal esquadrinhado de significados, argumentos para a ideologia que professa, onde tudo parece resumir-se na exacerbação e luta dos contrários.

Assim é que, ao comentar a história da palavra *polícia,* diz que até o século XVII o termo designava o conjunto da organização política e administrativa da sociedade. Foi somente a partir do século XVIII que ele passou a ter acepção mais restrita de um serviço de controle, de uma organização repressiva, destinada a preservar a ordem coercitivamente. Nesse mesmo período, o francês Mirabeau se esforçou muito para que a palavra *civilização* passasse a ter um sentido mais amplo e substituísse a dimensão não coercitiva da organização da sociedade (que antes era abrangida pela polícia). Podemos, então, concluir, *cum grano salis*, que a *civilização* só conseguiu se expandir quando a *polícia* se retraiu...

A longa transcrição se tornou necessária para que o leitor possa aquilatar a validade das informações ministradas pelo nosso filósofo, o domínio cultural em que a *civilização* e a *polícia* coexistiram e o fundamento da conclusão a que chegaram suas reflexões acerca do fato de "civilização" ter desbancado "polícia", ainda que tais reflexões possuam a pitada — não científica — do *cum grano salis*.

A única afirmação que se pode repetir do comentário transcrito é a relativa a atribuir a Mirabeau a participação na divulgação e possível responsabilidade do termo *civilisation* na França. Digo "possível responsabilidade", porque depois de estudos sérios de especialistas em assuntos linguísticos, põe-se em dúvida a autoria do termo. O último ensaio de que tenho notícia sobre a história da palavra *civilização* é o resumido, mas muito bem documentado, estudo do competentíssimo linguista geral e indo-europeísta Émile Benveniste "Civilisation: contribuition à l'histoire d'un mot", publicado no *Hommage à Lucien Febvre*[1] e depois inserido como capítulo terminal da primeira série de *Problèmes de linguistique générale*,[2] livro já traduzido ao vernáculo por Maria da Glória Novak e Luiza Neri, com a revisão a cargo do saudoso mestre Isaac Salum.[3]

Após rastrear nos escritores, filósofos, autoridades lexicográficas, da França e da Inglaterra, termina seu estudo com esse ponto em suspenso: "se (sirvo-me da tradução citada) civilização foi inventada duas vezes, na França e na Inglaterra, independentemente e pela data, ou se foi o francês que sozinho a introduziu no vocabulário da Europa moderna."[4]

Tendo ficado estabelecido que, pela documentação de que hoje dispomos, não podemos afirmar com certeza ter sido o Conde Mirabeau o responsável pela palavra *civilização*, podemos, entretanto, assegurar que o termo aparece pela primeira vez na sua obra *L'Ami des hommes ou Traité de la population*, datada de 1756, mas só aparecida no ano seguinte. Benveniste cita, da obra, uma passagem deste francês, que está muito distante da intenção afirmada pelo nosso filósofo, segundo a qual "Mirabeau se esforçou muito para que a palavra *civilização* passasse a ter um sentido mais amplo e substituísse a dimensão coercitiva da organização da sociedade (que antes era abrangida pela polícia)". Ei-la (na tradução já citada):

com justiça, os Ministros da Religião têm o primeiro lugar numa sociedade bem ordenada. A religião é seguramente o primeiro e mais útil freio da humanidade; é a primeira moda da civilização; prega-nos e lembra-nos sem cessar a confraternidade, suaviza-nos o coração, etc.

A relação que se pode estabelecer dos termos e dos conceitos por eles referidos entre *civilisation* e *police* segundo o entendimento de Mirabeau, está muito bem exposta por Benveniste:

> *civilização* é um processo do que se denominava até então *police*, ato que visava a tornar o homem e a sociedade mais policiados, o esforço para levar o indivíduo a observar espontaneamente as regras da convivência e para transformar no sentido de uma urbanidade maior os costumes da sociedade.[5]

Fácil é concluir que, nessa relação dos dois termos e dos seus conceitos, está longe a dimensão coercitiva da organização da sociedade que nosso filósofo parece pretender atribuir a *police*, dimensão coercitiva que seria substituída pela nova noção de *civilisation*. Que com essa ideia não compartilhava o círculo dos fisiocratas daquele período parece indicar o seguinte passo do filósofo economista britânico Adam Smith, em obra de 1776, ao usar o termo *civilisation*, lembrado por Benveniste: "é só por meio de um exercício em armas, portanto, que a civilização de qualquer nação pode ser perpetuada ou mesmo preservada por um tempo considerável",[6] ou, ainda este lanço, três páginas adiante: "a invenção que à primeira vista parece tão prejudicial é certamente favorável à permanência e ao desenvolvimento da civilização."[7]

Do ponto de vista meramente linguístico, aspecto que mais interessa aos propósitos desta seção, é estranhável o aparecimento tardio de *civilisation* em francês (e também em inglês), quando se sabe que *civiliser* e *civilise* (em inglês *to civilize* e *civilized*) são antigos nesses idiomas.

Para explicar este fato, Benveniste, não acreditando que a causa tenha sido a existência, aliás, pouco usual, de *civilisation*, como termo de prática judiciária ("fato de tornar civil um processo criminal"), propõe duas razões principais: a primeira é a pouca produtividade, naquela época, das palavras derivadas de *-isation* e a debilidade do seu desenvolvimento.[8] Realmente os estudiosos franceses registram apenas *fertilisation*, *thesaurisation*, *temporisation*, *organisation*, a maioria com o significado exclusivo de "ato", e não o de "processo", como ocorre em *civilisation*.

A outra razão é "a própria novidade da noção e as mudanças que ela implicava na concepção tradicional do homem e da sociedade". Argumenta Benveniste:

> Da barbárie original à condição atual do homem em sociedade, descobria-se uma geração universal, um lento processo de educação e de refinamento; para resumir, um progresso constante na ordem daquilo que a *civilité*, termo estático, já não era suficiente para exprimir, e a que era realmente preciso tramar *civilisation*, para lhe definir em conjunto o sentido e a continuidade. Não era somente uma visão histórica da sociedade; era também uma interpretação otimista e

decididamente não teológica da sua evolução que se afirmava às vezes sem o conhecimento daqueles que a proclamavam, e mesmo que alguns, em primeiro lugar Mirabeau, contassem ainda a religião como o primeiro fator da *civilização*.[9]

Outro ponto digno de reparo no artigo que comentamos é tratar de palavras correntes no português sem indicação do contexto cultural em que elas aparecem ou que tiverem seus significados alterados. *Polícia* e *civilização*, nos posteriores significados estudados pelo nosso filósofo, têm empregos bem mais tardios no português e no espanhol do que em francês e em inglês. Esta particularidade assume importante aspecto no estudo cultural da vida das palavras. *Polícia*, por exemplo, só está registrada como designativo da "corporação destinada a fazer manter as leis" no século XIX, tanto em português como em espanhol. Antes, *polícia* estava comprometido com a moderna área semântica de *civilização*. Para só ficarmos no século XVI — há exemplos do século XV — basta citar Os Lusíadas, onde Camões emprega quatro vezes o termo *polícia* neste sentido, sendo famosa aquela passagem em que Monçaide, respondendo às informações solicitadas pelo Catual acerca do Gama e de sua gente, declara:

> *E folgarás de veres a polícia*
> *Portuguesa na paz e na milícia*[10]

No afã de ressaltar que "as palavras nos põem diante da crua realidade da violenta institucionalidade que tem marcado a história das nossas sociedades", o nosso filósofo traz à baila a íntima relação semântica de *estrangeiro* e *estranho*, com a seguinte declaração: "Em sua insegurança, os seres humanos se encaravam com desconfiança. Quem chegava de uma terra diferente era visto com suspeita: *estrangeiro* e *estranho* têm a mesma raiz."

Essas afirmações apenas levantavam um tênue aspecto da problemática que envolve a noção de *estrangeiro*, muito mais complexa do que a relação de medo e desconfiança acima assinalada. Para enveredar pela complexidade do problema com auxílio da história cultural das palavras, vale a pena a leitura de uma obra de grande profundidade, devida ao competente linguista francês já aqui lembrado, Émile Benveniste, intitulada Le Vocabulaire des institutions indo-européennes.[11] No sumário do capítulo 5 do volume 1, dedicado ao "escravo" e ao "estrangeiro", sintetiza Benveniste: "Ao homem livre, nascido no grupo, opõe-se o estrangeiro (grego *xenós*), isto é, o inimigo (latim *hostis*), suscetível de tornar-se meu hóspede (grego *xenós*, latim *hospes*) ou meu escravo se eu o capturar na guerra (*aikhmálotos*, latim *captivus*)."[12]

Basta este resumo para se concluir que o destino do estrangeiro não se circunscreve aos estreitos limites delineados pelo nosso filósofo. Para prosseguir, passemos a palavra a quem nos pode dar a lição correta:

> Nas civilizações antigas não se define a noção de estrangeiro por critérios constantes, como nas sociedades modernas (...); isto é o que demonstra o grego *xénos* "estrangeiro" e "hóspede", isto é, o estrangeiro beneficiado

pelas leis da hospitalidade. Outras definições são possíveis: "o estrangeiro é aquele que vem de fora", latim *peregrinus*. Assim, não há um único tipo de "estrangeiro". Na diversidade dessas noções, o estrangeiro é sempre um estrangeiro em particular, aquele que tem um determinado estatuto.

E arremata sua lição: "Em suma, as noções de inimigo, de estrangeiro, de hóspede, que para nós formam três entidades diferentes — semânticas e jurídicas —, guardam nas línguas indo-europeias íntimas conexões."[13]

Também muito superficiais e até com irreparáveis lacunas de informação — mas sempre fixadas apenas nos aspectos que servem à tese preconcebida do nosso filósofo — são as declarações seguintes: "Os habitantes das cidades viam com maus olhos os homens do campo, considerados rudes, grosseiros. Na Roma antiga, as casas situadas fora do perímetro urbano (a 'urbanidade') eram chamadas de 'vilas' e com base no mesmo 'vila' se formou o adjetivo 'vilão' (o 'bandido')."

Vamos tentar pôr em ordem esse amontoado de informações, perguntando, antes, ao filósofo, a que habitantes das cidades ele se refere no tempo e no espaço. Pela alusão a Roma, parece que o fato é atribuído aos romanos. Então será por aí que começarei minha digressão. Para designar a cidade, o latim possuía dois termos: *urbs* e *civitas*; o primeiro enfocava a cidade enquanto conjunto de ruas e casas, e o segundo, enquanto instituição política. Ensina-nos Benveniste, em breve, mas substancioso estudo inserido numa coletânea de homenagens aos sessenta anos de Claude Lévi-Strauss e depois incorporado na segunda série de seus *Problèmes de linguistique générale*, que o significado mais próximo de *civis*, donde se deriva *civitas*, não é o de "cidadão", conforme geralmente aparece nos dicionários, mas o de "concidadão", "compatriota".

A extrema importância que nosso filósofo parece dar a *urbs* (pois declara que aí prevalecia a "urbanidade") está desmentida pelo triste destino do termo, que não teve continuidade nas línguas românicas onde prevaleceram os continuadores de *civitas*: italiano *città*, francês *cité*, espanhol *ciudad*, português *cidade*, etc. Os termos filiados a *urbs* que nesses idiomas aparecem não passam de recentes empréstimos eruditos; é o caso de *urbano, urbanismo, urbanidade* e poucos outros. Em francês, *cité* sofreu cedo a concorrência de *ville* e foi por este desbancado para ocupar a antiga área semântica de *cité*; *cité* é hoje termo literário e topográfico, como ocorre na expressão *l'île de la cité* em Paris para designar o mais antigo núcleo urbano parisiense. Nesta acepção passou para o inglês (por exemplo a *City* de Londres), a parte central da cidade inglesa.

O termo latino *villa* era aplicado à propriedade rural cultivada, inicialmente um simples e rústico prédio, a seguir uma quinta, uma granja, denominação que depois se estendeu às ricas e opulentas herdades que a classe rica dos romanos possuía no campo, algumas mais suntuosas (como na de Hadriano) do que os palácios de hoje. O *otium* e a casa de campo eram sinônimos para um romano da época imperial, tornando-se *otium* aqui, segundo lembra o filósofo clássico alemão Theodor Birt, não no significado moderno de ócio (que seria em latim *nihil agere*), mas no recreio ativo. Muito ao contrário do que pensa hoje o nosso filósofo acerca da prevalência da "urbanidade" da cidade sobre "os homens do campo, considerados rudes, grosseiros", a informação das testemunhas oculares é muito negativa com relação à *urbs* romana; assim é que muitos historiadores, com apoio nos relatos de escritores romanos, atribuem a restauração dos bons costumes — então deteriorados pela licenciosidade reinante em Roma — ao triunfo da província sobre a capital. Plínio, o moço, em uma de suas *Cartas*[14] separa a província das perdições em que estava engolfada a capital romana, e para um romano da capital falar em gente do campo significava o mesmo que dizer pureza e moralidade de costumes, impressão que frequentemente se repete hoje, passados tantos séculos, em nossas comunidades ditas civilizadas. É a rústica *simplicitas* de que nos fala Ovídio em *Heroides*[15] e *Ars amatoria*[16].

Já é hora de voltarmos à relação que nosso filósofo estabelece entre *vila* e *vilão* ("bandido"). Primeiro devemos dizer que *ville* como designativo de "cidade" é relativamente recente em francês e se dá quando a civilização urbana volta a se desenvolver, já que até o século XI a França era quase exclusivamente rural. Lembremos que o francês e o português têm o termo *vila*, emprestado ao italiano, com o significado de "casa ou habitação aristocrática nas cercanias das cidades italianas".

O português, como o catalão, conhece também *vila* como "povoação de categoria inferior à de cidade e superior à de aldeia". *Villanus*, em latim, derivado de *vila*, designava apenas o homem que trabalhava numa *villa*, numa habitação rural. Em francês, *vilain*, na Idade Média, era o camponês; depois teve o seu significado degradado, ou pelo desprezo em que se tinha o camponês rude, ou pela correlação, aliás, falsa, com o adjetivo *vil* e seus derivados *vileza*, *vilania*, como lembram os nossos etimológicos e George Gougenheim, em *Les Mots français dans l'Histoire et dans la vie*.[17] Passou a designar "inferior", "malvado" e especialmente em francês "avarento", "o que é excessivamente apegado ao dinheiro". Este cruzamento de *vilão*, oriundo de *villanu-*, "habitante da vila" com vilão "inferior", "malvado", "rústico", sob o impulso da etimologia popular de *vil*, *vilania*, *vileza*, já se pode rastrear nos primeiros dicionários da língua portuguesa (Jerônimo Cardoso, 1570, e Agostinho Barbosa, 1611). Nas etimologias de Santo Isidoro de Sevilla,[18] nascido por volta de 562, já se lê: "*Vilis, a villa; nullius enim urbanitatis est*", isto é, *Vilis* (*vil*) deriva-se de *villa*; "o que não tem nenhuma urbanidade".

Ainda no propósito de evidenciar a permanente injustiça e discriminação aos "homens do povo" — discurso que pouco benefício tem trazido a essas cândidas criaturas, mas que tem enriquecido inexplicavelmente seus ardorosos advogados, sem que se sensibilizem a repartir tais lucros com os "desprotegidos" —, comenta o nosso filósofo:

> Juntos, os homens do povo constituíam uma "turba", e a partir dessa palavra se formou o verbo "perturbar" e surgiu o substantivo "turbulência".
> O próprio número dos elementos populares os tornava assustadores. O termo "multo" (muitos), que deu "multidão", deu também "tumulto".

Geralmente o articulista pega a palavra pela origem e semântica que lhe convêm; em relação à "turba", não nos diz se o tempo é o que se emprega em latim ou em português. Se latino, cabe lembrar que não designa apenas o grande conjunto de pessoas ou, muito menos, dos "homens do povo". Na acepção de conjunto maior de pessoas, contrapunha-se, em latim, a *rixa*, que se aplicava, como ensinam Ernout-Meillet, ao conjunto menor, de duas a quatro pessoas. Na língua familiar, os romanos também usavam "turba" para referir-se à querela, à discussão. A rigor, "turba" entra num campo semântico de reunião de pessoas, do qual faziam parte *exercitus* "conjunto de soldados", *asmen*, que se aplicava ao exército em marcha, *acies*, ao exército já organizado e distribuído na batalha, *manuis* e *cohors*, a cada corpo de tropa sob o comando de alguém e enquanto parte de um todo de que depende e a que presta desobediência. Nesse campo semântico, "turba" é multidão desenfreada e sem ordenamento de alguém.

Os derivados de "turba", lembrados pelo nosso filósofo, também não se aplicam exclusivamente aos "homens do povo", se por "povo" se quer entender aquela parte da sociedade aludida pelo articulista. *Perturbare aciem* é "Pôr as fileiras em desordem"; *perturbare conditiones* vale por "quebrar um tratado", conforme registra o velho dicionário latino-português de Santos Saraiva, prestantíssima obra recentemente reeditada pela Livraria Garnier.

Fazendo referência a toda espécie de objeto em movimento rápido e circular, "turbo" é o responsável pelo derivado "turbulência" e, na forma posterior *turbonis* (que o gramático Carísio colheu já em César), em vez do clássico *turbinis*, legou-nos, pelo acusativo, a palavra *trovão*, consoante as mudanças que a gramática histórica assinala.

O que a gramática histórica e a etimologia não nos ensinam é o que diz o nosso filósofo: "O termo *multo* (muitos), que deu *multidão*, deu também *tumulto*." Não sei a fonte em que foi beber a lição: só posso adiantar que a fonte não merece crédito e não tem o apoio dos etimólogos que trabalham com o latim, já que *multo*, lembrado pelo nosso filósofo, é, na realidade, o triforme *multus, -a, -um* da língua de Cícero. Em resumo, *multos* não está filiado historicamente a *tumultus*, como supõe o articulista, levado pela rima ou pela etimologia popular.

Também não corresponde à verdade da língua latina a afirmação final deste trecho do artigo do nosso filósofo:

> Quando se deixavam ensinar ("docere") e aprendiam as normas de conduta que lhes eram recomendadas pelos detentores do poder, os homens do povo se tornavam "dóceis". Quando, porém, insistiam em seguir preceitos próprios e divergiam dos princípios constituídos, eram comparados aos arados que saíam do sulco marcado pela charrua, quer dizer, eram acusados de "delirare".

Pelo que está no texto, dá-se a entender que, em latim, de quem não era "dócil" à aprendizagem se dizia que "delirava"; ora isso não constitui hábito entre latim e "delirare" não é antônimo de "docere". "Delirare" é uma metáfora que o vocabulário da língua geral adotou da língua do campo. *As etimologias* de Santo Isidoro de Sevilla explicam a mudança semântica de *delirus* "delírio":

Delerus, debilidade mental motivada pela idade, derivado de *lereîn* talvez porque se afasta do que está corretamente ordenado, como se nos referíssemos ao sulco (*lira*) (...); o camponês, uma vez lançadas as sementes, abre os sulcos em que são depositadas todas as sementes.[19]

Outra vez afastou-se do uso latino quando emitiu as seguintes informações:

> Se por acaso pediam algo, os pobres eram tolerados, desde que se expressassem com humildade (pedir, em latim, era *rogare*). Se, no entanto, reivindicassem (reivindicar, em latim, era *arrogare*), passavam a ser vistos como criaturas arrogantes, impertinentes.

Em primeiro lugar, a ideia de "pedir" não era expressa em latim somente por *rogare*; havia, entre outras, *interrogare, quaerere, pergunctare, suscitare*. A diferença entre *rogare* e *interrogare* residia em que o primeiro denunciava certa estima a quem era interrogado, que respondia *por favor*, enquanto com *interrogare*, a pergunta exigia uma resposta obrigatória. Com *rogare* consultava-se, com *interrogare* procedia-se a um interrogatório. Por outro lado, *arrogare* não tinha em latim, primordialmente, esse caráter de arrogância, de impertinência, características que, para a tese do filósofo, não poderiam existir nos pobres tão coagidos pela organização da sociedade, para usar aqui o jargão preferido pelo articulista.

Observação interessante oferece-nos quando se refere à *galhofa* e *galhofeiro*:

> Na Idade Média, a multidão dos crentes que iam em peregrinação a Santiago de Compostela precisava se alimentar ao longo do caminho. Como eram, na maioria, indigentes, procuravam divertir os ricos, para receberem deles um pouco de comida. A alimentação que lhes era dada ficou sendo chamada de *galhofa*, e eles acabaram sendo chamados *galhofeiros*.

O termo *galhofa*, com o objetivo de galhofo, designava o alimento, geralmente constituído de pão de sobra, o *mendrugo*, que os peregrinos pobres, a caminho de Santiago de Compostela, iam mendigar às portas dos conventos. De origem controvertida, há etimólogos, como Corominas, que acreditam derivar da expressão latina, criada nos conventos medievais, *galli offa* "o bocado do francês", porque dessa nacionalidade era a maioria de tais peregrinos. Frequentes eram também os derivados: *galhofeiro* "o que recebe ou vive de doações de galhofa" e *galhofaria* "o ato de viver de galhofa". Em espanhol, *gallofería* é sinônimo de "vagabundagem". No volume II, dedicado às *Notes* da sua erudita edição de Bartolomé de Torres Naharro, Joseph E. Gillet observa corretamente que *galhofa* "*still has the meaning festim, função alegre de brinco and galhofear and galhofeiro still endure (Moraes), with emphasis on Enjoyment Which is not apparent in Spanish texts*".[20]

Sabemos que era comum a acolhida de indigentes, em busca de alimentação, nos conventos de padres e freiras; esta prática ainda vive em muitos lugares. É oportuno também lembrar que as igrejas ofereciam, naqueles tempos, asilo aos delinquentes, já que a justiça não tinha acesso aos criminosos quando estes aí se recolhiam. Daí a origem da frase *llamarse* ou *hacerse andana* ou *altana*, conforme nos ensina Américo Castro, numa de suas notas à edição de *El Buscón*, de Quevedo.[21]

Não sei onde o nosso filósofo foi buscar a informação de que eram os ricos que davam a *galhofa*, em troca de espetáculos de diversão. É exigir demais da criatividade desses indigentes que se expunham a toda sorte de sacrifícios, num testemunho de fé. Mais uma vez os pobres, antes vítimas da "crua realidade da violência institucionalizada que tem marcado a história das nossas sociedades", são agora vistos como os bobos da corte, a divertir os ricos em troca de uma migalha de pão. Num país qual o nosso, em que o acesso ao livro atinge índices negativos alarmantes, é extremamente doloroso ver a cultura de uns poucos a serviço da disseminação do ódio e da revolta, em vez de ser o caminho de luz da redenção dos homens numa sociedade harmoniosa, feliz, crente e próspera. Estou a lembrar-me daquilo de Cícero: *Ut sementem faceris, ita et metes*, como a antecipar o nosso "quem semeia ventos colhe tempestades".

> Texto publicado no jornal *Mundo Português* e na revista *Na Ponta da Língua*, em quatro partes: 7/1/1994, 11/2/1994, 4/3/1994 e 25/3/1994.

Notas

1 Paris, 1954.
2 Paris, 1966.
3 Émile Benveniste, *Problemas de linguística geral*. Cia. Editora Nacional / Editora da Univ. de São Paulo, 1976.
4 Ibid., p. 381.
5 Ibid., p. 375.
6 Ibid., p. 378.
7 Ibid.
8 Ibid., p. 375.
9 Ibid., p. 376.
10 VII, 72, p. 7-8.
11 Paris: De Minuit, 2 volumes, 1969.
12 Ibid., p. 355.
13 Ibid., p. 360-361.
14 *Epist.*, 4, 22.
15 20,51.
16 I, 672.
17 I, 135.
18 X, 279.
19 X, 78.
20 *"Propalladia" and other Works of Bartolomé Torres Naharro*. Bryn Mayr, Pensilvânia: University of Pennsylvania Press, 1951, III, p. 458.
21 Madri: Ed. Clássicos Castelhanos, 1960, I, p. 20.

Na esteira da unidade:
Moscou ou *Moscovo*?

Vou desde logo informando ao meu caro leitor que o propósito destas linhas não é dar uma resposta à questão proposta no título acima, porém tão somente discutir alguns pontos em torno da necessária unidade numa seção do léxico português compreendida pelos nomes próprios geográficos e por nomenclaturas científicas e técnicas. Vou também desde logo informando sobre uma distinção àqueles leitores que sempre veem com má vontade esses esforços de unificação de certos aspectos possíveis da língua que falamos e escrevemos; indivíduos que fecham os olhos à consciência da maioria dos utentes de que usamos, na essência, de um só idioma. Discutir, para todos os recantos onde *floresce, fala, canta, ouve-se e vive a portuguesa língua, senhora de si, soberba e altiva*, se vale a pena unificar o nome da cidade russa — se *Moscou*, como ocorre no Brasil, ou se *Moscovo*, como se diz modernamente em Portugal — não é o mesmo que discutir se devemos eleger um dos dois ou o *trem* brasileiro ou o *comboio* português ou, ainda, na mesma linha dos veículos, se o *ônibus* brasileiro ou o *autocarro* português.

Estes últimos nomes pertencem à seção do léxico constituído pelas *palavras usuais*, tecnicamente chamadas palavras *lexemáticas*, dotadas de uma função *léxica* propriamente dita, de estruturação primária da experiência por meio das "palavras". Estes termos, ao contrário dos que pertencem à seção aqui em causa, se organizam mais ou menos homogeneamente e, por isso mesmo, se opõem lexematicamente e ainda, também por isso, têm a possibilidade de admitir uma descrição semântica estrutural homogênea e coerente, à semelhança das descrições feitas para a fonologia e para a gramática. Como esta seção não se destina a técnicos, ponho aqui um exemplo dessa configuração estrutural das palavras lexemáticas, com o simples propósito de ser mais bem entendido. *Trem* e *ônibus* (poderia ser também *comboio* e *autocarro*) são unidades do campo léxico *meios de transporte por veículo* que inclui, entre os terrestres, *automóvel, carro, bicicleta, motocicleta, carrinha, camionete (-a), papa-fila, frescão, furgão*, etc., que se opõem semanticamente entre si por traços distintivos (*por impulsão motora, sem impulsão motora; para uso individual, para uso coletivo; com ar-condicionado, sem ar-condicionado; para transporte de pessoas, para transporte de animais*, etc.), isto sem contar os meios de transporte por veículos aéreos (*avião, balão, dirigível, zepelim, espaçonave, foguete, ultraleve*, etc.), por veículos marítimos (*navio, caravela, barco, barca, cargueiro, submarino*, *batiscafo, gaiola, veleiro, lancha, prancha, windsurfe*, etc.), e por veículos anfíbios (*aerobarco, tanque anfíbio*, etc.).

De nada disto ou de quase nada disto participam os nomes próprios de pessoas, os nomes próprios geográficos, os termos das nomenclaturas técnicas e científicas, embora gozem alguns desses do privilégio de outros fenômenos léxicos, como, por exemplo, a derivação (*Brasil – brasileiro – abrasileirar – abrasileiramentos*, etc.).

Toda esta digressão que, espero, não tenha cansado o leitor benévolo, tenta evitar que se façam grosseiras confusões como têm ocorrido com o problema do Acordo Ortográfico, já oficializado em Portugal e que no Brasil está envolto na túnica de Nessus.

O assunto posto hoje em discussão é assaz complexo e demanda não só a interveniência dos filólogos e linguistas, mas também dos geógrafos e historiadores. Não é, pois, sem razão, que estudiosos nacionais e estrangeiros se tenham debruçado sobre a matéria, já que o problema é, como sabemos, comum às outras línguas de civilização. No que toca à língua portuguesa, quanto a nomes próprios e geográficos, tem prevalecido, de modo geral, uma antiga proposta do notável foneticista lusitano Gonçalves Viana, proposta exarada num livro precioso, *Ortografia nacional*,[1] do qual estou ultimando uma nova edição com aproveitamento de notas manuscritas do autor a três exemplares da obra. Assim reza sua lição posta aqui.

> A maior parte da antiga nomenclatura que usaram os nossos escritores desde o século XV, e mesmo antes até o princípio do século passado, vai caindo em desuso ou sendo menosprezada, não se tendo na devida conta que esse vocabulário e as formas genuinamente portuguesas de nomes próprios de mares, de rios, de terras, de povoações, de quaisquer localidades enfim, fazem parte essencial do léxico nacional, tão essencial como as demais dições da língua pátria. A maioria, senão todos os compêndios empregados no ensino geográfico vêm inçados de denominações, estrangeiras ou estrangeiradas, mal formadas umas, falsas outras, ilegíveis muitas delas, e não poucas inúteis por já existirem na língua outras, ou melhor autorizadas por bons escritores nossos, ou mais conformes com a índole e particularidades de pronúncia do idioma que falamos e sua ortografia tradicional, cujas feições típicas são característico nacional de tamanha valia como outro qualquer dos que nos diferenciam dos demais povos.
> É de necessidade que se restabeleça nos compêndios de geografia, de qualquer grau, a nomenclatura portuguesa empregada pelos escritores do período áureo da nossa literatura, e outros posteriores ao período de fixação de formas da língua portuguesa, modificando-se-lhes apenas as feições ortográficas que sejam evidentemente reconhecidas como arcaicas ou errôneas; com a maior prudência, porém, para que da modificação não resulte alteração na pronúncia portuguesa de tais denominações.[2]

Da leitura atenta do texto de Gonçalves Viana extraem-se quatro princípios que, segundo ele, norteiam ou devem nortear a adoção dos termos geográficos no português: a) a equivalência das unidades léxicas, isto é, tais termos estão no mesmo nível de importância daqueles lexemas que se denominam *palavras essenciais*; b) a necessidade de se pugnar pela adoção de termos que se identifiquem fonética e morfologicamente com as características linguísticas do português; c) a conveniência, para atendimento do item anterior, de restaurar aquelas formas empregadas "pelos escritores do período áureo da nossa literatura"; d) a oportunidade de modificar "as feições ortográficas que sejam evidentemente reconhecidas como arcaicas ou errôneas".

Está claro, como bem acentua G. Viana, que os dois tipos de termos "fazem parte essencial do léxico nacional", mas, como tentei mostrar, não do mesmo modo. Acompanhando o progresso dos estudos linguísticos, o primeiro princípio evocado pelo mestre lusitano está hoje ultrapassado, à medida que, para a descrição lexical e semântica do idioma, não se podem pôr no mesmo nível *Moscou* (ou *Moscovo*) e *trem* (ou *comboio*), resultando daí uma série de consequências de orientação no estudo e descrição da lexicologia, uma das quais vai bulir com o segundo princípio, isto é, com a questão da chamada pureza de linguagem relativamente às duas classes de palavras aqui mencionadas. Vale a pena, neste particular, reviver aqui as palavras muito oportunas, apesar de antigas, contidas num documento do Congresso de Geógrafos de 1893 e lembradas por outro mestre da língua, Said Ali, e professor de geografia:

> As relações sempre crescentes e o intercâmbio intelectual entre as nações obrigam-nos a considerar os nomes geográficos não já como fazendo parte da língua da pessoa que fala ou escreve, mas como propriedade internacional da humanidade. A sua escrita e pronúncia, excetuadas algumas poucas formas tradicionais, não mais devem oscilar de nação para nação, mas fixar-se pelo menos em sua forma principal, ainda quando formas secundárias em muitos casos continuem a existir.[3]

É muito válido o terceiro princípio, o do atendimento a formas postas a correr pelos escritores portugueses do século XV e XVI e aceitas por outras nações, acomodando-as à índole dos seus idiomas. Nesse sentido, a proposta de G. Viana vige vitoriosa no seio da comunidade científica portuguesa e repercute em trabalhos específicos sobre nomenclatura geográfica, segundo se pode patentear no apelo candente de Fortunato de Almeida:

> Há muito se introduziram na nomenclatura geográfica estrangeirismos, que, além de contrários ao gênio e tradições da língua portuguesa, tendem a apagar a lembrança da nossa epopeia marítima e militar. Em suas viagens através de todos os mares e pelo interior de tantas terras, conheceram os nossos antepassados ou deram por seu arbítrio nomes de terras, que aos demais povos civilizados ensinaram com a narrativa de feitos gloriosos. Acomodaram esses povos à índole das respectivas línguas a nomenclatura geográfica dos nossos navegadores e viajantes; mas quis

a nossa desfortuna que, esquecidas as tradições da história nacional, fossem portugueses mendigar a línguas estranhas, corrupto e avariado, aquilo que da nossa os outros tinham aprendido. Prover de remédio a mal tão deplorável é obra de há muito reclamada por quantos conservem amor à língua e às tradições nacionais; mas tal reforma se não fez ainda, antes novos obstáculos se lhe têm levantado, como se para dificultar não bastassem as intrusões da moda inveteradas pela ignorância.[4]

Um só exemplo justifica a reclamação de Fortunato de Almeida: deram os antigos portugueses o nome de *Suaquém* (antigamente *Çuaquém*) a uma cidade da Núbia, na costa do mar Vermelho. Ora bem, os franceses, acomodando-o à sua língua para pronunciá-lo aproximadamente como faziam os lusitanos, grafaram-no *Souakim* ou *Souakin*. Que fez o autor do *Atlas escolar português*, obra realizada por ordem do governo português de então? Passou a grafar o nome da cidade *Suakim*, com visível influência francesa, *Risum teneatis*, remata justamente F. de Almeida.

Exame acurado merece a contribuição dos clássicos. Há nela uma multidão de nomes geográficos facilmente identificados; outros há cuja identificação não se pode reconhecer nos mapas modernos, mesmo nos mais completos. Entre os identificáveis, existem também formas que os clássicos adaptaram mal, o que constitui um pecado venial em escritores que não eram linguistas, numa época em que as ciências da linguagem não contavam com os recursos e métodos dos nossos dias. Said Ali, num capítulo muito lúcido das *Dificuldades da língua portuguesa*, intitulado "Nomes próprios geográficos", aponta alguns exemplos para demonstrar que os nossos antepassados, quando nacionalizavam tais nomes, "eram não raro desajeitados e mais ignorantes do que somos hoje".[5] É o caso que fizeram com um termo germânico que entra em muitas denominações do português representado por *-terra*, *-anda*, *-lândia*. Comenta Said Ali que só acertaram quando fizeram *England Inglaterra*, e ainda aqui "a glória de descobrir a tradução não cabe diretamente aos lusitanos, senão aos normandos conquistadores daquele país".[6] Assim, ao lado do já citado *Inglaterra*, temos incoerentemente *Irlanda*, *Islanda* (hoje *Islândia*) e *Holanda*.

No já citado artigo "Nomes próprios geográficos", inserido nas *Dificuldades da língua portuguesa*, mestre Said Ali, na qualidade de linguista e de professor de geografia, defende a tese de que só

> as corruptelas e aportuguesamentos que se insinuaram na língua, nela se implantaram e ainda hoje persistem consagrados pelo uso geral é que lograrão viver para o futuro. Isto, referido particularmente aos nomes das localidades, mostra bem quais sejam as exceções à seguinte regra internacional: Os nomes próprios geográficos das nações que, na sua escritura, empregam os caracteres latinos (quer os redondos, quer os chamados góticos) serão escritos com a ortografia de seus países de origem. Assim, escrevemos *Londres* (e não *London*), mas *Wight*, *Windsor*, *Liverpool*; *Florença* (e não *Firenze*), *Milão* (e não *Milano*), mas *Fiesoli*,

Civitàvecchia, Chioggia; Marselha, mas *Toulon, St. Etienne; Viena* (e não *Wien*), mas *Koniggratz, Reichenberg*.⁷

Está claro que neste princípio internacional se incluem também os nomes geográficos de origem grega, porque, como sabemos, são nomes que se transcrevem, segundo certos princípios, por meio de caracteres latinos.

Também é certo que as dificuldades, neste campo, não terminam aqui, uma vez que temos de adaptar nomes originários de línguas com que povos latinos pouco lidam. Said Ali lembra o caso de localidades escandinavas escritas com certas letras inexistentes em nosso alfabeto e que, por isso, somos levados a errôneas pronúncias; mas, segundo ele, são situações provisórias que serão melhoradas "quando melhor soubermos tornar acessíveis aos estudantes de geografia as particularidades de escrita e pronúncia dessas interessantes línguas com que atualmente pouco lidamos".⁸

A situação fica mais complicada quando os nomes de localidades pertencem à língua que não utiliza caracteres latinos. É o que ocorre com os nomes russos ou com aqueles originários da Ásia e da África. Neste caso, o princípio internacional é tomar por base a pronúncia local ou da língua oficial do respectivo Estado, adaptando-os aos princípios e possibilidades de transcrição permitidas pelo nosso sistema ortográfico, excetuados aqueles nomes impostos por um aportuguesamento de longa data. Este princípio praticado pelo português também é seguido pelas línguas europeias de cultura do mundo moderno, principalmente pelo inglês, francês, alemão e italiano.

Neste ponto, Said Ali discorda de algumas propostas muito pessoais de Gonçalves Viana. Vai aqui um exemplo:

> O mestre brasileiro acreditava que se poria fim a uma diversidade de grafia adotando-se a proposta uniformizadora de Richthofen, que consistia no emprego de *sh* e *tsh* para representar os fonemas /x/ e /ts/ que os alemães escrevem *sch* e *tsch* (ing. *sh* e *ch*; fr. *ch* e *tch*). O mestre lusitano, apoiando-se num arcaísmo de pronúncia portuguesa, hoje vivo dialetalmente, preconizava o emprego, respectivamente, de *x* e *ch*. Se adotássemos a proposta de Richthofen, todas as nações que se servem do nosso alfabeto escreveriam sem exceção *Shanghai* e *Tshungking*; se adotássemos a recomendação de Gonçalves Viana, cada país insistiria em puxar brasa à sua sardinha e, substituindo as três primeiras letras do primeiro nome e as quatro primeiras do segundo, o francês escreverá *Cha-, Tchu-* (ou *Tchou*); o italiano em *Scia-, Ciu*; o português finalmente *Xa-, Chu-*. Isto sem contar a multiplicidade de operações a que *ipso facto* fica sujeita a parte restante daqueles nomes.⁹

E remata com muito bom senso Said Ali:

> É certo que as línguas europeias, regulando-se cada qual pela ortografia que lhe é própria, pela cartilha "de casa", vêm facilitar aos meninos de

escola dos países respectivos a pronúncia desses nomes do Extremo Oriente e outros. Longe de mim negar igual direito à língua portuguesa; mas neste caso competia-nos atender ao que se ensina em questão por *ch* e *tch* ou então por *x* e *tx*, e não como quer Gonçalves Viana (...) Em verdade não acredito que uma criança, ao ler a palavra *Chad*, jamais pronuncie *Tchad*, se não lhe ensinaram a dizer *Tchina, tchá, tchuva* por *China, chá, chuva*.[10]

Gonçalves Viana e Said Ali, por caminhos diferentes, procuraram ser fiéis a duas pronúncias diferentes de vocábulos cujas sílabas iniciais têm significados diferentes; passados tantos anos, o nosso progresso — se o houve — consistiu em baralhar a semântica numa uniformização ortográfica: o, aliás, excelente, *Tratado de ortografia da língua portuguesa*, de outro mestre insigne, Rebelo Gonçalves, escreve assim os dois vocábulos do nosso exemplo acima: *Xangai* e *Xunquim*.[11]

Texto publicado no jornal *Mundo Português* e na revista *Na Ponta da Língua*, em três partes: 7/2/1992, 14/2/1992 e 6/3/1992.

Notas

1   Gonçalves Viana, *Ortografia nacional*. Lisboa, 1904.
2   Ibid., p. 227
3   Koppen, *Die Schreibung Geographischer Namen* apud Said Ali, *Dificuldades*. 5.ª ed., p. 164-165.
4   *Nomenclatura geográfica: subsídios para a restauração da toponímia em língua portuguesa*, 2.ª ed. Coimbra, 1928, p. 5.
5   Said Ali, *Dificuldades da língua portuguesa*, p. 155.
6   Ibid., p. 155.
7   Ibid., p. 161.
8   Ibid., p. 161.
9   Ibid., p. 163.
10 Ibid.
11 Rebelo Gonçalves, *Tratado de ortografia da língua portuguesa*. Coimbra: Atlântida, 1947, p. 23-24.

Na seara de um dicionário histórico

Boato é termo de introdução recente no idioma português significando a notícia que anda publicamente, sem procedência.

A princípio, o vocábulo se aplicava somente ao som forte, barulhento, estrondoso, e, nesta acepção, apenas colheu um exemplo nos *Sermões* do nosso Vieira. Em todo o Barros não achei documentação da palavra neste último sentido; da mesma maneira, nos escritos de Couto e Camões.

Para tal fim os quinhentistas se serviam do trissílabo *estrondo*: "O grande estrondo a maura gente espanta / Como se visse hórrida batalha."[1]

Estamos, portanto, em face do que em nossa ciência se chama palavra de empréstimo, e não palavra de herança, isto é, saída do falar dos romanos.

O termo *boato* só muito, muito mais tarde, por alterações de sentido, passou a designar notícia sem procedência, a balela, os rumores. Que fique isto aqui consignado, uma vez que os dicionários portugueses são omissos neste particular.

Seguiam caminho diferente dos modernos os escritores do passado quando pretendiam expressar o boato de nossos dias.

Todo mundo hoje dirá: "Meu amigo, que boato é este que ouço a teu respeito?"

Em outros tempos a coisa era bem diferente. Usava-se da palavra *fama*, e assim leio na *Lenda dos Santos Barlaão e Josafate*:[2] "Meu filho, que *fama* é esta que ouço dizer de ti (...)" Esta *Lenda*, vertida em português durante o século XIV ou na primeira metade do seguinte, dá-nos boa documentação do vocábulo em questão. Continuaram este uso os quinhentistas: "Aos feitores, que em terra estão, mandava (o Gama) / Que se tornem às naos; e porque a *fama* / Desta súbita vinda os não impedia. / Lhe manda que a fizessem escondida."[3]

Porém correu o boato que os feitores foram presos, e: "Esta *fama* as orelhas penetrando / Do sábio capitão, com brevidade / Faz represália nuns (...)"[4] "Assi contava o Mouro; mas vagando / Andava a *fama* já pela cidade / O rei saber mandava da verdade."[5]

"(...) e segundo *fama*, a notícia (conhecimento dellas (i.e., Canareas) soube per huma náo inglesa ou francesa (...)";[6] "(...) e lhe deu por regimento que entrasse as portas do estreito de Meca e soubesse novas de galés (porque corria huma *fama* que se armavam em Meca quinze)."[7]

Quando o boato corria sorrateiramente, dizia-se "fama surda": "(...) as novas da morte de el-rey, ou huma *fama surda* dela (...)"⁸

Fama solta deveria ser o contrário de *fama surda*, isto é, uma notícia sensacional, que logo corria pela cidade inteira: "(...) lançaram huma *fama solta* por todos os da terra, que os Mouros de Cochij tinham tomado a fortaleza."⁹

O "lançar fama" do exemplo acima é sinônimo do moderno "espalhar boato". *Boato* mentiroso é comum a todos os tempos, e nesse sentido os antigos diziam *fama falsa*: "(...) afirmaram que era *fama falsa* e lançada pelos nossos delle estra na índia pera terror da gente ignorante."¹⁰

O vocábulo *rumor* era um dos sinônimos do antigo *fama*. Por ampliação de sentido, passou a designar não somente o ruído surdo, mas também o conceito de barulho confuso de vozes, o murmúrio. Couto assim se expressa, depois de ter usado na mesma página de *fama surda*, variando assim a linguagem e evitando lugares-comuns: "(...) não se deixou de chegar a D. Pais de Noronha hum *rumor* deste negócio."¹¹

Voz era outro termo que concorria com *fama* e *rumor*: "Correo a *voz* polla serra da vinda do arcebispo."¹² Já Barros havia escrito: "(...) achou a gente no mar amotinada (...) com *voz* que elles não vinham obrigados (...)";¹³ "(...) estavam carregando pimenta e outras especiarias, com *voz* que era arroz e mantimentos."¹⁴

Ao lado da *fama surda* corria também a expressão *voz surda*: "(...) andava já no exercito *voz surda*, que havia três dias que chegara de Mangalor huma nao de Meca, que dava novas ficar já em Adem."¹⁵

O verbo *soar*, muitas vezes mal interpretado em *Os Lusíadas*, era usado para expressar a mesma ideia do circunlóquio "correr fama", "correr voz": "(...) *soou* pela terra, no domingo, cinco dias do mês, lá sobre tarde, que entrava a rainha em dores e significação de Parto (...)";¹⁶ "(...) já se *soava* que Xarafo trazia em prática passar-se pera Chilao, corria a fama que fora socorrer ao xeque Omar";¹⁷ "(...) despidio algũs balões de remo (...) a saber, a certeza disto que se *soava*, com tenção de, tanto que tivesse nova certa de ser verdade isto (...) se meter logo em Malaca."¹⁸

Estará muito enganado o leitor se esperar uma forma diferente para exprimir-se na língua antiga este pensamento em que entra a palavra *fama* com o sentido de célebre: "Médico de muita fama."

Isto porque sempre existiu o termo em questão com a significação que hoje conhecemos.

Em *Os Lusíadas*, onde o autor a cada passo se tem de servir de qualificativo honroso, há grande cópia de documentação não somente de *fama*, mas ainda de *famoso, afamar, afamado*.

Texto publicado no jornal *Mundo Português* e na revista *Na Ponta da Língua*, em 29/05/1992.

Notas

1. Luís de Camões, *Os Lusíadas*, II, p. 25.
2. Lisboa: Ed. Abreu Viana, 1898, p. 23.
3. Luís de Camões, op. cit., IX, p. 8.
4. Ibid., IX, p. 9.
5. Ibid., VII, p. 42.
6. João de Barros, *Décadas,* 1, 1, 12.
7. Diogo de Couto, *Décadas,* 7, 3, 1.
8. Ibid., 6, 6, 3.
9. João de Barros, op. cit., 1, 7, 4.
10. Ann., I, 183.
11. *Décadas*, 6, 6, 3.
12. Frei Luís de Sousa, *Arc.,* I, 405.
13. João de Barros, op. cit., 2, 2, 5.
14. Ibid., 2, 5, 4.
15. Diogo de Couto, op. cit., 5, 3, 4.
16. Ann., 1, 4.
17. Ann., 1, 172.
18. Fernão Mendes Pinto, *Peregrinação*, 3, 225.

O infinitivo: será um quebra-cabeça?

Entre os aparentes quebra-cabeças do nosso idioma figura quase sempre o emprego do infinitivo flexionado ou sem flexão ou, como se dizia antigamente com menos propriedade, o emprego do infinitivo pessoal ou impessoal.

Está claro que vamos tratar aqui daqueles casos gerais, cuja transgressão constitui falha de gramática ou fuga a usos mais frequentes. Só muito raramente aludiremos a empregos estilísticos que, sobre aquelas normas que pertencem à função representativa da linguagem, visam a traduzir sentimentos e emoções do escritor ou falante. Tais recursos se aprendem no diuturno contato com os mestres da língua, com aqueles que fazem do seu texto um permanente laboratório do uso idiomático e de variações estilísticas.

Quem não tem o domínio da língua supõe que ao infinitivo compete a trivial e obrigatória concordância que se dá com as formas finitas, isto é, o verbo tem de estar em permanente relação com seu sujeito. Engana-se quem assim procede. A leitura dos bons autores e o trato com os bem falantes — hoje tão raros entre nós — demonstram-nos que neles o normal é o infinitivo sem flexão. É justamente quem não tem o domínio do idioma e, por isso, imagina que a flexão se impõe em todos os casos, que mais foge a esta regra salutar.

Por fim, só faremos referência àqueles casos que constituem ou podem constituir dificuldades ao falante nativo que, sem estudo especial — só com o sentimento idiomático — distingue empregos do tipo *convém sair cedo* e *convém sairmos cedo*.

Depois de muita tinta derramada e pouca orientação, o assunto começou a seguir a trilha certa graças a um estudo do mestre Said Ali, escrito ainda no final do século passado e que guarda hoje toda a sua validade.

O primeiro cuidado de quem quiser conhecer os empregos normais do infinitivo será verificar se esta forma verbal está sozinha na oração ou se faz parte de uma locução verbal, conforme se dá nos dois exemplos a seguir:

    Estudas para *vencer* na vida.
    Estudas para *poder vencer* na vida.

Se se trata do primeiro caso, isto é, de infinitivo sozinho na oração (1.º exemplo), a tradição culta da língua fixou o seguinte critério de ordem geral, isto é, sem levar em conta a intenção afetiva da ênfase ou reforço:

Não haverá flexão se o sujeito do infinitivo não estiver expresso na oração por meio de substantivo ou pronome, quer igual ao de outro verbo existente na frase, quer diferente:

> *Estudamos para vencer na vida* (repare-se que o sujeito de vencer (nós) não está expresso).
> *Eu e meu irmão estudamos para vencer na vida* (repare-se que aqui o sujeito (eu e meu irmão) está expresso).
> *Os bons exemplos dos pais ajudam os filhos a vencer na vida* (repare-se aqui que o sujeito de vencer é *os filhos*, que, na oração anterior, funciona como objeto direto do verbo *ajudam*, e este tem como sujeito *os bons exemplos dos pais*).

Se explicitarmos o sujeito do infinitivo, a flexão se tornará obrigatória:

> É importante *terem* os filhos os bons exemplos dos pais.

Se o infinitivo não estiver sozinho na oração a que pertence, caberá a flexão apenas ao verbo anterior.

> Temos de *pensar* nas soluções.
> Querem *ter* tudo em ordem.

É um dos pecadilhos de quem não conhece o gênio da língua flexionar o infinitivo em tais casos, mesmo quando os dois verbos se acham separados pelo sujeito ou algumas palavras. Deve-se evitar o que o Mestre José Oiticica chamava de pleonasmo flexional:

> Devem os senhores passageiros *respeitar* os avisos (e não *respeitarem*).

Se se calar o verbo auxiliar na segunda locução, pode-se flexionar o infinitivo desta última, se houver o perigo de tornar-se obscuro o sentido da frase ou se houver intenção de animar a pessoa a quem se refere a ação verbal, como ocorreu neste exemplo:

> "*Queres ser* mau filho, *deixares* uma nódoa d'infância na tua linhagem."[1]

A não flexão do infinitivo nestes casos ocorre obrigatoriamente com os chamados verbos *causativos* (*deixar, mandar, fazer* e sinônimos), quando não temos uma locução verbal real, já que o verbo causativo integra oração à parte:

Deixai *vir* a mim as criancinhas (= deixai que as criancinhas venham a mim).

A tentação de flexionar o infinitivo se torna mais forte quando o sujeito deste separa dois verbos, como no caso abaixo, colhido num matutino carioca:

"A autoridade deixa os carros *passarem* em grande velocidade."

A praxe é deixar o infinitivo sem flexão:

A autoridade deixa os carros *passar*...

Sem o mesmo rigor que se dá com os verbos causativos, aparece, em geral, sem flexão no infinitivo precedido de verbo chamado sensitivo (*ver, ouvir, olhar, sentir* e sinônimos):

Ouvi *cantar* os galos (ou *cantarem*).
Vimos as crianças *brincar* (ou *brincarem*).

Incluem-se no caso das locuções as construções em que o infinitivo aparece depois do verbo que designa o tempo ou o modo da ação que expressa:

Começamos a brincar.
Puseram-se a estudar.
Gostas de estudar.
Pretendes estudar.

Também não se flexiona o infinitivo que serve de complemento a substantivos e adjetivos:

Eles não têm intenção de *fazer* isso.
Todas estas figuras são fáceis de *desenhar*.

Texto publicado no jornal *Mundo Português* e na revista *Na Ponta da Língua*, em 20/12/1991.

Nota

1   A. Herculano, *Fragmentos*. Ed. A. Leite, p. 173.

O PIOR DOS ESTRANGEIRISMOS

Já houve uma época em que estudiosos imaginavam poder existir uma língua "pura", isto é, sem a invasão e intromissão de termos, expressões e construções de outras línguas. Depois, os estudiosos mais bem dotados de informações científicas e de maior conhecimento da história das comunidades humanas e de seus idiomas, chegaram à conclusão de que não havia línguas puras, já que elas acompanham e espelham a história dos homens que as falam. O contacto permanente dos povos no domínio comercial, artístico, científico e político transforma-se num grande corredor de empréstimos que não se devolvem, a não ser com outros empréstimos.

Tornaram-se clássicos os estudos que procuraram mostrar o esforço dos romanos na adaptação dos termos e conceitos gregos que os filósofos, cientistas e artistas da Hélade impuseram aos intelectuais de Roma. É pelo corredor das ciências e das artes que os empréstimos se impõem.

Muitas vezes, a reação dos puristas contra estrangeirismos é o reflexo de ódios, rancores e desagravos que nasceram no campo político e que se desdobraram em outras reações até chegarem ao domínio da língua. Bréal nos ensina isso no seu *Ensaio de semântica* e, antes dele, já o intuíra o nosso José de Alencar, para justificar a perseguição que os portugueses, principalmente os puristas, moviam contra a entrada e curso de francesismos em nosso idioma. É a mesma reação que já existiu entre os gregos em relação às palavras turcas, ou entre os franceses, em relação aos termos alemães.

O século XVIII e, principalmente, o XIX marcam o apogeu cultural da língua francesa, em quase todas as atividades culturais e científicas de Portugal e do Brasil. Respirava-se tão intensamente a atmosfera cultural da França, que era necessária e providencial a ação de patriotas que procuravam mostrar e inculcar os sucedâneos de boa cepa nacional e vernácula.

Recente artigo do Dr. Antônio Gomes da Costa neste jornal pôs à luz do dia o exagero da utilização dos termos estrangeiros, hoje quase essencialmente ingleses — por influência americana —, a ponto de preocupar alguns representantes do povo nas casas do Congresso.

Hoje a invasão das expressões de língua inglesa tem um sentido muito mais preocupante do que ontem, porque revela um corredor muito mais estreito e desairoso, para não dizer vergonhoso. Ontem e sempre, a invasão vinha impulsionada pelo contacto cultural e artístico, que não desmerecia os valores da prata da casa, porque se limitava ao campo superior das interinfluências das nações.

Desde cedo, os escritores e os homens de cultura entre nós compreenderam que o melhor caminho era, como declarou João Ribeiro, insuspeito nesses assuntos de brasilidade, que a "nossa" língua é "essencialmente a língua portuguesa, mas enriquecida na América, emancipada, e livre nos seus próprios movimentos".[1]

O idioma, para um povo, é o traço fundamental e profundo da sua história. E é isso que devem entender essas pessoas. Gaston Paris (1835-1903), um dos mais notáveis filólogos que a França já teve, escreveu que *"pour un peuple changer de langue, c'est presque changer d'âme"* ["para um povo mudar de língua é quase igual a trocar de alma"].[2]

Recentemente, a Companhia das Letras traduziu e editou o importante e documentado livro do filólogo alemão Victor Klemperer (1881-1960), intitulado *Os diários de Victor Klemperer: testemunho de um judeu na Alemanha nazista*.[3] Do mesmo Klemperer saiu, em 1947, mas datado do Natal de 1946, infelizmente não traduzido, LTI [*Lingua Tertii Imperii, Língua do 3.º Reich*] *Notizbuch eines Philologen*. O título é uma paródia à mania das siglas do regime nazista, em que estuda os traços linguísticos, especialmente os lexicais, do regime político hitlerista. A edição que possuímos, de 1949 (Aufbau-Verlag Berlin), começou com a afirmação do filósofo, teólogo e pedagogo Franz Rosenzweig (1886-1929) *"Sprache ist mehr als Blut"* ["O idioma é mais do que sangue"].

Hoje o fator impulsionador é o esnobismo, a imaturidade, a inconsciência da cidadania, que vê, no termo ou expressão estrangeira, o esforço de marcar a superioridade do outro em detrimento e menosprezo do nacional. E o traço, aparentemente inocente, da falência da cidadania, que não mede a distância de chamar *mouse* ao que seria *rato* ou *ratinho* e dar nomes estrangeiros, como ultimamente foi divulgado pela imprensa, a ruas de favelas do Rio (*Hide Park*), de títulos de prédios residenciais e comerciais. Chamar a um edifício *Green Park* parece mais elegante ou enganador do que outra denominação com a prata da casa. Faltou aqui bom senso e bom gosto que sobraram a quem a prédio recém-construído no Rio de Janeiro deu o nome de *Varandas de Olinda*.

Terão, porventura, pudor em servir-se do patrimônio português, indígena e africano, que estão mais próximos de nosso passado e de nossa tradição. Isso sem contar com o acervo de outras nacionalidades (italianos, franceses, árabes, judeus, alemães, por exemplo) que ajudaram os brasileiros a construir esta nação.

Não se trata, pois, de caso de purismo linguístico, mas de grande descaso do país como nação, como instituição, em suma, de grande descaso de cidadania.

Dos estrangeirismos chegados a nós pela cultura e pela tecnologia podem o estudo e a educação pôr limites ao exagero indesejável; aos estrangeirismos criados pelo esnobismo e infantilidade, só a vergonha lhes pode dar remédio.

Nesse sentido, é oportuna e louvável qualquer medida legal que ponha cobro a essa pletora de estrangeirismos que não nos chegam pela via do progresso cultural, artístico e tecnológico. Esse é o pior tipo dos estrangeirismos, porque denuncia a falência do amor da pátria pela exaltação da superioridade do outro povo. Forcejemo-nos por fugir da pecha de "macaquitos". Só assim se constrói um País e se instaura uma Nação.

> Texto publicado no jornal *Mundo Português* e na revista *Na Ponta da Língua*, em 24/2/2000.

Notas

1   *A língua nacional*, 2.ª ed., 1933, p. 262.
2   *La Littérature française au Moyen Âge*, 3.ª ed., Paris, 1905, p. 12.
3   Victor Klemperer. *Os diários de Victor Klemperer: testemunho de um judeu na Alemanha nazista*. São Paulo: Companhia das Letras, 1999.

POETISA OU POETA?

Todo falante do português, tropeçando num ou noutro gênero a ser atribuído a certos substantivos, sabe quando usar o masculino ou o feminino, mesmo não se tratando dos que não se distinguem em machos e fêmeas, do tipo de *o jornal, a revista, o lápis* e *a caneta*.

Possui o nosso idioma certos mecanismos morfológicos, sintáticos e lexicais capazes dessa indicação de gênero: a desinência ou sufixo -*a* (*aluno / aluna*); a distinção mediante o emprego dos sufixos (*o galo / a galinha, o ator / a atriz*); o uso de artigos *o, a* (*o artista / a artista*); o acréscimo dos adjetivos *macho, fêmea*, nos epicenos (*a cobra macho / a cobra fêmea*); o uso dos lexemas (palavras) especializados na indicação dessa oposição de sexo (*pai / mãe, confrade / confreira, homem / mulher, genro / nora, boi / vaca*).

Nessa distinção de gênero exercem importantes papéis fatores de ordem cultural de toda sorte: *o sol* e *a lua* são, respectivamente, masculino e feminino, em português, mas no alemão, têm o gênero oposto, *die Sonne* ("o sol", feminino), *der Mond* ("a lua", masculino).

De uns tempos a esta parte, a justa e auspiciosa ascensão da mulher no mundo ocidental vem criando interessantes problemas no mundo da gramática, à medida que certas atividades, até então exercidas exclusivamente por homens, passaram a ser desempenhadas por mulheres, mudança que traz certa perplexidade ou dúvida no emprego de nomes de profissão, cargos ou funções. Está claro que desde cedo nos acostumamos a dizer, sem nenhum titubeio, *a mestra, a professora, a dentista* e algumas outras. Todavia o caso se complica quando se trata de *chefe, oficial, sargento*, etc.

Vale a pena lembrar que outras línguas também se defrontam com problemas semelhantes e, em se tratando de nosso idioma, os portugueses passam pelas mesmas dificuldades. No que toca ao francês (como nos vai dizer o filólogo lusitano João da Silva Correia em citação que faremos aqui daqui a pouco), Brunot, um dos grandes mestres da língua francesa, achava horroroso o feminino *chefesse*, entre outros. Certos nomes comuns de dois, isto é, aplicados indistintamente a homens e mulheres, eram frequentes na língua antiga, mas passaram, com o transcurso do tempo, a ter uma forma particular para o feminino; estão nesse caso *infante* e *parente*, que depois se separaram em *infante* (m.) / *infanta* (f.), *parente* (m.) / *parenta* (f.).

Consoante a essa mesma linha analógica, apareceram, para o feminino, *presidenta, oficiala, delegada, chefa*. Alguns têm sabor eminentemente pejorativo e são de cunho popular, como *carrasca* e a própria forma *chefa*.

Escritores, gramáticos e dicionaristas muitas vezes ficam na dificuldade de apresentar solução unanimemente aceitável para a maioria desses nomes que se aplicam a atividades exercidas agora por homens e mulheres. Eis aí uma questão sobre que deveriam debruçar-se os técnicos, os escritores que estão preocupados com o uso-padrão do idioma, as academias e o público em geral.

De há muito a busca de respostas adequadas vem preocupando os filólogos. Em mais de um lugar, Mário Barreto estudou a questão; em Portugal, João da Silva Correia, discípulo de José Leite de Vasconcelos e um dos estudiosos mais atentos ao movimento de permanência e mudança do idioma, e Manuel de Paiva Boléo escreveram lúcidas páginas acerca do tema. Vale a pena transcrever trecho de um artigo de Silva Correia citado por Mário Barreto, em artigo estampado na benemérita *Revista de Cultura* dirigida pelo Padre Tomás Fontes, em abril de 1928, há bons setenta anos, e mais tarde coligido por Cândido Jucá (filho), no livro daquele excelente sintaticista, intitulado *Últimos estudos:*[1]

> Nos últimos tempos têm surgido numerosas formas femininas, que a língua de épocas não distantes conhecida, — e que são como que o reflexo filológico do progresso masculino da mulher, — hoje em franco acesso a carreiras liberais, donde outrora era sistematicamente excluída. Possuem já cartas de naturalização femininos profissionais como *médica*, e estão em via de obtê-la outros como *notária*. *Advogada*, outrora termo usado apenas para designar a santa intercessora ou medianeira — serve normalmente, em nossos dias, para designar a doutora ou bacharela que exerce a advocacia. E destes dois últimos vocábulos que nossos maiores só empregavam para designar a mulher pedantescamente palreira, um — *doutora*, logrou já geral aceitação e o outro — *bacharela*, não tardará que a obtenha. Castilho, nas *Sabichonas*, emprega a forma *presidenta* para designar a abelha-mestra de um areópago de sabenças femininas, porém não sem certo matiz depreciativo. Não tardará, no entanto, que tal forma, que a terminação em *a* torna mais característica, circule com o valor normal, como começa a acontecer, por exemplo, a *estudanta*. E o velho feminino *apóstola*, que usaram nossos clássicos, está em via de ressuscitar, agora impregnado de ideologias socialísticas e libertárias. *Oficiala*, palavra que Camilo Castelo Branco empregou na *Queda de um Anjo*, para designar a costureira de modista, dentro de pouco designará, porventura, também a *burocrata*; como não tardará que, com a concessão inevitável do voto à mulher, surjam os femininos — *candidata, deputada, senadora*.
>
> O problema tem aparecido noutros países. Na França, apreciaram-no já filólogos como Nyrop ou Remy de Gourmont. E Lebierre observou mesmo curiosamente: "Os gramáticos preceituam que os substantivos

designativos de certas profissões, a maior parte das vezes exercidas por homens, conservam a forma masculina quando aplicados a mulheres. Mas há hoje um feminino para a maioria de tais substantivos". Esta feminização apresenta às vezes dificuldades. Brunot achava horrível em francês uma forma como *chefesse*. Também, por agora, ao menos em português, *chefa* seria igualmente horrível — o que não significa que tal forma não venha a aparecer um dia, possivelmente breve, pois que uma vez feita pela mulher, à face do costume e do código, a conquista de uma regalia, ela tem logo a repercussão na língua — espelho da alma dos povos e de todas as manifestações do progresso humano.²

Se a conquista das mulheres a profissões, atividades, cargos ou funções repercutiu na língua moderna no sentido do aparecimento de formas vocabulares femininas até então desconhecidas, certas aspirações de movimentos feministas pretendem, parece, abolir a distinção formal das denominações aplicadas aos dois sexos. A prática não é recente, pois vimos que substantivos havia que, sem alteração, serviam a homens e mulheres, como *infante* e *parente*.

Não se perca de vista que a distinção de gênero é em geral neutralizada, prevalecendo a forma do masculino, quando por ela se refere à espécie inteira: *os pais* (pai e mãe). Creio que são exemplos disto estes versos de Cecília Meireles, em que ela, especificando seu caso particular, aplica a si o feminino *pastora*, e, referindo-se à espécie, aplica-lhe o masculino plural *pastores*:

> Pastora de nuvens, fui posta a serviço
> Por uma campina tão descampada
> Que não principia nem também termina
> E onde nunca é noite e nunca madrugada.
>
> (Pastores da terra, vós tendes sossego,
> Que olhais para o sol e encontrais direção.
> Sabeis quando é tarde, sabeis quando é cedo.
> Eu não.)³

Este emprego generalizante, mais do que uma necessidade de rima, hoje é ponto de discussão entre alguns poetas e algumas poetisas, por um lado, e professores de língua portuguesa, filólogos, gramáticos e críticos, por outro. Para muitos, *poeta* se deve aplicar indistintamente à mulher e ao homem que fazem poesia, ficando a forma *poetisa* circunscrita à ideia pejorativa da mulher que verseja, como usa Cecília Meireles de *poeta* nestes versos:

> Eu canto porque o instante existe
> e a minha vida está completa
> Não sou alegre nem sou triste;
> Sou poeta.⁴

Da mesma referência genérica à espécie usa nossa Cecília nos versos:

> E aqui estou cantando.
> Um *poeta* é sempre irmão do vento e da água:
> Deixa seu ritmo por onde passa
> Venho de longe e vou para longe:
> Mas procurei pelo chão os sinais do meu caminho
> E não vi nada, porque as ervas cresceram e as serpentes andaram.⁵

Ou:

> Um *poeta*, na noite morta
> Não necessita de sono
> Um *poeta* à mercê do espaço
> Nem necessita de vida.
> Porque o *poeta*, indiferente,
> Anda por andar — somente.
> Não necessita de nada.⁶

Supomos que bastam esses exemplos para afirmar que não estava, nestes casos, a intenção de Cecília de defender para si e para suas colegas escritoras a denominação *poeta*, em detrimento da forma vernácula tradicional *poetisa*, quando aplicada exclusivamente à mulher.

Está claro que a língua, enquanto sistema de possibilidades, permitiria tal prática entre artistas do verso, numa convenção interna do grupo, sem que a prática, só por isso, tivesse direito a foros de cidade no espaço maior que se chama *língua comum exemplar*, recomendada pela norma gramatical e agasalhada nos dicionários do português.

Ouvimos que tal prática já está consagrada em Portugal, "pátria-mãe" do nosso idioma. Todavia, não é isso que vemos registrado nas gramáticas nem nos dicionários mais acreditados, escritos do outro lado do Atlântico. O novo dicionário de Morais, de título *Grande dicionário da língua portuguesa*, em 12 volumes, o mais completo dos léxicos da língua até o presente momento, ensina no verbete *poeta* "Forma feminina: *poetisa*".⁷

Não é outra a lição do ágil e bem-feito *Dicionário da língua portuguesa* da Porto Editora, de autoria de Almeida Costa e Sampaio e Melo: "Poeta, Fem. Poetisa".⁸

Também repete a lição o recentíssimo *Dicionário do português básico* elaborado pelo atual catedrático da Universidade do Porto, o professor Mário Vilela: "O feminino de *poeta* é *poetisa*."⁹

A prática de poetas, literatos e críticos não é outra em Portugal e no Brasil, de modo que não corresponde à verdade afirmar que tal uso corre "consagrado" por aquelas bandas. A edição da *Obra poética* de Cecília Meireles da Nova Aguilar, preparada pelo saudoso e competente Darcy Damasceno, com "Nota editorial" de outro consagrado mestre, Afrânio Coutinho, está enriquecida da fortuna crítica de nossa poetisa, e aí, por brasileiros e portugueses, só se refere a ela como *poetisa*, e não como *poeta*. Vejam-se alguns dos numerosíssimos exemplos:

> "Com o talento e as qualidades poéticas, aqui reveladas, Cecília Meireles em breve, e sem grande esforço, poderá lograr a reputação *poetisa* que de justiça lhe cabe."[10]

> "Para completar esse retrato sumário da *poetisa* (...)"[11]

> "*Poetisas* do Brasil."[12]

> "Dois Poetas e uma *Poetisa*."[13]

> "Cecília Meireles — *Poetisa* Portuguesa do Brasil."[14]

> "*Poetisas* e Escritores do Brasil — Cecília Meireles."[15]

> "A *poetisa* Cecília Meireles esteve em São Miguel."[16]

> "A sua poesia [de Cecília] acerca-se mais do cunho de qualquer poeta nórdico que da sensualidade tropical da também brasileira Adalgisa Neri, outra grande *poetisa*."[17]

Curiosa é a seguinte passagem de Murilo Mendes: "Se o poeta — ou antes, a *poetisa*, título que me parece mais adequado a uma mulher — se chama Cecília Meireles (...)."[18]

No excurso de Darcy Damasceno sobre a obra poética de Cecília Meireles, algumas vezes aparece o termo *Poeta* com letra maiúscula aplicado à autora, termo que alterna com "a poesia de Cecília", o que vale dizer que ainda circunscrito à ideia generalizante dessa espécie de escritor, na mesma linha semântica em que usou inicialmente Murilo Mendes a palavra *poeta*, para depois restringi-la a *poetisa*, "título... mais adequado a uma mulher".

Por tudo isto, *poetisa* é a forma mais vernácula normal para o feminino de *poeta*.

> Texto publicado no jornal *Mundo Português* e na revista *Na Ponta da Língua*, em duas partes: 16/4/1998 e 23/4/1998.

Notas

1   1.ª ed., 1944; 2.ª ed., 1986.
2   p. 167-168.
3   *Obra poética*, Nova Aguillar, p. 121.
4   Ibid., p. 81.
5   Ibid., p. 82-83.

6   Ibid., p. 157-158.
7   Vol. 8, p. 429.
8   6.ª ed., 1987.
9   2.ª ed., 1991, p. 685.
10 João Ribeiro, p. 62.
11 Darcy Damasceno, p. 65.
12 Natércia Freire in *Atlântico*, 3.ª série, n.º 3, Lisboa, 1950, p. 75.
13 Álvaro Lins in *Correio da Manhã*, Rio de Janeiro, 1946, p. 75.
14 Pedro Homem de Melo in *Jornal de Notícias*, Porto, 1949, p. 75.
15 Jorge Ramos in *Lar*, n.º 5, Lisboa, 1950, p. 76.
16 Cipriano Vitureira in *Ores*, Açores, 1951, p. 76.
17 Nuno de Sampaio, "O purismo lírico de Cecília Meireles", in *O comércio do Porto*, Porto, 1949, p. 48.
18 p. 52.

Poluição linguística

Carlos de Laet, professor de português, escritor exímio, jornalista fecundo e polemista vigoroso, escreveu, certa vez, uma crônica em que denunciava o mau emprego de grandes inventos. Entre eles, estava a imprensa, destinada, no sonho de Gutenberg, a ser a trombeta da justiça e das demais boas causas, mas que se tinha transformado, na mão dos homens, em veículo de jogos escusos e da potoca.

A crônica vem-me à lembrança quando ouço e leio o mau emprego da linguística por leitores apressados de grandes mestres, quando aqueles transpõem o objeto e método da nobre e indispensável disciplina para a sala de aula, para a seara de trabalho do professor de língua portuguesa.

Muitos linguistas têm chamado a atenção para o fato de que os modelos teóricos levantados para o estudo e descrição científica das línguas não pretendem, primordialmente, modificar o trabalho do professor de línguas, mas até adiantam, como fez Chomsky numa de suas comunicações a congressos de especialistas, que não acreditam na plena eficácia desses modelos teóricos, quando aplicados a fins pedagógicos. Está claro — e ninguém põe em dúvida o fato — que o aperfeiçoamento científico da teoria linguística pode ter repercussão benéfica em determinados aspectos do ensino das línguas; mas isto está longe de significar que o linguista vai assumir o papel de professor de língua, ou que este se vai transformar naquele.

Mattoso Câmara Júnior, que introduziu no Brasil a linguística, faz, a respeito destas diferentes tarefas, considerações judiciosas, que cumpre recordar:

> A gramática descritiva, tal como vimos encarando, faz parte da linguística pura. Ora, como toda ciência pura e desinteressada, a linguística tem ao seu lado uma disciplina normativa, que faz parte do que podemos chamar a linguística aplicada a um fim de comportamento social. Há assim, por exemplo, os preceitos práticos da higiene, que é independente da biologia. Ao lado da sociologia, há o direito, que prescreve regras de conduta nas relações entre os membros de uma sociedade.
> A língua tem de ser ensinada na escola, e, como anota o linguista francês Ernest Tonnelat, o ensino escolar "tem de assentar necessariamente numa regulamentação imperativa".

Assim, a gramática normativa tem seu lugar e não se anula diante da gramática descritiva. Mas é um lugar à parte, imposto por injunções de ordem prática dentro da sociedade. É um erro profundamente perturbador misturar as duas disciplinas, e, pior ainda, fazer linguística sincrônica com preocupações normativas.[1]

Reclamam, com razão, os críticos da gramática normativa, que os exemplos de suas recomendações de bem falar e escrever se baseiam, muitas vezes, na produção literária de Camões, de Vieira, de Frei Luís de Sousa... e até de Machado de Assis. A verdade, todavia, é que tais exemplos de autores quinhentistas e seiscentistas abonam fatos da língua corrente e verbal, certas regências verbais e nominais, que não se modificaram neste longo espaço de tempo do século XVI aos nossos dias. Mas como tais autores usavam, por outro lado, construções e formas hoje obsoletas, não é de boa orientação metodológica sincrônica torná-los por modelos, ainda que sejam para fatos vigentes hoje.

Já em relação a Machado de Assis, que escreveu no português contemporâneo (séculos XIX e XX), o repúdio ainda é mais inconcebível, quando se diz que as regras de gramática normativa não se podem nortear pelo uso da língua artificial e imposta. Que língua ou que variedade de língua se há de considerar como modelo? Aí as opiniões se dividem: os "populistas" ou "igualitários" defendem o liberalismo linguístico, que faz da língua falada a modalidade natural e espontânea; os que acreditam na necessidade de uma feição mais cuidada como veículo de cultura defendem modalidade "neutra" — não sofisticada como a língua literária. É nesse momento que surge a proposta de substituir a língua literária pelo que entendem como "língua da imprensa".

Os que querem alijar da documentação dos fatos linguísticos a língua literária — por artificial e imposta — apontam por modelo ideal na sala de aula de língua portuguesa (local de que foram banidas as antologias literárias, substituídas por artigos de jornais) crônicas do dia a dia, estas quase sempre envolvendo situações de humor "para despertar nos alunos o gosto pela leitura e o conhecimento adequado do uso vivo do idioma".

Esta prática de valorizar a língua "natural" e "espontânea" não data de hoje, bem como a ojeriza da presença da aula de gramática na sala e nos compêndios escolares. A par desta orientação, surgiu a tal da aula de criatividade, do respeito da "produção criativa" da criança e do adolescente, e, nos seus corolários, a decisão de que a redação do aluno é intocável. Qualquer correção por parte do professor é considerada intervenção indébita, um atentado à liberdade linguística do educando. Com honrosas exceções, pois felizmente sempre as há, a aula de língua portuguesa se transformou na presença, em sala e no discurso do alunado, dos usos das variantes familiar, coloquial e popular; em poucas palavras, a aula se transformou no que chamo mesmice idiomática.

É bem verdade que antes, durante e depois dessas "inovações", havia muito excesso, por parte de alguns professores que transformavam a aula de português numa aula da teoria gramatical, ou num museu de recomendações puristas agasalhadas pela prática de clássicos de um passado remoto. Da primeira atividade já se queixava o professor Said Ali num prefácio, datado de 1898, à *Sintaxe da língua portuguesa*, de Leopoldo da Silva Pereira:

Sentem (os tais professores) o indomável prurido de transmitir as novidades científicas, quaisquer que sejam, a todos os que os ouvem; e como é reduzido o número dos adultos dispostos a deliciar-se com a audição dessas áridas doutrinas, procuraram as suas vítimas nos meninos que, como alunos, têm o dever de prestar atenção aos mestres, nessas plantas tenrinhas que com um excesso de adubo científico definham em vez de se desenvolverem.

O resultado dessas incursões pedagógicas e doutrinárias, somando-se ao descaso das autoridades competentes e da sociedade como um todo aos problemas da educação e da cultura, vê-se hoje no uso lastimável e gaguejante do idioma nas escolas de 1.º e 2.º graus e na de nível superior, continuando na prática dos egressos dessas instituições.

A dicção desleixada dos locutores e artistas, o pobre português ruim que vai das letras de nossa música popular às petições de nossos advogados, aos pronunciamentos de nossos políticos, aos cartazes oficiais e privados e aos anúncios de nossa cadeia de televisão, denunciam o desprezo e a má preparação da língua materna. O capricho em falar bem a língua dos outros corre paralelo ao descaso ao uso da língua portuguesa: a decência linguística nesse contexto é traço de servilismo e colonialismo, contra o que muitos desses falantes debateram em praça pública.

Anualmente, professores que examinam nos vestibulares ao ingresso das universidades colhem as "pérolas" escritas por candidatos que a escola considerou aptos para a luta encarniçada em busca de um posto na sociedade, "pérolas" que fazem rir (em vez de chorar) quando exibidas pela imprensa. Recentemente (*O Globo* de 24 de março), tivemos conhecimento de algumas dessas "pérolas" recolhidas: de grafias do tipo de *Falças promeças, reflecções passíficas* a asnáticas mensagens que nada dizem com muitas palavras: "Sempre ou quase sempre a TV está mais perto de *nosco*"...

Enquanto isso *rola* (rolar é o verbo da e para a galera da televisão numa prova de apelação linguística), ficamos à espera de medidas eficazes em prol da educação e da cultura, uma vez que nos incomodam e preparam dias funestos ao futuro de nossa sociedade a educação e a cultura que "rolam" por aí.

Perguntou-me certo aluno, durante uma aula, por que havia tantas discordâncias entre os gramáticos e por que eles não se reuniam para acertar as divergências, trazendo com isso alegria e tranquilidade a todos.

Respondi-lhe que era necessário distinguir, no caso em tela, discordâncias e discordâncias, isto é, se estas se situam no plano dos fatos da língua ou se circunscrevem ao plano da teoria gramatical, vale dizer, a utilização de modelo teórico de que se serve o pesquisador para descrever os mesmos fatos gramaticais.

Se fizermos tal distinção, vamos ver que as discordâncias praticamente inexistem no primeiro plano, isto é, todas as gramáticas concordam que, na língua-padrão ou de cultura, o verbo *assistir*, empregado com o significado de "estar presente", se acompanha da preposição *a* (*Assistiu-se ao espetáculo*, e não *Assistiu-se o espetáculo*); que o presente do indicativo do verbo *vir*, na 1.ª pessoa do plural, é *vimos* (e não *viemos*); que o plural de *cidadão* é *cidadãos* (e não *cidadões*); que o verbo *haver* não se pluraliza empregado em frases do tipo *Houve enganos, Havia enganos* (e não *houveram enganos* e *haviam*, respectivamente); que o verbo fica no singular em frase do tipo *Precisa-se de empregados* (e não *precisam-se de...*); que há uma excrescência no emprego da preposição *de* em predicados do tipo *Acho de que* o problema tem solução por *Acho que...*

Já começarão as divergências quando, por exemplo, a questão é saber se a prefixação é um processo de derivação ou de composição, ou se o *se* é sujeito em frase do tipo *Vive-se* ou *É-se feliz*, ou se estamos diante de predicado verbal ou verbo-nominal em frases do tipo *Encontraram a porta aberta*, ou se *cercado* é adjetivo ou verbo no particípio em frases do tipo *A fazenda está cercada*, ou ainda, na conceituação de vogal, sílaba, frase, etc.

Mas estas últimas divergências não são de fatos de língua portuguesa, mas de teoria linguística, de posição ou modelo teórico do especialista. Neste caso, como há divergências correntes e diversos modelos de descrição das línguas concretizadas nos fatos de língua ou nos atos de fala, é perfeitamente válida a existência de diferentes e, portanto, de divergentes soluções e classificações no plano teórico.

O que tem ocorrido, cada vez com mais frequência, é que onde as pessoas têm de aprender os fatos da língua na sua modalidade culta — na escola de 1.º e 2.º graus —, não o fazem ou fazem de maneira insuficiente e, quando procuram, nos cursos de letras, aprender o que não aprenderam na escola, veem-se envolvidas com a teoria gramatical. Como não têm conhecimento dos fatos da língua, vão aprender a teorizar o quê? Limitam-se a repetir, sem compreender a essência dos fenômenos, os modelos oferecidos em aula, e saem da universidade sem o conhecimento suficiente da língua para praticá-la e ensiná-la aos alunos de 1.º e 2.º graus. Há os que têm consciência de sua fragilidade na matéria que lecionam ou vão lecionar, e encontram maneiras de recuperar-se; mas há os que se escondem sob um dos dois disfarces: "não ensino gramática porque a linguística mostrou que ela está toda ou quase toda errada" ou "todas essas regras já eram, são coisas que hoje não mais se usa" (usam mesmo o verbo no singular, porque o que hoje se diz e escreve é *aluga-se casas*, e não *alugam-se casas*, explicam). Dos dois disfarces extraem o seguinte lema de comunicação: "o que importa é que me entendam".

E o mal não é exclusivamente do brasileiro; em livro recentemente publicado em Portugal, o incansável e competente José Pedro Machado repete a opinião de falantes a quem se cobra uma língua decente: "Temos mais em que pensar!", "Há lá tempo para ir atrás disso!", "Isso não interessa!", "O que importa é que entendam o que quero dizer, o resto é paisagem!".[2]

Carta do leitor no Rio profligava há dias dois atentados à gramática na extorsão nacional da UNE: *Se liga 16!* Da mesma forma que em Portugal se ouviu e leu muito o "peço-vos que vão votar".

Silva Ramos, professor que ilustrou a cátedra do Colégio Pedro II, em artigo que deveria ser lido e meditado pelos que ensinam a língua portuguesa, tocava neste mesmo ponto e dizia do alto do seu saber:

> Toda nação tem o seu código de bem falar e escrever em que se instruem os naturais até os quinze ou aos dezesseis anos, e cada qual procurava

exprimir-se de acordo com ele, abandonando os problemas da língua aos filólogos e aos gramáticos a quem compete destrinçá-los.

Entre nós, que sucede? Os estudantes de português e muitos dos que escrevem para o público descuram inteiramente da gramática elementar, para se interessarem pelas questões transcendentes: a função do reflexivo *se*, se ele pode ou não figurar como sujeito, o emprego do infinitivo pessoal e do impessoal, qual o sujeito do verbo *haver* impessoal e outras que tais cousas abstrusas que nada adiantam na prática.

Que resulta daí? É que, por ignorarem os verbos, não reparam, por exemplo, em que os compostos de *ter*, *pôr* e *vir* acompanham as irregularidades dos simples, pelo que é comum encontrarem-se frases como estas: "quem se *deter* a observar os fatos", "*entretia-se* a atirar pedras por cima do muro", "quem *supor* que faltamos à verdade vá lá ver", "poderá adquirir terrenos onde lhe *convir*".[3]

Embora a linguagem seja marca tão inerente ao homem, que cientistas o classificam por ela ("o homem é o animal que fala"), é surpreendente o desconhecimento que ele revela, da natureza desse admirável instrumento de comunicação com seus semelhantes. Uma prova disto se patenteia quando pedagogos e autoridades do ensino resolvem, imbuídos dos melhores propósitos, combater a "decadência" da língua por meio de medidas que a experiência repetida tem mostrado serem ineficazes. "A língua portuguesa está empobrecida; é preciso revitalizá-la", "A língua portuguesa está em franca decadência", e coisas que tais, são afirmações que se ouvem, reclamações que se praguejam, refletidas no mau uso do idioma por parte de alunos, de universitários das mais variadas categorias, do pessoal de imprensa e de quantos têm, por sua formação, o dever e a necessidade de bem se sair da empresa.

Partindo do pressuposto de que o combalido idioma tem existência independente do homem que dele se serve, apontam remédios que, adotados, se têm mostrado ineficientes. Uma proposta muito comum é oferecer ao alunado mais aulas semanais de língua portuguesa saturando a já inchada carga horária. Tem-se adotado tal expediente sem que se tenham obtido os resultados que dele se esperavam.

Outra tentativa é o esforço de se reintroduzir o latim no curso de 1.º e 2.º graus, sob a conhecida alegação de que "para se saber um dedo de português é preciso conhecer dois dedos de latim". A proposta tem dois vícios evidentes. O primeiro é que se isso fora verdadeiro, poucos escritores em Portugal e no Brasil teriam podido oferecer-nos as joias de seu talento literário, exatamente por não saberem patavina de latim.

O segundo é reduzir uma língua rica e importante como o latim à triste condição de ancila do português, de muleta para sustentar a ignorância da língua materna. O latim tem características de valor cultural e linguístico que o impõem como disciplina de prol num curso de humanidades, e países não românicos — como a Alemanha, a Inglaterra e a Rússia — fazem dele matéria indispensável no currículo que seus jovens têm de cumprir.

Linguisticamente, já o sabe do alto de sua competência Meyer-Lübke, a sintaxe das línguas neolatinas modernas e — aí é o campo onde reside a maioria do despreparo da turma — está mais próxima, em muitos aspectos, do alto alemão moderno ou do grego moderno do que do latim antigo, sendo, assim, reduzido o papel de ajutório da língua de Cícero à língua de Camões e de Machado de Assis.

Outros especialistas optam por introduzir, no currículo, lógica ou filosofia, na esperança de que tais disciplinas organizem melhor o pensamento dos jovens e, por consequência, disciplinem a estruturação frasal do seu discurso falado ou escrito.

E também desses expedientes não se obtiveram os resultados desejados, e a razão disso é que a nossa sociedade, nas suas diversas agências de cultura — a escola, a literatura, a imprensa, o teatro, a televisão e o rádio —, com poucas e honrosas exceções, não tem dado a devida importância ao código de bem falar, de que se preocupa toda sociedade culta ou que aspira a ser culta.

A língua não está combalida por si mesma; quem está combalida é a cultura dos que falam e a escrevem; a língua, refletindo-os, denuncia esse estado de indigência.

Já o pedagogo e polígrafo morávio (Tcheco-Eslováquia) Comênio (1952-1670), considerado o pai da moderna pedagogia, comentava:

> A culpa não é das línguas, mas dos homens, se alguma língua se revela obscura, mutilada e imperfeita para significar aquilo que é necessário (...). Não faltaria, portanto, nada a nenhuma língua, se aos homens não faltasse engenho.[4]

Se se quiser mudar ao que hoje se assiste, há de se adotar o sistema a que um meu amigo, professor Pedro Luís González, Pastor da Universidade Nacional de San Agustín, de Arequipa (Peru), chama *glossocentrismo*, segundo o qual todo professor de qualquer disciplina do currículo seja um mestre também cioso pelo bom desempenho linguístico dos seus alunos, não ficando exclusivamente esta tarefa a cargo do professor de língua e de literatura de língua portuguesa. Nessa tarefa glossocêntrica também há de empenhar-se a sociedade como um todo por meio de suas múltiplas agências de cultura, quais sejam a televisão, o rádio, a imprensa, o teatro, o cinema e a literatura. Está claro que com isto não se propõe a volta do *magister dixit*, o império do purista aprisionado nos ditames dos clássicos quinhentistas e seiscentistas, dos Vaugelas que defendem a petrificação e imobilização das formas linguísticas. O que se pretende é a conscientização de que todo falante, nos momentos de utilização da língua de cultura, saiba fazê-lo com coerência na formalização ao propósito expressivo do seu texto.

Em última análise, o que se quer, como bem disse Pedro Salinas,

> é despertar (na pessoa) sua sensibilidade para o idioma, abrir-lhe os olhos às potencialidades que nele existem, persuadi-la, pelo estudo exemplar, de que será mais pessoa e melhor pessoa se usa com maior exatidão e finura esse prodigioso instrumento de expressar seu ser e conviver com seus semelhantes.[5]

> Texto publicado no jornal *Mundo Português* e na revista *Na Ponta da Língua*, em quatro partes: 18/4/1996, 25/4/1996, 30/5/1996 e 4/6/1996.

Notas

1 *Estrutura da língua portuguesa*, 1970, p. 5.
2 *Ensaios literários e linguísticos*. Lisboa: Editorial Notícias, 1995, p. 221.
3 "Em ar de conversa" apud Sousa da Silveira, *Trechos seletos*, Rio, Briguiet, 7.ª ed. 1963, p. 151-152.
4 *Didática magna*, trad. port., p. 432-433.
5 *La responsabilidad del escritor*, p. 56-57.

Que ensinar de língua portuguesa?

Em torno deste assunto reuniu o Círculo Linguístico do Rio de Janeiro, por sugestão do seu presidente professor Silvio Elia, um grupo de especialistas para que refletissem acerca do tema e, se possível, indicassem alguns caminhos que viessem a contribuir para o melhor ensino da língua portuguesa em nível de 1.º e 2.º graus, bem como nos cursos universitários. Integravam o grupo, sob a presidência do mestre C.H. da Rocha Lima, os professores Adriano da Gama Kury, Gladstone Chaves de Melo, Jairo Dias de Carvalho e o autor deste artigo, estando ainda o professor Olmar Guterres da Silveira na qualidade de debatedor oficial da mesa-redonda. Ao fim dos trabalhos e para maior divulgação das comunicações apresentadas — com 15 minutos de duração —, ficou acertado que cada participante registrasse seus comentários sob forma de pequeno artigo, que seria publicado nesta seção. Assim, tenho o prazer de repetir os pontos que julguei dignos de reflexão naquele momento.

Em primeiro lugar, creio ser de maior importância separar com cuidado a atividade do professor de língua portuguesa dentro da sala de aula dos 1.º e 2.º graus e a do professor dos cursos universitários. O primeiro tratará da língua portuguesa junto a seus alunos com a preocupação voltada para uma cabal educação ou competência idiomática, vale dizer, ler, escrever, falar e entender o idioma em seu nível culto. Nos últimos anos de sua educação idiomática, será motivado a conhecer uma teoria gramatical pela qual possa descrever elementarmente com coerência e base científica a língua portuguesa com vistas a sistematizar os fatos depreendidos na primeira fase dos estudos, e complementar certas noções que ficaram empiricamente esboçadas.

Se o professor dos 1.º e 2.º graus ensinará a língua portuguesa preocupado com como desenvolver e expandir a norma culta — que tem curso, oralmente e com maior frequência, no texto escrito —, o professor universitário se deterá na reflexão da teoria gramatical e, com os seus fundamentos, descreverá o sistema da língua, ou melhor, os diversos sistemas que integram uma língua histórica, no caso a portuguesa. Poderia sucintamente dizer que compete ao professor dos 1.º e 2.º graus o ensino da gramática normativa dos atos linguísticos usados pelos falantes cultos e que deve aprender todo aquele que, pelas posições que ocupa no contexto profissional, artístico e intelectual, quer ser tido como culto. As outras modalidades de idioma que empregam comunidades linguísticas, em geral oralmente (língua familiar, coloquial, popular, argótica, etc.), são modalidades aprendidas quase sempre intuitivamente, porque são línguas *transmitidas*. A língua culta, padrão — o português oficial —, em geral só praticada no texto escrito, é uma língua *adquirida* através do estudo, assim como se aprende uma língua estrangeira. Movimentos populistas têm descaracterizado, erradamente, a importância desse português escrito, relacionando-o com "a língua da classe dominante"; se assim fora, o Brasil não seria um país do Terceiro Mundo, com educação do Terceiro Mundo e com *slogans* de toda sorte que não tem o apanágio da miséria reinante no Terceiro Mundo. Educar é elevar o homem perante si mesmo, retirá-lo do seu microcosmo existencial e projetá-lo no macrocosmo do seu país e da aldeia global em que vivemos.

Muitos alunos que buscam os cursos de letras da universidade cedo se desencantam com eles porque supunham, ao neles ingressar, que iriam aprender o que não aprenderam nos 1.º e 2.º graus: redigir, empregar corretamente o *a* acentuado (crase), dirimir dúvidas de concordância, entender, de uma vez por todas, quando se usa *o* ou *lhe* como complemento, enriquecer e escolher adequadamente o vocabulário, saber grafar corretamente as palavras, fazer uso adequado e conveniente da pontuação, enfim, aquele conjunto de fatos da língua cujo conhecimento deveria estar adstrito a um curso secundário bem-feito.

Não se pense que o professor universitário é mais importante do que o secundário ou vice-versa. O problema é de adequação: um não deve fazer prioritariamente a tarefa do outro, embora um possa, muitas vezes, complementar uma informação obtida no secundário, ou, nesta quadra da educação, apontar para a necessidade de estudos superiores, mais especializados. O imprescindível é que o professor secundário saiba cabalmente a sua língua, falando e escrevendo; e que tenha, também, certo pendor e sensibilidade para ler, interpretar e fazer entender os textos literários (seu ensino lidará também com textos não literários), no que tem de interesse e expressivo quanto à forma e ao fundo. O professor que só se limita à gramática de uma língua é como aquele que só conhece o homem como um amontoado de ossos e músculos. O idioma e o homem apresentam produtos muito mais interessantes e instrutivos.

Está claro que o professor de 1.º e 2.º graus terá também sua teoria gramatical aprendida na universidade; esta teoria, entretanto, na sala de aula, deve estar por trás dele, orientando seu conceito de norma linguística e dando-lhe embasamento para elementares incursões de descrição do sistema linguístico. O que não deve fazer — ainda que com a melhor das intenções incorra neste ledo engano — é repetir a crianças e adolescentes as teorias, os problemas e as crises das diversas linguísticas existentes, tal como fazia — com maestria — seu professor universitário.

Os sistemas educacionais brasileiros devem, o mais urgentemente possível, aproveitar seus professores que ainda sabem o português-padrão e têm aquelas qualidades complementares para preparar jovens egressos universitários e ensinar a seus discípulos *a língua*, e não *sobre a língua*.

Texto publicado no jornal *Mundo português* e na revista *Na Ponta da Língua*, em 14/12/1990.

ENCONTRO DE VOGAIS E DE QUESTÕES DE PRONÚNCIA

Estudiosa e competente professora do nosso idioma, antiga aluna de Joaquim Mattoso Câmara, que marcou lugar definitivo como o primeiro e magistral linguista de língua portuguesa, estranhou que classificássemos como ditongos, e não como hiatos, os encontros vocálicos das palavras *dieta, miolos, miudeza, suéter, sueco, dual*. Já tivemos recentemente nesta coluna ocasião para registrar a diferença de comportamento acústico das unidades vocálicas que entram na constituição dos ditongos crescentes e decrescentes, e sua repercussão nas normas ortográficas de acentuação tônica de vocábulos do tipo de *feiura, baiuca* e *cauila*, sem acentuação gráfica, ao lado de *guaíba*. Para os leitores que nos acompanham cumpre lembrar que ditongo crescente é aquele em que primeiro vem a semivogal (menos forte ao ouvido), seguida da vogal, que é a base da sílaba: *ia* (glória), *ie* fechado (cárie), *ie* aberto (dieta), *io* fechado (vários), *io* aberto (mandioca), *io* tônico fechado (piolho), *iu* (miudeza), *ua* (água, dual), etc. Já ditongos decrescentes são os que começam pela vogal base, seguida de semivogal: *ai* (pai, traidor), *au* (pau, cacau), *ei* aberto (réis, coronéis), *ei* fechado (lei, feito), *eu* aberto (céu, chapéu), etc. Para simplificação, só citaremos aqui os ditongos crescentes e decrescentes orais; omitiremos os nasais. Todos os bons autores, neste capítulo dos compêndios gramaticais, assinalam que muitas vezes é discutível a existência de ditongos crescentes, "por ser indecisa e variável, a sonoridade que se dá ao primeiro fonema. Certo é que tais ditongos se observam mais facilmente na moderna pronúncia lusitana do que na brasileira, em que a vogal (semivogal), embora fraca, costuma conservar sonoridade bastante sensível".[1] Mattoso Câmara, mestre da nossa consulente, chega a considerar esses ditongos crescentes como "ditongos imperfeitos"; "neles não há a rigor uma semivogal a que se segue a base, mas duas vogais de emissões débeis, quase equivalentes, o que os aproxima do caso do hiato".[2] Ainda aqui, se deve lembrar que palavras com ditongos crescentes pronunciados como tais, ou como hiatos, mantêm acento gráfico determinado pelas normas ortográficas. Assim, qualquer que seja a hipótese de emissão sonora, *miúdo* terá sempre acento graficamente assinalado.

Outro consulente nos indaga a razão de dizermos, com artigo, "Moro na Barra", mas, sem artigo, "Moro em Copacabana". O emprego do artigo, que o latim não conhecia, envolve delicadas questões gramaticais e estilísticas, para as quais nem sempre podemos estabelecer princípios, desmentidos a todo momento. E isso não é exclusividade de nossa língua; as línguas românicas ostentam o mesmo presente de grego, de que os artistas da palavra criam maravilhosos jogos expressivos. Felizmente, a sua dúvida se circunscreve a dois substantivos, o próprio (Copacabana), e outro comum usado como próprio (Barra). Ensina-nos a gramática que o substantivo comum usado como próprio, como é o caso de *Barra*, quase sempre vem precedido de artigo: a Bahia, o Rio de Janeiro, o Recife, o Porto, etc. Sendo *Copacabana* nome próprio, vem sem artigo em "Moro em Copacabana". Pergunta-nos outro leitor se está correta a expressão *5.º Jogos Militares,* ou se se pode grafar *V Jogos*, ou ainda se existe a expressão *Quintos Jogos*. Expressões elípticas ou sintetizadas deste tipo, frequentes na imprensa, podem equivaler a diferentes explicitações e, assim, terem diferentes redações. *5.º Jogos Militares* pode valer por *5.º Torneio de Jogos Militares,* ou por *Quintos Jogos Militares,* esteticamente mais bem grafado *V Jogos Militares.* Tudo vai depender do que a expressão sintetizada vai dizer.

Texto publicado no jornal *O Dia*, em 17/7/2011.

Notas

1 Manuel Said Ali, *Gramática secundária*, p. 17.
2 *Curso de língua pátria — Gramática*, 3.ª e 4.ª séries ginasiais, 3.ª ed, 1953, p. 126.

DIVISÃO DE SÍLABAS EM FONÉTICA E EM ORTOGRAFIA

Temos hoje um consulente interessado em saber como deve fazer a separação silábica das palavras que antes eram consideradas paroxítonas terminadas em ditongo crescente. Sirva de exemplo a palavra *náusea*, que pode ter suas sílabas divididas em duas *náu-sea*, ou em três *náu-se-a*, bem como *etéreo*, em três *e-té-reo* ou *e-té--re-o*, em quatro. Começamos por lembrar que ditongo é o encontro de uma vogal e uma semivogal proferidas numa só sílaba. Antigamente diziam as gramáticas ser o ditongo o encontro de duas vogais proferidas numa só sílaba. Com a precisão do conhecimento de vogal (porque, sendo a vogal o ápice ou ponto culminante da sílaba, em cada sílaba só haverá uma única vogal; a outra "vogal" que acompanha a vogal se chamará semivogal), ditongo será, como já dissemos, encontro de vogal e semivogal na mesma sílaba. As semivogais estão representadas na escrita, conforme a regra ortográfica, por *i/e* e *u/o*: *pai, mãe, pau* e *pão*. Quando o ditongo é crescente, primeiro vem a semivogal e depois a vogal: *ia* (diabo), *ie* aberto (dieta), *io* aberto (miolos), *iu* (miudeza), *ue* aberto (suéter, sueco), *ua* (dual), *ue* fechado (poema), *oi* (moinho). Note-se que, ao proferir esses ditongos, há aumento da abertura bucal na vogal. Diz-se que o ditongo é decrescente quando começa pela vogal: *ai* (pai), *ei* com *e* aberto (papéis, ideia), *ei* com *e* fechado (rei, feira), *oi* com *o* aberto (rói, heroico), *oi* com *o* fechado (boi, noiva), *ui* (fui), *au* (pau), *eu* com *e* aberto (céu), *iu* (viu), *ou* (vou), *ai* nasal (mãe), *oi* nasal (põe), *ui* nasal (muito), *ão* nasal, escrito *ão* e *am* (pão, cantaram). Note-se que a semivogal *i*, quando nasal, se grafa com *e*: *mãe, põe*.

O questionamento do nosso consulente (*náu-sea* ou *náu-se-a*?, *e-té-reo* ou *e-té--re-o*?) se explica porque nos ditongos crescentes é indecisa e variável a pronúncia que se imprime à semivogal, fenômeno de que resulta a dupla possibilidade de se articular a sequência vocálica tanto como ditongo crescente (*náu-sea, e-té-reo*) quanto como hiato (*náu-se-a, e-té-re-o*), conforme a rapidez (no primeiro caso) ou a lentidão (no segundo caso) com que se pronunciam tais vocábulos. Recordemos que se chama *hiato* a sequência de duas vogais em sílabas diferentes: *sa-ú-de, sa-í-da*. Pronúncias ditongadas como *náu-sea* e *e-té-reo* são mais comuns no falar rápido dos portugueses de hoje; entre brasileiros, que falamos mais claro e pausadamente (Eça de Queirós dizia que o português do Brasil era o português com açúcar), o ditongo é menos sentido, em favor do hiato. Na leitura de poemas de versos que se sucedem com o mesmo número de sílabas ou isossilábicos, podemos verificar que uma mesma palavra proferida com mais rapidez ou lentidão pode ter o seu conjunto silábico lido como ditongo ou como hiato. É célebre o exemplo da palavra *saudade*, lida primeiro com três sílabas e depois com quatro, logo no início do poema *Camões*, do poeta português Almeida Garrett (leia-se /garrete/).

> Saudade! gosto amargo de infelizes,
> Delicioso pungir de acerbo espinho,
> Que me estás repassando o íntimo peito
> Com dor que os seios d'alma dilacera,
> — Mas dor que tem prazeres — Saudade!
> Misterioso númen, que aviventas
> Corações que estalaram, e gotejam
> Não já sangue de vida, mas delgado
> Soro de estanques lágrimas — Saudade!
> Mavioso nome que tão meigo soas
> Nos lusitanos lábios, não sabido
> Das orgulhosas bocas dos Sicambros
> Destas alheias terras — Oh Saudade!

Em sistemas ortográficos anteriores a 1971, facultava-se o emprego do trema em palavras como *saüdade* e *vaïdade* usadas em poesia para indicar a leitura delas com quatro sílabas métricas. Até aqui vínhamos falando de fenômenos fonéticos, em que vocábulos como *náusea* e *etéreo* podiam ter pronúncias diferentes. Todavia, quando passamos para as normas ortográficas, segundo as quais se pode separar as sílabas de palavras como *náusea* e *etéreo*, já mudam os critérios ortográficos, porque por eles não se pode separar as vogais dos ditongos crescentes ou decrescentes, bem como dos tritongos; portanto, pelos critérios ortográficos, só podemos separar assim as sílabas *náu-sea* e *e-té-reo*. Está claro que, numa análise fonético-fonológica de um poema em que apareça a palavra *saudade* com três ou quatro sílabas, separar-se-ão foneticamente *sau-da-de* e *sa-u-da-de*, mas não na transcrição ortográfica do poema. Atente-se para a divisão ortográfica de *pas-so* e *cor-ri-da*, que não corresponde à análise dos fonemas de *passo* e *corrida*, em que *ss* e *rr* são grafias de um só fonema.

Texto publicado no jornal *O Dia*, em 15/5/2011.

Vocábulos átonos e tônicos

O nosso estimado leitor Antônio de Pádua nos pede que reforcemos a lição que se encontra em nossa *Moderna gramática portuguesa*, segundo a qual os monossílabos tônicos devem ser incluídos entre os oxítonos. Desde 1961, vínhamos mostrando a necessidade de distinguir *acento vocabular* e *acento frásico*, noções que se achavam misturadas em textos escolares. Toda palavra pronunciada entre dois silêncios, isto é, separadamente, apresenta uma sílaba mais forte, e nos monossílabos ela se limita à única. Este esforço é o que se chama *acento vocabular*; se a palavra entra numa frase, passa esse esforço a recair na sílaba forte do vocábulo tônico, ficando a(s) outra(s) palavra(s) do grupo átona(s). Passamos a ter aqui o *acento frásico* ou *de grupo* distinguindo o vocábulo tônico e o(s) átono(s). Por exemplo, em: *Pesca-se em mar alto* temos, na leitura, duas unidades ou grupos de força: a) *pesca-se*; b) *em mar alto*. Em cada grupo temos um vocábulo tônico, que se ouve mais distintamente: *pesca* e *alto*. As palavras *se* (do 1.º grupo) e *em mar* (do 2.º grupo) são palavras átonas, pois nelas não vai recair o acento frásico ou de grupo de força. Já conhecíamos o pronome *se* e a preposição *em* como vocábulos átonos, mas não o substantivo *mar*. Tomado isoladamente, *mar* tem acento tônico próprio, e assim é um vocábulo tônico, isto é, portador de acento tônico, e como este recai na única sílaba o vocábulo será *oxítono* quanto à localização do acento tônico. Já em *mar alto*, ouve-se mais claramente a 1.ª sílaba do adjetivo *alto*, que passa a ser o vocábulo tônico do grupo de força, e *mar* será seu vocábulo átono. Pronunciamos *mar alto* de igual maneira que o substantivo *marujo*, onde a sílaba inicial é átona e a tônica é a medial.

Se passarmos de *mar alto* para o grupo *alto-mar*, é fácil verificarmos que agora a sílaba forte recai em *mar* (vocábulo tônico do grupo) e o adjetivo dissílabo *alto* passa a vocábulo átono, da mesma sorte que no substantivo *Valdemar* a sílaba tônica é a última, enquanto as duas iniciais (*Valde*) são átonas. Se o vocábulo átono vem antes do tônico, dizemos que está em *próclise*: *mar* de *mar alto* se diz em próclise. Se vem depois, chama-se *ênclise*. Em *pesca-se*, o *se* está em ênclise ao verbo.

A gramática tradicional ensina que, quanto à porção da sílaba tônica, os vocábulos são oxítonos, paroxítonos e proparoxítonos. E os monossílabos são átonos e tônicos. Mas depois diz que alguns dissílabos são átonos, e cita *para*, *porque*, entre outros. Ora, a verdade é que os vocábulos, quanto à acentuação, podem ser átonos e tônicos. E os tônicos, quanto à localização da sílaba forte, podem ser oxítonos, paroxítonos e proparoxítonos. Os monossílabos tônicos são oxítonos, como já nos ensinavam os gramáticos gregos.

Pela lição tradicional, só os monossílabos se dividiriam em átonos e tônicos. Vimos que essa não é a melhor lição, porque vocábulos de duas e até três sílabas podem, nos grupos de força, passar a vocábulos átonos. Quando isso acontecer, tendem a diminuir a sua forma; *para*, preposição, passa a *pra*, *santo* passa a *são* e *senhor* passa a *seu*: *pra mim, são Jorge, seu José*. *Coroa* (trissílabo), em poesia, pode ser lido *c'roa* (dissílabo) e até *croa* (monossílabo), às vezes sem mudar de forma gráfica.

Por fim, cabe lembrar que, em relação à classificação das palavras compostas em oxítonas, paroxítonas e proparoxítonas, se leva em conta a sílaba forte do vocábulo tônico. Assim, *fruta-pão* será um oxítono e *arco-íris*, um paroxítono.

Texto publicado no jornal *O Dia*, em 23/5/2010.

Pronúncia do Brasil e de Portugal

O jovem universitário Enio Reis, de Salvador, pede-nos que explique a razão da pronúncia da variante europeia do português, que, em sua opinião, é "muito má". Tal solicitação nos oferece a oportunidade de trocar ideias não só com Enio, mas com todos os nossos benévolos leitores sobre certas opiniões distorcidas que o falante comum tem de sua própria língua, distorções que o levam a sérios enganos. É estranho que emite falsas opiniões sobre um veículo de comunicação ligado a ele tão intrinsecamente, que serve aos cientistas para distingui-lo dos demais animais: o homem é o animal que fala.

 A primeira ideia errada consiste na afirmação de que a maneira como fala é a única segundo a qual todos devem falar e está errado o que lhe for contrário ou diferente. Assim os gregos chamavam "bárbaros" aos que usavam de outro idioma que não o grego ou latim, o estrangeiro, o que balbucia. Assim é que Enio, considerando má a pronúncia da variante europeia do português, repete dois ou mais mil anos depois o que pensavam os gregos dos outros idiomas que ouviam. Tudo que é normal num idioma constitui sua própria norma, isto é, seu juízo de validade. Numa língua considerada em sua dimensão histórica, não há uma só norma, mas várias normas que vivem e se definem como linguisticamente válidas. Os fatores de prestígio social que se emprestam a algumas variedades por motivações extralinguísticas se encerram nessas mesmas motivações, e não se estendem aos valores linguísticos das outras variedades, quer diatópicas (de região), quer diastráticas (sociais), quer diafásicas (de estilo).

 A impressão auditiva que a variedade portuguesa causa aos ouvidos de um brasileiro, na sua rapidez e na sua riqueza consonântica, não justifica o juízo de valor que nosso baiano ou qualquer outro utente da língua portuguesa emite. É o resultado de uma norma fonética que se foi constituindo a partir do século XVI, quando começou a se desenvolver o processo de intensificação do acento dinâmico donde resultam consequências na estrutura das palavras e na colocação de pronomes pessoais e outros vocábulos átonos na frase. Vocábulos proparoxítonos passavam, na pronúncia, a paroxítonos, enquanto sofria ainda alterações o grupo de força, produzindo ao ouvinte estranho o efeito de maior aceleração do discurso. Deste novo movimento não participou o português trazido ao Brasil pelos colonizadores, nem se refletiu nos textos escritos durante esse período. Apesar da dificuldade de larga comprovação desse fenômeno fonético e de entoação frasal, contamos com o testemunho de gramáticos da época, além do contributo da métrica histórica espelhada nos monumentos poéticos.

Fernão de Oliveira, o primeiro gramático da língua portuguesa, em 1536, comparando a maneira de proferir as palavras em variados idiomas, declara:

> (...) e outras nações cortam vozes mais em seu falar; mas nós falamos com grande repouso como homens assentados; e não somente em cada voz per si [= cada palavra sozinha], mas também no ajuntamento e no som da linguagem [= na pronunciação] pode haver primor ou falta antre [= entre] nós.

Ainda, Rodrigues Lobo, em *Corte na aldeia*, de 1619, dizia:

> E verdadeiramente que não tenho a nossa língua por grosseira (...); antes é branda para deleitar, grave para engrandecer, eficaz para mover, doce para pronunciar (...) A pronunciação não obriga a ferir o céu da boca com aspereza nem arrancar as palavras com a veemência do gargalo. Escreve-se da maneira que se lê, e assim se fala.[1]

Luís de Camões, que teve o seu poema *Os Lusíadas* publicado em 1572, lia os versos de maneira igual a nós hoje, ao contrário dos portugueses. Antônio Feliciano de Castilho, no século XIX, lia o poema com a pronúncia de um lisboeta da época e julgava Camões um mau poeta, porque na leitura encontrava sempre falta de sílabas métricas para chegar à leitura de decassílabos. Nos sonetos, um verso como *E se vires que pode merecer-te*, de dez sílabas, para Camões e para nós, não passa de sete ou oito entre lusitanos contemporâneos. Um professor português reclamava dos conhecimentos gramaticais dos seus alunos portugueses, porque lhes pedia a classificação de *pelotão* e seus pupilos respondiam: "substantivo próprio." Esquecia-se o mestre de que pronunciava *p'lutão* o substantivo em causa.

Pelas razões expostas, a atual pronúncia lusitana resulta de um movimento de renovação fonética ocorrido a partir do século XVI, renovação desconhecida do português trazido ao Brasil pelos nossos colonizadores e que aqui se estabilizou. Esses movimentos de mudança, como seus próprios hábitos linguísticos, são imperceptivelmente assimilados pelos utentes, ou são adesões volitivas, quando o falante quer aproximar-se dos usos do novo grupo de que passou a fazer parte. Para exemplo do primeiro caso, lembramos a passagem de Humberto de Campos:

> Um rapaz pernambucano negava (...) que na sua terra se trocassem essas duas consoantes (*r* e *l*). Em certa altura, um dos que afirmavam a existência (...) fez sinal aos demais para que se calassem, porque via, a certa distância, um pernambucano que se dirigia para o grupo, e disse que o ensejo era excelente para tirar a limpo a discussão. Logo que o recém-chegado se acercou do grupo, o que propusera a prova lhe perguntou:

— Lembraste em que rua do Recife morava o nosso colega Fulano? — Ora, então não sabes? Era na rua das "Carçadas Artas!..."[2]

O segundo caso sentimos na pele quando, garoto de 12 anos vindo do Recife, tivemos de acertar o passo com os hábitos fonéticos dos nossos novos colegas cariocas.

Texto publicado no jornal O Dia, em 12/9/2010.

Notas

1   Ed. Sá da Costa, p. 25-26.
2   *Crítica: primeira série*, p. 93.

A PRONÚNCIA DO *U* SEM TREMA

Segundo nos declara a leitora Marly Freitas, "com o fim do emprego do trema ficaram algumas dúvidas; o *u* será sempre pronunciado ou só o será nas palavras que antes levavam o trema? Quem não sabe o português, como os estrangeiros", continua Marly, "como saberá se pronuncia ou não o *u*"?

A pronúncia do *u* nos grupos *que, qui, gue, gui* é vacilante em todo o domínio linguístico em que se fala o português como idioma oficial, dentro e fora do Brasil: diz-se *líquido, liquidificar, distinguir, extinguir, antiguidade, sanguinário, inquérito, questão, retorquir, equipolente* e tantas outras, em que ora é considerado correto proferir o *u*, ora incorreto. Até evidentes erros se podem usar assinalados com trema, como proferir o *u* em *distinguir* e *extinguir*, pois que o *u* não aparece quando se conjugam tais verbos: *eu distingo, eu extingo*! Logo, em *distingues, extingues* esse *u* aí, com *g*, não passa de um componente de dígrafo.

Todas as línguas apresentam essas variedades de pronúncia ou não pronúncia, de diferenças de timbre aberto ou fechado (como ocorre com *obeso, obsoleto, coevo*, etc.). Por coerência com a abolição do acento diferencial em 1971 no Brasil e em 1945 em Portugal, o Acordo de 1990 nos dispensou de usar o trema sobre o *u* para nos alertar quanto a sua pronúncia, o que em Portugal já se vem fazendo desde 1945. Como os falantes estão sintonizados pela tradição oral vigente em sua comunidade, só muito excepcionalmente *linguiça* e *linguística*, que passaram a ser escritos sem trema, deixarão de ter seu *u* pronunciado. Escrevemos desde sempre *seguinte, seguir, equilíbrio, equiparar, equitação, quibebe, aniquilar, níquel* e tantos outros sem trema, pois neles não cabe, e nenhum deles teve sua pronúncia adulterada. E nos casos de dúvida? Consultemos o dicionário para nos socorrer. Todas as línguas de cultura têm seu dicionário de pronúncia; no caso do português, falantes nativos e estrangeiros têm de consultá-lo, como todos nós o fazemos quando se trata de idioma lá de fora.

A abolição do trema se insere no esforço de simplificação do sistema gráfico almejado pelo Acordo de 1990, toda vez que isso seja possível. E o é no caso do trema, tal como aconteceu com o *voo, enjoo, creem, leem*, sem acento circunflexo.

Texto publicado no jornal *O Dia*, em 21/3/2010.

AS BASES DO NOVO ACORDO ORTOGRÁFICO

Alguns leitores desta coluna nos pedem uma visão geral do novo Acordo Ortográfico. A indagação nos oferece a oportunidade para mostrar em que bases se assenta o texto oficial de 1990, oficializado a partir de 1.º de janeiro de 2010. A leitura atenta do texto nos revela que o Acordo defende três princípios básicos: a) a preservação da tradição ortográfica nas práticas vigentes desde 1943 e modificações de 1971, quando não alteradas pelo Acordo de 1990; b) a coerência na alteração de alguns casos ortográficos e c) a busca de simplificação sempre que possível. Os princípios *b* e *c* se apresentam inter-relacionados.

Frutos dos princípios b) e c) se explicam, por exemplo, na inclusão no alfabeto português das letras *K*, *W* e *Y*, desde sempre empregadas nos nomes de origem estrangeira, placas de automóveis e abreviaturas correntes em nossa língua. Como resultado prático desta iniciativa está a desnecessidade de, numa seriação alfabética, pularmos estas letras: *a, b, c... e, f, g, h, i, j, k, l*, etc.

Outra consequência está na eliminação do acento circunflexo de *voo, enjoo, perdoo*, etc., porque não há outra maneira de pronunciar tais palavras, mostrando-se desnecessário sobrecarregá-las com a notação gráfica. No caso da eliminação do mesmo acento nas formas verbais *creem, leem, deem, veem* etc., o circunflexo mostrava-se desnecessário. Até o século XVII essas formas se ouviam monossilábicas e se escreviam *crêm, lêm, dêm, vêm*, assim como se usava *têm*, como até hoje procedemos. A partir do século XVIII passavam aos dissílabos *creem, leem, deem, veem*, onde a marca do plural era graficamente assinalada pela duplicação dos dois *ee*, como foi insinuada, sem sucesso, a forma *teem* em lugar de *têm*. Percebe-se, por isso, a necessidade do circunflexo. Os portugueses de há muito retiraram o acento não só de *voo, enjoo*, mas também de *creem, leem*, etc.

Outra decisão devida a esses dois princípios está na abolição do trema. Já mostramos nesta coluna, o quanto é instável a pronúncia do *u* nos grupos *que, gue, qui, gui* em português, razão por que os signatários do Acordo de 1990 resolveram aboli-lo, como já tinham feito os portugueses em 1945, sem que criassem dificuldade de escrita e alteração de pronúncia.

Seguindo o princípio do respeito à tradição, não houve nenhuma alteração substancial no emprego das vogais e consoantes. Chamou-nos a atenção para alguns casos que fugiam a princípios há muito estabelecidos, como foi o emprego de *i* no sufixo -*iano*, e não -*eano*, em casos como *camoniano, ciceroniano, maotuadiano, açoriano* e *acriano*. Este último está sendo rejeitado pelos naturais desse importante estado do Acre com base na tradição da grafia *acreano*, com *e*. Ora, esta última forma contraria as bases da morfologia históricas de nosso idioma. Também já foi tradição escrever *Brasil* com *z* (*Brazil*); todavia, prevaleceu a lição histórica da língua.

Texto publicado no jornal *O Dia*, em 3/4/2010.

O NOVO ACORDO POR DENTRO E POR FORA

Nesta coluna, vimos falando com nossos interessados leitores, conversando e discutindo sobre o texto do novo Acordo Ortográfico, suas normas, seus silêncios (como no caso do prefixo *sub-*, lembrado aqui no último domingo), de modo que cremos ter chegado o momento de ver este documento mais de perto, penetrar na sua história e esboçar-lhe o provável futuro vitorioso, se seus usuários decidirem levá-lo a bom termo, em benefício da língua portuguesa como patrimônio político e cultural de tantas nações.

Comecemos, então, pela trajetória histórica desse Acordo, que não começou ontem nem caiu do céu por acaso.

Os últimos encontros de especialistas integrantes das delegações acadêmicas de Portugal e Brasil e dos cinco países africanos que têm o português como língua oficial tiveram como propósito central diminuir as diferenças que separavam os dois sistemas ortográficos oficiais vigentes: o português-africano (o sistema de 1945, com as pequenas alterações ocorridas em 1973) e o brasileiro (o sistema de 1943, com as pequenas alterações ocorridas em 1971). Já essas alterações tiveram por propósito diminuir as diferenças então existentes: o excesso de emprego de acentos diferenciais e o uso dos acentos grave e circunflexo nas vogais de sílabas subtônicas nos derivados com o sufixo começados com *-z* e com o sufixo *-mente* (*êle, nêle, cafèzal, cafèzinho, avòzinha, amàvelmente, cômodamente*, etc.).

Por isso, em maio de 1986, reuniram-se no Rio de Janeiro as delegações dos sete países (Angola, Brasil, Cabo Verde, Guiné-Bissau, Moçambique, Portugal e São Tomé e Príncipe), de cujo encontro resultou o projeto de 1986, com propostas de mudanças radicais, contrariando a ideia inicial de apenas limitar-se a negociar os pontos discordantes nos dois sistemas oficiais. Naturalmente, o texto não agradou a todos, principalmente da parte de Portugal. Motivados pelo propósito da unificação ortográfica tão importante para o ensino, para a política e para a difusão do idioma no mundo, voltaram as delegações a se reunir em outubro de 1990, agora em Lisboa, e aí firmaram o novo Acordo, que passaria a ser lei nos respectivos países. O texto desse novo Acordo, menos radical, tendeu visivelmente para repetir grande parte das normas fixadas pelo sistema português-africano vigente hoje e que vem, pelo menos, desde 1945 (com a complementação de 1973, acima aludida). O que de novo trouxe o Acordo de 1990 para brasileiros, portugueses e africanos foram, além da inclusão no alfabeto das letras *k*, *w* e *y*, sempre usadas nas palavras estrangeiras, pequenos melhoramentos na acentuação de palavras e uma nova sistematização no emprego do hífen (sempre difícil e complicado de resolver em todas as línguas que adotam este diacrítico), sistematização que pode, com o tempo, é verdade, ser ainda melhorada e ter suas exceções reduzidas. Mas são detalhes que não impedem a aprovação e implantação do novo Acordo de 1990 como está redigido, assim como não foram empecilho os excessos dos acordos de 1943 e 1945, resolvidos em 1971 (no Brasil) e em 1973 (em Portugal), respectivamente.

Gonçalves Viana, coadjuvado pelos melhores representantes dos estudos filológicos de Portugal, pôs o sistema ortográfico do nosso idioma nos trilhos da boa ciência, e, em 1911, promoveu a reforma que até hoje é unanimemente considerada a de melhores fundamentos científicos. Em suas pegadas, a proposta de 1931, esta já com a presença do Brasil e, principalmente em 1945, com os fundamentos de 1911, contaram com o trabalho competente do filólogo português Francisco Rebelo Gonçalves, autor do *Vocabulário da Academia de Ciências de Lisboa*, editado em 1940, do *Tratado de ortografia de língua portuguesa*, em que explica a reforma de 1945 e aperfeiçoa em detalhes que foram esquecidos, e do *Vocabulário da língua portuguesa*, editado em 1966, mas ainda sob a égide do sistema de 1945. Com isso, queremos dizer que as propostas de 1945 são, em geral, o que de melhor produziu Portugal em matéria de sistema ortográfico, o que patenteia a gratuidade das críticas hoje oriundas de Portugal endereçadas ao novo Acordo de 1990, quando o consideramos, como já dissemos atrás, fundamentado quase por inteiro nas reformas de 1931 e 1945, intrinsecamente ligadas ao sempre elogiado sistema de 1911. A explicação dessas críticas, se pode existir, deve estar ainda ligada àquela denunciada e explicada por D. Carolina Michaëlis de Vasconcelos acerca dos detratores da reforma de 1911: "espíritos rombos, inimigos do progresso."

Pelo que vimos acima, o Acordo Ortográfico de 1990, já em plena vitalidade no Brasil e em boa parte da imprensa portuguesa, é um produto muito intimamente ligado ao Acordo de 1945, vigente na tradição ortográfica lusitano-africana e que tem, por sua vez, fortes ligações com a reforma que Portugal implantou em 1911, a cujo respeito todos os especialistas do ramo consideram a mais acreditada proposta ortográfica até hoje vinda à luz. Portanto, em poucas palavras, se pode dizer que o Acordo de 1990 participa de muitas das qualidades atribuídas à reforma de 1911, que alimenta as Bases do sistema de 1940, que, por sua vez, derrama seus bons frutos em nosso tão apedrejado Acordo de 1990. Quem se detiver a, pacientemente, comparar lição por lição as Bases de 1940 com as Bases de 1990, vai poder acompanhar, quase passo a passo, a mesma redação, surpreender os mesmos exemplos, com pequenas exceções contrárias contidas no Acordo de 1943, que, como sabemos, é a prática vigente no Brasil por mais um ano. Se existe este círculo, vicioso ou não, como dizia o Bruxo do Cosme Velho, em que se encontram todos esses sistemas, não entendemos por que os costumazes críticos portugueses dizem tão mal do Acordo de 1990: "A reforma é um desastre!"; "O Acordo é um erro monstruoso!";

"O Acordo significa a perversão intolerável da língua portuguesa!"; "Ninguém pode passar em claro que o AO leva ao agravamento da divergência e à desmultiplicação das confusões entre as grafias e faz tábua rasa da própria noção de ortografia, ao admitir o caos das chamadas facultatividades." Gritos e xingamentos ao AO sem nenhum embasamento teórico, como as duas primeiras declarações acima, não passam de histerismos de quem não tem fundamentos, próprios da polêmica do discurso vazio. O terceiro pronunciamento, por falta de comprovação evidente, morre no nascedouro, e é defunto que não merece vela. A última declaração apresenta argumentos que revelam ignorância, e, quando analisados com o mínimo sopro de conhecimento, caem por terra como castelos de areia. Vejamos. O crítico leviano desconhece e confunde uma gratuita e desnecessária facultatividade de *grafia* com uma científica e necessária facultatividade de realidades linguísticas. A boa razão ortográfica elimina a primeira; por isso o AO aconselhou não continuar com a dupla *Egito* e *Egipto*, porque, grafias assim de uma mesma realidade da língua, já que ambas as formas têm uma só realidade linguística, as pronunciamos da mesma forma. O mesmo com *objeção* e *objecção*. Mas, diante de facultatividades e realidades linguísticas diferentes, como *António* e *Antônio*, *bebé* e *bebê*, *acessível* e *accessível*, entre tantas outras, não poderia fugir às duplas pronúncias, traços que são da diversidade linguística inerente a qualquer língua a serviço da comunicação entre usuários ou utentes. Facultatividades deste tipo são riquezas da vida democrática que as línguas ostentam. Calá-las é um crime de lesa-pátria. O bom e criativo sistema ortográfico não pode ficar alheio às variedades do idioma. E disso não tem ideia nosso crítico, embora passe como profundo juiz de assunto que não entende. Está claro que há pontos que precisam ser melhorados nas Bases do AO de 1990, como os há nos sistemas ortográficos das nossas mais estudadas línguas de cultura, a inglesa, a francesa, a alemã, a espanhola, a italiana. Que o digam os excelentes estudiosos que elas têm hoje. Para a melhoria do nosso Acordo há muitos que podem ajudar, dentro e fora dos meios universitários. Defender as facultatividades meramente gráficas, como o crítico, e desdenhar as facultatividades de natureza linguística é, isto sim, fazer "tábua rasa da própria noção de ortografia".

Para o trabalho de implantação do Acordo de 1990 na 5.ª edição do Volp de 2009, a equipe técnica da ABL que assessora a Comissão de Lexicologia e Lexicografia teve de levar em conta, além do texto oficial, como seria esperado, a tradição ortográfica que se vinha fixando desde a reforma de 1911 e dos sucessivos Acordos Acadêmicos a partir de 1931, conforme historiamos nos dois primeiros artigos desta série. Vale a pena insistir que a iniciativa das decisões de 1990 não passavam de um "acordo" — e não uma "reforma" — para, na medida do possível, negociar os pontos discordantes remanescentes das propostas de 1943-1971, ligadas ao Brasil, e de 1945-1973, ligadas a Portugal. Tudo o que corria comumente constituía a tradição ortográfica que deveria continuar vigente e, por isso mesmo, estaria ausente, em rigor, do texto oficial. Por isso, as chamadas "inovações" ou "desrespeitos" de que a ABL tem sido recriminada e até ameaçada de processo judicial, se prendem a ter a Casa de Machado de Assis ficado fiel a essa tradição ortográfica vigente, que, como dissemos, não foi posta na mesa de negociação pelos signatários do Acordo de 1990. Tomemos alguns exemplos elucidativos. O novo texto antecipa a preocupação dos ortógrafos com a grafia das denominações de espécies botânicas e zoológicas, objeto do futuro vocabulário ortográfico comum relativo às terminologias científicas e técnicas, previsto no Artigo 2.º. Conforme a tradição, os compostos de dois substantivos, unidos ou não por preposição, eram hifenados: *arcebispo-bispo*, *arco-da-velha*. Já no Acordo de 1990, dispensar-se-ia o hífen se houvesse preposição separando os dois componentes; portanto, *arco da velha* sem hífen. Todavia, fez-se no Acordo uma exceção: se se tratasse de denominações de espécies botânicas e zoológicas, a presença de preposição ou outro elemento não dispensaria o hífen: *couve-flor, erva-de-chá, bem-me-quer, cobra-capelo, cobra-d'água, bem-te-vi* (Base XV, 3.º). Ora, em casos de compostos que, além de incluídos nessa exceção, também se aplicam a outras noções, que não a espécies botânicas e zoológicas, adotamos, na 5.ª edição do Volp, a regra geral neste último caso. Assim, um composto como *bico-de-papagaio* seria hifenado quando espécie botânica, mas *bico de papagaio* sem hífen, quando aplicado a "nariz adunco" ou "saliência óssea". Nossa decisão foi acompanhada pelo linguista Dr. João Malaca Casteleiro, integrante da equipe dos negociadores portugueses, quando orientou o *Vocabulário Ortográfico*, da Porto Editora, saído depois do Volp. Registramos *mata-cobra* (inseto, com hífen) e *mata cobra* (tipo de bastão, sem hífen). Outro caso de hifenização ocorreu na Base XVI, 1.º, b), em que se exige este sinal gráfico no encontro de duas vogais iguais, no final do prefixo ou pseudoprefixo, e no início do segundo elemento: *anti-ibérico, contra-almirante, auto-observação, micro-onda*, etc. Esqueceu-se o texto oficial de que sempre houve encontros deste tipo não hifenados na tradição ortográfica brasileira e luso-africana, como são: *preeminência, preencher, reedição, reeleição*, etc. Esta lição no novo Acordo fez com que alguns editores supusessem que agora se escreveria *re-eleição, re-edição*, etc., contrariando a larga tradição vigente na ortografia do idioma. O elemento *co-* teve uma vida acidentada de 1911 a 1945 nos respectivos formulários ortográficos. Gonçalves Viana preparou, para exemplificar a reforma de 1911, o *Vocabulário ortográfico e remissivo da língua portuguesa*, saído em 1912, e nas edições em vida (falecido em 1914), além das subsequentes até onde pudemos consultar, só registra *coabitar* (e derivados), *coerdar, coerdeiro*. O nosso sistema ortográfico de 1943 não dedica atenção a este prefixo, enquanto dicionários por ele orientados registram *coabitar* (e derivados), mas *co-herdar, co-herdeiro*, sem explicar os motivos da desconsertante discordância. O Acordo de 1945, na Base XXIX, 9.º, estabelece que seriam grafados com hífen os "compostos formados com o prefixo *co-*, quando tem o sentido de 'a par' e o seguido elemento tem vida autônoma: *co-autor, co-dialeto, co-herdeiro, co-proprietário*". O filólogo e ortógrafo, negociador da equipe de portugueses, Francisco Rebelo Gonçalves, no *Tratado de ortografia da língua portuguesa*, saído em Coimbra, em 1947, com 713 páginas, comenta e defende as Bases do Acordo de 1945, e aí, na página 223, alude ao sentido de "a par" do prefixo *co-*, que, tendo o segundo elemento vida autônoma, exige hífen, enquanto na página 229 alude ao prefixo *co-* sem referência ao sentido, que não admite hífen e exige a eliminação do *h-* inicial do segundo elemento: *coabitar, coadjuvar, coadquirir, coeducação, coequação, coonestar*. Naturalmente, por não encontrar facilmente os limites semânticos do prefixo *co-* preconizado pelo Acordo de 1945 em *co-autor* e *co-herdeiro* de um lado, e *coabitar* e *coadjuvar*, de outro, o Acordo de 1990, sempre próximo ao seu modelo de 1945, defendeu deste a lição *co-herdeiro*, mas se afastando dele por incluí-lo numa série de prefixos que exigia para a presença do hífen uma única condição: *h* inicial (Base XVI, 1.º a), cometendo, nesta lição, dois pecados graves: a) opondo *co-herdeiro* a *coabitar* e *coonestar*, todos com o segundo elemento começado por *h-* e com vida autônoma na língua; b) declarando, poucas linhas adiante, em que justifica o encontro de vogais iguais, acerca do prefixo *co-*, "este aglutina-se em geral com o segundo elemento (...)". Esses dois lapsos levaram-nos a admitir engano dos negociadores em agasalhar a grafia hifenada *co-herdeiro*. A sua lição enseja a volta da boa lição de Gonçalves Viana *coerdar, coerdeiro*, do *Vocabulário ortográfico e remissivo* de 1912, de onde nunca deveria ter saído. O já citado *Vocabulário ortográfico*, da Porto Editora, optou pela dupla grafia *co-herdeiro* e *coerdeiro*, abrindo, em nossa opinião, desnecessária duplicidade que não se estende a *coabitar* e *coonestar*, aí registrados sem hífen. O que importa, no entanto, é agasalhar a proposta *coerdar, coerdeiro*, adotada no Volp.

Escapou-nos até aqui um *co-* resultante da redução fonética do elemento da composição *complemento*, que aparece nos termos técnicos *co-seno, co-tangente*, etc. Este *co-*, em rigor, entra nas formas reduzidas previstas na Base XV, 1.º, reduções análogas as que temos em *és-sueste*, em que *és* vale por *este*. O texto oficial de 1945 não trata deste *co-* lembrado por Rebelo Gonçalves *Tratado*, página 209, respeitando a tradição ortográfica que já vem no *Vocabulário* de Gonçalves Viana, que registra *co-secante, co-tangente*. Por isso, teremos de nos corrigir e adaptar o Volp a essa Base XV quanto ao *co-* destes casos, uma redução de *complemento*, e voltar à tradicional grafia com hífen *co-seno, co-secante, co-tangente* e análogos, correntes nos dicionários brasileiros e portugueses desde, pelo menos, 1911.

Da mais recente tentativa de negociação para aproximar os dois sistemas ortográficos oficialmente vigentes no Brasil e em Portugal, resultaram duas propostas, uma em 1986, no Rio de Janeiro, e outra em 1990, em Lisboa. A primeira caracterizava-se por alterações mais avançadas, em que o negociador brasileiro, o Acadêmico Antônio Houaiss, trazia à mesa algumas antigas posições simplificadoras do seu mestre Antenor Nascentes. O texto daí resultante mereceu críticas severas, mormente de Portugal, porque, fundamentalmente, se desviara do propósito motivador da reunião, que, como sabemos, seria diminuir as diferenças que separavam os dois sistemas oficiais. Na segunda reunião, realizada em Lisboa, com o linguista João Malaca Casteleiro como o principal negociador da equipe portuguesa, prevaleceu, como vimos aqui, franca aproximação com as Bases do Acordo de 1945.

Compreende a inteligência e a sensibilidade diplomática de Antônio Houaiss que assim o texto daí resultante poderia alcançar maior receptividade entre os países signatários, Portugal à frente, de modo que, enfim, a língua portuguesa lograsse atingir, neste aspecto, a maturidade cultural e política como veículo de difusão internacional. Nesta aproximação com o texto de 1945, os brasileiros passariam a adotar pequenas alterações de acentuação tônica — não mais usaríamos acento agudo nos paroxítonos com os ditongos abertos *éi* e *ói*: *ideia, jiboia*; bem como não marcaríamos o *i* e *u* tônicos depois de ditongo decrescente: *maoista, cauila, feiura, baiuca*; passaríamos definitivamente a escrever com *i*, e não com *e*, o sufixo *-iano* e *-iense*: *acriano* (e não *acreano*), de Acre, *camoniano* (de Camões); usaríamos *-io* e *-ia* (e não *-eo* e *-ea*) átonos em formas variantes de substantivos terminados em vogal, como *réstia* (e não *restea*), *hástia* (e não *hástea*); aliviaríamos o circunflexo de *voo, enjoo*, e *veem, leem*; reduziríamos os acentos diferenciais obrigatórios a *pôde* e *pôr*; aboliríamos o trema sobre o *u* proferido dos grupos de *gue, gui, que, qui*: *tranquilo, quinquênio*. Todos estes novos hábitos gráficos já eram correntes no sistema português-africano de 1945. No campo da morfologia, campo que não tem toda a sua extensão como objeto privilegiado da ortografia, mas sim da gramática, o novo Acordo, ainda no propósito de aproximar flexões mais usuais em Portugal, de verbos em *-iar* (*negociar, agenciar*) aos em *-ear* (*negocia/negoceio*) (*agencio/agenceio*), nas pegadas do Acordo de 1945. O novo Acordo, ainda repetindo o de 1945, considera abundantes os verbos em *-guar*, isto é, admite as flexões *deságuo* e *desaguo* nas formas rizotônicas, isto é, naquelas em que a sílaba tônica está no radical.

Quanto ao emprego de letra inicial minúscula e maiúscula, o novo Acordo simplificou tanto em relação aos usos vigentes no sistema luso-africano, quanto no sistema brasileiro.

A letra minúscula inicial é usada: a) Ordinariamente, em todos os vocábulos da língua nos usos correntes; b) Nos nomes dos dias, meses, estações do ano: *segunda-feira; outubro; primavera*; c) Nos títulos de livros (após o primeiro elemento, que é com maiúscula, os demais vocábulos podem ser escritos com minúscula ou com maiúscula, salvo nos nomes próprios nele contidos, tudo em grifo): *O Senhor do Paço de Ninães* ou *O senhor do paço de Ninães*; *Menino de Engenho* ou *Menino de engenho*; *Árvore e Tambor* ou *Árvore e tambor*; d) Nos usos de *fulano, sicrano, beltrano*; e) Nos pontos cardeais (mas não nas suas abreviaturas): *norte, sul* (mas: *SW sudoeste*); f) Nas formas de cortesia e nomes de santos (opcionalmente, neste caso, também com maiúscula): *senhor doutor Joaquim da Silva, bacharel Mário Abrantes, o cardeal Bembo, santa Filomena* (ou *Santa Filomena*); g) Nos nomes que designam domínios do saber, cursos e disciplinas (opcionalmente, também com maiúscula): *português* (ou *Português*), *matemática* (ou *Matemática*); *línguas e literatura modernas* (ou *Línguas e Literaturas Modernas*).

A letra maiúscula inicial é usada: a) Nos nomes de pessoas, reais ou fictícios: *Pedro Marques; Branca de Neve; D. Quixote*; b) Nos nomes de lugares, reais ou fictícios: *Lisboa, Luanda, Maputo, Rio de Janeiro, Atlântida, Hespéria*; c) Nos nomes de seres antropomorfizados ou mitológicos: *Adamastor, Neptuno* ou *Netuno*; d) Nos nomes que designam instituições: *Instituto de Pensões e Aposentadorias da Previdência Social*; e) Nos nomes de festas e festividades: *Natal, Páscoa, Ramadão, Todos os Santos*; f) Nos títulos de periódicos, que retêm o itálico: *O Primeiro de Janeiro, O Estado de São Paulo* (ou *S. Paulo*); g) Nos pontos cardeais ou equivalentes, quando empregados absolutamente: *Nordeste*, por nordeste do Brasil; *Norte*, por norte de Portugal; *Meio-Dia*, pelo sul da França ou de outros países; *Ocidente*, por ocidente europeu; *Oriente*, por oriente asiático; h) Em siglas, símbolos ou abreviaturas internacionais ou nacionalmente reguladas com maiúsculas, iniciais, mediais ou finais, ou o todo em maiúsculas: *FAO, NATO, ONU, H2O, Sr., V. Exª.*; i) Opcionalmente, em palavras usadas reverencialmente, aulicamente ou hierarquicamente, em início de versos, em categorizações de logradouros públicos: (*rua* ou *Rua da Liberdade*; *largo* ou *Largo dos Leões*), de templos (*igreja* ou *Igreja do Bonfim*; *templo* ou *Templo do Apostolado Positivista*), de edifícios (*palácio* ou *Palácio da Cultura*; *edifício* ou *Edifício Azevedo Cunha*).

Obs.: As disposições sobre os usos das minúsculas e maiúsculas não obstam a que obras especializadas observem regras próprias, provindas de códigos ou normalizações específicas (terminologias antropológica, geológica, bibliológica, botânica, zoológica, etc.), promanadas de entidades científicas ou normalizadoras, reconhecidas internacionalmente.

Quanto à divisão silábica não houve nenhuma alteração das normas conhecidas. O mesmo vale para as assinaturas e firmas; para ressalva de direitos, cada qual poderá manter a escrita que, por costume ou registro legal, adote na assinatura do seu nome.

Com o mesmo fim pode-se manter a grafia original de quaisquer firmas comerciais, nomes de sociedades, marcas e títulos que estejam inscritos em registro público.

Finalmente o hífen: O novo Acordo conseguiu sistematizar as dificuldades inerentes no emprego do hífen, dificuldades que enfrentam todas as línguas que utilizam este sinal diacrítico. Não havendo em conta pouquíssimos casos particulares, dois são os grupos: a) aquele constituído por duas classes de palavras, adjetivo, numeral, verbo, advérbio; b) um prefixo ou falso prefixo seguido de palavra, previstos nas Bases XV e XVI.

Todas essas alterações, vale a pena dizer, vieram não só para aliviar o sistema ortográfico de emprego de acentos diacríticos desnecessários, mas também oferecem soluções mais consecutâneas com o rigor histórico. Eliminar o circunflexo de *voo* representa eliminar uma acentuação desnecessária, uma vez que não há outra maneira de ler a palavra. A eliminação do circunflexo de *creem* corrige um fato histórico. Até o século XVIII e XIX, a 3.ª pessoa do singular era *crê, lê* e a 3.ª do plural era *crem, lem* (esta forma ainda se lê na gramática de Lobato de 1852). A partir do século XVIII para o XIX, aparecem as formas reforçadas *creem, leem, deem, veem*, em que a duplicação dos "ee" já é a marca de plural, o que dispensa o emprego do circunflexo. Assim, procedeu o novo Acordo. Quanto ao trema, é um diacrítico de uso muito recente no sistema, o que evidencia sua pouca utilidade. Os portugueses não o empregam de há muito, e não sentiram necessidade de reavivá-lo.

Não falamos com palavras soltas. Elas se inserem num contexto que, facilmente, nos leva a resolver aparentes dificuldades de interpretação.

Texto publicado no jornal *O Dia*, em cinco partes: 28/8/2011, 4/9/2011, 11/9/2011, 18/9/2011 e 25/9/2011.

AS NOVAS LETRAS *K, W, Y*
DO NOSSO ALFABETO

O novo Acordo Ortográfico de 1990 incluiu no alfabeto ou abecedário da língua portuguesa escrita as letras *K, W* e *Y*. Não é preciso dizer que tais unidades vinham sendo sempre lembradas, quando se enumeravam as 23 letras do nosso alfabeto, para serem utilizadas na escrita de nomes estrangeiros e de seus derivados portugueses (*Kant, William, Yach, kantismo*), e de certas abreviaturas e símbolos internacionais (*K = potássio, km = quilômetro*). Com a inclusão definitiva dessas três letras, o nosso alfabeto passou a 26 símbolos gráficos. Esse fato suscitou algumas dúvidas a alguns de nossos leitores, a que passaremos a responder. A primeira novidade é que, numa enumeração mediante letras, passaremos a levar em conta obrigatoriamente esses novos integrantes, procedimento até então desusado: ao se chegar, na enumeração, ao *j*, pulava-se o *k*, o mesmo se fazendo quando se chegava ao *v*, pulava-se o *w*, e depois do *x*, acontecia o mesmo com o *y*. Professora de ensino fundamental quer saber como ficam as vogais e as consoantes depois dessa inclusão. A rigor, é um aparente problema; isto porque, quando se entra nessa questão de nossa consulente, teremos de distinguir dois conceitos diferentes em que se há de tomar a palavra *letra*: como sinal gráfico integrante do nosso alfabeto para representar na escrita um som ou mais de um som do nosso sistema fonético; ou como o nome desses mesmos sons. Expliquemo-nos: pela letra *s*, pode-se aludir ao som fricativo alveolar surdo em *seda*, ou ao som fricativo alveolar sonoro na palavra *casa*. Por *letra* se pode entender uma unidade gráfica (e aí se relaciona com *ortografia*), ou uma realidade sonora (e aí se relaciona com a *fonética*). Durante muito tempo se fazia confusão desses dois conceitos, mesmo em trabalhos gramaticais. Segundo todos os dados de que até agora temos notícias, o primeiro estudioso que se referiu a essa distinção fundamental e elementar foi o alemão Franz Bopp (1791-1867), em 1833, na sua gigantesca *Gramática comparada* das línguas indo-europeias, embora, curiosamente, desse, nesta obra, pouca importância à fonética, privilegiando a morfologia. Apesar desse avanço metodológico, a verdade é que a elementar distinção entre letra como sinal gráfico e como unidade de som da língua chega até os dias de hoje, felizmente com menos força, mas capaz de pôr dúvida na atividade de professor e na elaboração de livros escolares. Ainda em obras escritas perto de nós, lê-se que em português há cinco vogais (*a, e, i, o, u*), quando, na realidade, temos sete vogais orais tônicas (*a, é, ê, i, ó, ô, u*), representadas por cinco letras vocálicas *a, e, i, o, u: casa, sede* (é), *sede* (ê), *vivo, pode* (ó), *povo* (ô), *uva*. Às vezes, por convenção ortográfica, entra a participação de sinais gráficos para finalidades diversas: *café, você,* para assinalar a vogal da sílaba tônica; *pôde* (pretérito perfeito) função distintiva de *pode* (presente do indicativo). Para marcar a incômoda duplicidade de "letra" nesses casos, passamos a usar "grafema" para designar a unidade de escrita e "fonema" para a unidade de som da fala. Para referir-se a este último conceito, os livros técnicos utilizam as barras inclinadas (//) para aludir aos fonemas; assim, temos cinco letras (*a, e, i, o, u*) e sete fonemas vocálicos orais tônicos (/a/, /é/, /ê/, /i/, /ó/, /ô/, /u/). Há ainda representações gráficas diferentes para a distinção dos fonemas abertos e fechados, a que não nos referiremos aqui. De tudo o que ficou dito, concluímos que é fácil dissipar a dúvida referida pela nossa consulente: a letra *k* representa o mesmo fonema do grafema *c* antes de nossas palavras *casa, colo* e *curva,* e portanto integrará o grupo das consoantes; o *y,* valendo /i/, integrará o grupo das vogais; o *w,* nas palavras de origem inglesa, soará como /u/ e integrará o grupo das vogais (*William, show*); nas palavras de origem alemã, soará /v/ e integrará o grupo das consoantes (*Walter, Wagner*). Com menos frequência, o grafema *y,* além de representar o fonema /i/, pode fazê-lo mediante o grafema *j,* de, por exemplo, *jogo,* quando, nos nomes estrangeiros, estiver seguido de *a,* como o nome próprio indígena *Yaci, Iaci, Jaci,* e no nome inglês *jarda,* da abreviatura *yd* (*yard*). Também o *w* alemão pode estar representado na escrita por *gu*: *Walter/ Válter/Gualter; Guilherme, guerra.*

Texto publicado no jornal O Dia, em 8/1/2012.

As diversas grafias de *porque*

Nosso leitor A. Costa estranhou termos escrito, na coluna do dia 20 de fevereiro último, "temos recebido perguntas sobre por que os gramáticos [...]", quando ele esperaria "porque os gramáticos [...]". E termina consultando-nos: "(...) quando deve ser 'por quê', 'por que', 'porque' e 'porquê'?"

A indagação do nosso leitor traz à baila uma questão que poderia ter sido tratada no nosso Acordo de 1990, livrando os brasileiros de mais extravagantes modos de grafar *porque* interrogativo, aparecidos ou tornados oficiais com a reforma ortográfica de 1943, modos que contrariavam a prática tradicional em língua portuguesa. Apesar de o Acordo de 1943 resultar de uma convenção assinada pelo Brasil e por Portugal, os portugueses continuaram a escrever o advérbio interrogativo como sempre se usou, isto é, numa só palavra, exatamente como fazem os franceses com *pourquoi*, e os italianos com *perché*. Como o Acordo de 1990 não tratou deste pormenor, tudo leva a indicar que, neste particular, o propósito da unificação não chegou infelizmente à grafia do interrogativo *porque*, facilitando a prática ortográfica dos brasileiros e permitindo-lhes retornar à boa tradição da língua escrita.

Depois deste comentário inicial, passemos à indagação do nosso consulente. Usa-se *por que* em duas palavras: a) Quando se trata de advérbio interrogativo em oração interrogativa direta (quando termina por ponto de interrogação) ou indireta, valendo por "por que razão", "por que causa": *Por que* ele não veio ontem? Quero saber *por que* ele não veio ontem. Esta é a razão que nos levou a escrever no artigo de 20 de fevereiro atrás citado: "Consulentes nos indagam *por que* os gramáticos condenam construções do tipo É tempo da pessoa descansar." Este advérbio aparece em títulos de livros ou artigos: *Por que me ufano do meu país* (livro escrito por Afonso Celso); *Por que estudar gramática*. b) Quando se trata da preposição *por* + pronome relativo, valendo por "pelo qual", "pela qual", "pelos quais", "pelas quais": "O caminho *por que* (= pelo qual) andas é perigoso". "A razão *por que* (= pela qual) ele veio é desconhecida." "As palavras *por que* (= pelas quais) perguntam não estão dicionarizadas." c) Quando se trata da preposição *por* + pronome indefinido adjetivo (isto é, seguido de substantivo), valendo por "por que espécie", "por qual", "por quanto": "*Por que* razão foste capaz de mentir?" "*Por que* dinheiros Jesus foi vendido?" "Bem sabes *por que* motivos não compareci."

d) Quando se trata da preposição *por* + conjunção integrante: "Anseio *por que* venhas à nossa festa." Escrever-se-á *por quê* em duas palavras e com acento circunflexo quando o *por que* separado estiver em posição de palavra tônica, isto é, no caso de advérbio interrogativo, em último lugar da oração interrogativa direta, ou seguido de pausa, ou sozinho: "Ele não veio *por quê*?" " Diga-me *por quê*?" "Se não sabes *por quê*, deves repetir a lição." "Não vens *por quê*? *Por quê*?" Escrever-se-á *porque*, numa só palavra: a) Quando se tratar de conjunção causal ou explicativa: "Não pude sair *porque* chovia muito." "Não choveu *porque* o chão está seco." b) Quando se tratar de conjunção final, seguido de subjuntivo, valendo por *para que*, *a fim de que*, conjunção hoje raramente empregada: "Trabalhou *porque* proporcionasse à família mais conforto."

Escrever-se-á *porquê*, numa só palavra e com acento circunflexo, quando se tratar de substantivo, sinônimo de "razão", "motivo", e, neste caso, vem precedido de modificador, como o artigo, e admite plural: "Ainda não entendemos o *porquê* da discussão." "São vários os *porquês* que justificam sua decisão."

Texto publicado no jornal *O Dia*, em 8/5/2011.

O EMPREGO DO HÍFEN APÓS O NOVO ACORDO ORTOGRÁFICO

A primeira questão formulada a esta seção diz respeito ao hífen, "campeão das dúvidas": *para-lamas* ou *paralamas?*, *para-quedas* ou *paraquedas?* Começamos por dizer que os primeiros ortógrafos das línguas modernas (as antigas que lhes serviram de modelo não conheciam este diacrítico e as palavras se sucediam na escrita sem espaço entre si) foram responsáveis pelas dificuldades com que hoje lutamos. Em geral, a cada diacrítico se atribuiu uma função específica: o acento agudo marca a vogal aberta da sílaba tônica (*fé, avó, contará*); o circunflexo assinala a vogal fechada da sílaba tônica (*vê, avô, câmara*); o acento grave, a crase (*vou à cidade*), fenômeno que era neste caso marcado na escrita com acento agudo (*vou á cidade*), porque pela fusão de dois fonemas iguais resultava um só de timbre aberto. No caso do hífen foram os ortógrafos acumulando funções distintivas de natureza fonética, gramatical (distinção de classes de palavras), semânticas e até estilísticas, e como não se serve bem a dois (muito menos a vários) senhores, o emprego do hífen passou a ser um desafio para a normatização pelos ortógrafos, e uma infernização para os utentes que dele precisavam ou assinalar, ou deixar de fazê-lo, na escrita. O problema não é exclusivo atributo da nossa língua; os franceses, que sempre serviram de modelo para tantas novidades introduzidas em Portugal e no Brasil, também se veem neste mesmo apuro. Quando os ortógrafos da França, separando-se da tradição das outras línguas românicas, começaram a se servir mais amiudadamente do traço de união para representar na escrita a avalanche de neologismos compostos que designavam o progresso nas ciências, nas letras e na tecnologia do século XIX, eruditos e filólogos de visão os alertaram para as dificuldades que viriam decorrentes do excesso da novidade. Neste sentido, sugeriam a supressão do hífen, em favor da simples sucessão dos elementos integrantes ou a soldura deles com alterações gráficas do primeiro elemento quando terminava por letra muda. Tais conselhos e advertências partiam de eruditos editores como Firmin-Didot (1868) e de filólogos como o acatadíssimo Arsène Darmesteter (*1874*). A notável estudiosa francesa desses assuntos Nina Catach, no livro *Orthographe et lexicographie*,[1] nos mostra como o hífen andou às cabeçadas nos dicionários *Littré* (7.ª edição, 1959), *Petit Larousse Ilustré* (1960) e *Robert* (1970). Entre as razões que justificariam a supressão do hífen estavam as inúmeras dificuldades criadas por ele no plural de compostos, e na raiz dessas discussões estaria o eco da solução apresentada em Portugal por Santos Valente e Francisco de Almeida, em 1886: "As palavras assim justapostas podem unir-se numa só sem precisão do hífen, quando a primeira é invariável (...)."² A ideia chegou até ao texto do acordo de 1986, preliminar do texto aprovado em 1990. Se tivéssemos seguido o caminho da audácia, talvez tivéssemos contribuído para normatizar mais inteligentemente dois quebra-cabeças da nossa língua: o emprego do hífen e o plural de compostos, este último depois que os dicionários modernos invadiram os domínios da gramática e começaram a fazer confusões. Retornando à questão inicial, a Base XV do acordo acadêmico começa:

> Emprega-se o hífen nas palavras compostas por justaposição que não contêm formas de ligação e cujos elementos de natureza nominal, adjetival, numeral ou verbal, constituem uma unidade sintagmática e semântica e mantêm acento próprio, podendo dar-se o caso de o primeiro elemento estar reduzido.

Segue-se exemplificação em que nosso caso está representado pelos compostos com elemento verbal *conta-gotas, finca-pé, guarda-chuva*. E após a nota: "Obs. Certos compostos, em relação aos quais se perdeu, em certa medida, a noção de composição, grafam-se aglutinadamente: *girassol, madressilva, mandachuva, pontapé, paraquedas, paraquedismo*, etc." O cuidado na redação ("certos compostos" e "em certa medida") revela a falta de estudos preliminares na área da lexicologia diacrônica e sincrônica do português para determinar o afastamento da "noção de composição" dos termos listados, em oposição a outros tranquila e confiantemente arrolados como evidentes compostos. É questão delicada que constitui floresta virgem na investigação acadêmica. A dificuldade começa entre os próprios ortógrafos e textos oficiais com a discordância em assinalar aqueles compostos que "em certa medida" perderam a noção de composição; para uns está nesse caso *paraquedista*; para outros, impõe-se aqui a grafia com hífen. Por outro lado, como proceder diante de uma pequena lista de exceções, como o fez o texto do Acordo, listando apenas seis compostos aglutinados? A nossa Academia, na impossibilidade de incluir outros compostos com as características dos elencados, adotou as seguintes medidas à luz da prudência: a) incluir na lista os possíveis derivados das exceções com o aval do acordo: se estavam lado a lado *paraquedas* e *paraquedista*, poder-se-iam acrescentar *paraquedismo, paraquedístico*; ao lado de *pontapé, pontapear* e *pontapezinho*. A outra fonte de acréscimo à minguada lista de exceções viria com o aval da tradição ortográfica, vigente nos dicionários e vocabulários portugueses e brasileiros: *bancarrota, cantochão, claraboia, montepio, passatempo, passaporte, rodapé, santelmo, varapau*, entre outros. Se não foram assinalados no rol das exceções, continuam hifenados, dentro do que dispõe a Base XV: *para-choque, para-brisa, para-chuva, para-lama, manda-lua, manda-tudo*, ao lado de muitíssimos outros compostos evidentes.

Texto publicado no jornal *O Estado de São Paulo*, em 1/2/2009.

Notas

1   *Orthographe et lexicographie: Les mots composés*. Paris: Nathan, 1981.
2   *Orthographia Portugueza*, p. 64, n.º 1, com atualização da grafia.

O HÍFEN COM FORMAS LIVRES

A nomenclatura gramatical conceitua por forma *livre* aquela que funciona sozinha, livremente, no discurso; por exemplo, *novo* é uma forma livre; já *neo*, que significa também "novo", é uma forma *presa*, porque só aparece como componente de uma palavra composta, do tipo de *neogramático, neopolítico, neossimbolismo*. O Acordo dedica dois capítulos (Bases XV e XVI) ao emprego do hífen; o primeiro (XV), quando entram as formas livres, e o segundo (XVI), quando entram as formas presas, procedimento que, bem-vindo, trouxe racionalização das complicadas regras antigas desse sinal gráfico. O princípio geral da Base XV recomenda que se empregue o hífen nos compostos formados por substantivos, adjetivos, numerais e verbos não ligados ao 2.º termo por elementos de ligação:

alcaide-mor	*seu-vizinho*	*quebra-mar*
mesa-redonda	*norte-americano*	*porta-retrato*
azul-escuro	*primeiro-ministro*	*guarda-chuva*
rega-bofe	*segunda-feira*	*vaga-lume*

Alguns compostos que a rigor estariam incluídos neste princípio geral já têm tradicionalmente fixada sua grafia sem hífen; o Acordo lembra *girassol, madressilva, pontapé, mandachuva, paraquedas, paraquedista*, aos quais as consultas aos dicionários brasileiros e portugueses nos faz acrescentar: *cantochão, catassol, claraboia, madrepérola, montepio, outrossim, passaporte, passatempo, rodapé, salsaparrilha, santelmo, varapau, valhacouto*. Em caso de dúvida, recorra-se ao dicionário.

O Acordo esqueceu-se de incluir neste primeiro princípio os compostos em que o termo inicial é um advérbio: *abaixo-assinado* (= documento), *assim-assim, ave-maria, salve-rainha, já-começa*, etc.

Se entre os dois termos aparece elemento de ligação, dispensar-se-á o hífen: *tenente-coronel*, mas *general de brigada*. Portanto, *água de cheiro, boi de mamão, cabeça de negro* (= bomba), *mesa de cabeceira, pé de boi* (= trabalhador), *pé de moleque* (= doce ou bolo), etc. O Acordo assinala como exceções: *água-de-colônia, arco-da-velha, cor-de-rosa, mais-que-perfeito, pé-de-meia* (= economia).

O 2.º caso de emprego do hífen se dá nos nomes de lugares (topônimos) formados com os adjetivos *grã, grão*, ou com forma verbal ou com elementos que estejam ligados por artigo: *Grã-Bretanha, Grão-Pará; Abre-Campos, Passa-Quatros; Baía de Todos-os-Santos, Entre-os-Rios, Trás-os-Montes*.

Os outros topônimos compostos se escrevem separadamente sem hífen, tenham ou não elemento de separação: *América do Sul, Mato Grosso, Belo Horizonte, Cabo Verde, Freixo de Espada à Cinta*. Faz exceção *Guiné-Bissau*, fixado pela tradição.

Note-se que os gentílicos (isto é, que indicam o lugar de nascimento) compostos se escrevem com hífen: *belo-horizontino, mato-grossense, mato-grossense-do-sul, juiz-forano*, etc.

Também se usa o hífen nos compostos com os adjetivos *grã, grão*, seguindo o primeiro caso já assinalado, quando não entram em topônimos; *grã-cruz, grão-mestre*.

Um terceiro caso de emprego do hífen com formas livres é o que diz respeito aos compostos que designam espécies botânicas ou zoológicas, estejam ou não ligadas por preposição ou qualquer outro elemento: *abóbora-menina, couve-flor, feijão-verde, bênção-de-deus, erva-do-chá; cobra-capelo, bem-te-vi* (= pássaro).

Se o composto homógrafo não se aplica a espécie botânica ou zoológica, não ocorrerá o hífen: *bico-de-papagaio* (= planta) / *bico de papagaio* (= saliência óssea); *pé-de-cabra* (= planta) / *pé de cabra* (= alavanca).

Um quarto caso de emprego do hífen incluído na Base XV se dá quando o 1.º elemento está representado pelas formas *além, aquém, recém, bem* e *sem*:

além-Atlântico	*recém-eleito*	*bem-estar*
além-fronteira	*recém-casado*	*bem-humorado*
aquém-mar	*recém-nascido*	*bem-dito*
aquém-Pireneus	*bem-aventurado*	*bem-vindo*
sem-cerimônia	*sem-vergonha*	

Obs.: Quando *bem* entra num composto com alteração de significado não ocorre hifenização: *bem-dizer* (= dizer bem) / *bendizer* (= abençoar); *bem feito!* (interjeição) / *benfeito* (= benefício).

Também se usará hífen quando o 1.º termo é o advérbio *mal* que não se liga ao 2.º por qualquer elemento, e que ainda se inicia por vogal, *h* ou *l*: *mal-entendido, mal-estar, mal-humorado, mal-limpo*.

Assim, não se usa hífen em: *malcriado, malditoso, malgrado, malsoante, malvisto, malmequer*, etc.

Obs.: Quando *mal* forma um substantivo composto com o significado de "doença", entra na regra geral, isto é, com hífen, quando não há elemento de ligação, e sem hífen, em caso contrário: *mal-francês* (= sífilis), *mal-caduco* (= epilepsia), mas *mal de Alzheimer, mal de gota*.

O Acordo esqueceu-se dos substantivos compostos formados com elementos repetidos, com ou sem alternância vocálica ou consonântica, do tipo de *blá-blá-blá*, *reco-reco, lenga-lenga, zum-zum, zás-trás, zigue-zague, pingue-pongue, tico-tico, tique-tique, trouxe-mouxe, xique-xique* (= chocalho, diferente de *xiquexique* "planta" e *Xiquexique*, topônimo). Tais elementos, quase sempre sons de coisas ou vozes de animais, devem ser hifenados conforme a tradição ortográfica; mas não seus derivados: *lengalengar, ronronar, zunzunar.*

Também não se usa hífen nas palavras reduplicativas da linguagem infantil: *babá, bumbum, titio, vovó, pipi, xixi*, etc.

A Base XV termina com um grande pesadelo para quem precisa escrever unidades linguísticas integrantes de locuções. O princípio anterior obrigava a pessoa a distinguir semântica e gramaticalmente locuções homógrafas. Tomemos dois exemplos: *à-toa*, com hífen, quando significa "sem valor", e vale por locução adjetiva (*questão à-toa, sujeito à-toa*), e *à toa*, sem hífen, quando significa "inutilmente", e vale como uma locução adverbial (*trabalhou à toa*). Outro exemplo é *dia-a-dia*, com hífen, significando "quotidiano" e valendo por substantivo (*meu dia-a-dia é agradável*), e *dia a dia*, sem hífen, quando significa "diariamente" e é uma locução adverbial (*a criança cresce dia a dia*).

Partindo de que não se escrevem com hífen as locuções pronominais (*nós mesmos, quem quer que seja*, etc.), as verbais (*quero ver, tenho de dizer*, etc.), as prepositivas (*perto de, depois de, apesar de*, etc.), as conjuntivas (*logo que, enquanto que*, etc.), o Acordo, racional e coerentemente, aboliu o hífen em todas as locuções, ainda que possam apresentar diferenças de significado e de valor gramatical:

Substantivas: *fim de semana, fim de século, dia a dia (quotidiano), calcanhar de Aquiles*;
Adjetivas: *cor de açafrão, à toa* ("sem valor");
Pronominais: *cada um, ele próprio, quem quer que seja*;
Adverbiais: *à toa* ("inutilmente"), *dia a dia* ("diariamente"), *tão somente*;
Prepositivas: *abaixo de, por baixo de*;
Conjuntivas: *a fim de que, ao passo que*;
Interjectivas: *bem feito!, aqui d'el-rei!*

O Acordo abre exceção para os casos fixados pela tradição ortográfica: *água-de-colônia, arco-da-velha, cor-de-rosa, mais-que-perfeito, pé-de-meia*, como já vimos antes.

Por outro lado, embora delas não fale o Acordo, devem-se incluir na regra das locuções as do tipo *deus nos acuda, salve-se quem puder, faz de contas, disse me disse, maria vai com as outras, tomara que caia*, etc.

Também não serão hifenadas as locuções estrangeiras latinas: *ad immortalitatem, ad hoc, data venia, causa mortis, ex libris, habeas corpus*, etc.

Texto publicado no jornal *O Dia*, em duas partes:
18/4/2010 e 25/4/2010.

PRÉ- OU PRE-, O HÍFEN EM CASOS DE ACENTUAÇÃO GRÁFICA

Pergunta-nos o leitor amigo Patrick por que se grafam *pré-qualificar* e *pré-qualificação* com hífen, mas *prequestionar* e *prequestionamento* sem o mesmo sinal. *Pré-* com acento gráfico entra na regra da Base XVI pela qual as palavras formadas com os prefixos tônicos acentuados graficamente *pós-*, *pré-* e *pró-*, quando o segundo elemento tem vida à parte: *pós-graduação*, *pós-tônico*; *pré-escolar*, *pré-natal*, *pré-africano*; *pró-africano*, *pró-europeu*. Não haverá hífen, aglutinando-se os dois elementos, quando esses prefixos forem átonos e, portanto, não acentuados graficamente: *pospor*, *prever* e *promover*.

Tal lição permite não só que se grafem *prequestionar* e *prequestionamento*, como duplas do tipo de *posgênito* e *pós-gênito*, *pretraçado* e *pré-traçado*, *postônico* e *pós--tônico*, conforme a natureza de tonicidade do prefixo. Às vezes o usuário pode tirar partido semântico, isto é, de sentido, desta diversidade que o idioma põe à sua disposição.

Já Irene quer saber qual a forma correta de escrever *itens* e *hifens*. A correção está em como você as grafou. Parece-nos que a dúvida consiste em saber se tais palavras devem ou não ser acentuadas graficamente. Como os oxítonos de duas ou mais sílabas devem ser acentuados quando terminados em -*em* e -*ens* (*vintém*, *ninguém*, *vinténs*, *conténs*, etc.), os paroxítonos assim terminados prescindem da notação gráfica. Por isso, *itens* e *hifens* estão escritos corretamente. Já *hífen*, singular, que termina por -*en* (e não por -*em* e -*ens*), esse tem de ter acento gráfico, porque os paroxítonos terminados em -*n* são acentuados graficamente.

No mesmo caso de *hífen* estão *éden*, *pólen*, *tentâmen*, *certâmen*, *sêmen*, *líquen*, *íon*, *néon*, *cólon*, *cânon*, *ímã*, etc.

A mesma leitora nos pergunta se lemos "0,5 ponto ou pontos". Poder-se-á usar uma das seguintes leituras: *meio ponto*, *cinco décimos*.

Por falar em número, está se generalizando grafar a data de hoje: 06/06/2010, em vez de 6/6/2010. Usa-se o zero nas quadrículas duplas de datas para indicação de dia e mês: 06 / 06; fora daí, respeitemos a tradição da numeração da datação em nossa língua, abolindo esse zero inicial das unidades. Lemos na correspondência de firmas: "Este envelope contém duas (02) contas em seu nome..." "Vencimento 10/06/2010." "Valor R$ 72,20" [por que não 072,20?]. "Sequência 01/02." "Quantidade de folhas 03." Com tanta precisão de números, o documento se engana numa velha tradição do idioma, usando *à* em vez de *a*: "Verifique o boleto referente a cada número de documento." Se a moda pega, imagina o mico de nas camisas dos jogadores de nossa seleção aparecerem 01, 02, 03, etc. É mau pressentimento a uma seleção que quer ser campeã tê-las começadas por zero.

Texto publicado no jornal *O Dia*, em 6/6/2010.

Casos de hífen

Recebemos algumas consultas sobre emprego ou não do hífen em determinados casos especiais. Vamos responder a elas em conjunto por estarem mais ou menos relacionadas. A primeira delas trata do seguinte: "Gostaria de confirmar as grafias dos chás abaixo, pois não as encontro no Volp: chá amarelo, chá branco, chá vermelho. Os chás preto e verde estão no Volp com hífen." Ora, reza o 3.º artigo da Base XV do Acordo: "Emprega-se o hífen nas palavras compostas que designam espécies botânicas e zoológicas, estejam ou não ligadas por preposição ou qualquer outro elemento." Aqui os signatários do Acordo já iniciam os primeiros dados para o futuro "vocabulário ortográfico comum da língua portuguesa, tão completo quanto desejável e tão normalizador quanto possível, no que se refere às terminologias científicas e técnicas", preconizado pelo Artigo 2.º do texto oficial. Ora, grafando com hífen *chá-preto* e *chá-verde*, obedece ao Volp a esse n.º 3 da Base XV, como a leitora deverá hifenizar *chá-amarelo, chá-branco* e *chá-vermelho*, todas denominações botânicas.

A Comissão Acadêmica que supervisionou a organização do Volp entendeu que tal disposição visava a normatizar um vocabulário de terminologias técnicas e científicas e que, por isso, quando a expressão não tinha essa aplicação a noções de espécies botânicas ou zoológicas, não caberia o emprego do hífen. Assim, *bico-de-papagaio* aplicado a certa espécie botânica teria hífen; já referida a nariz adunco ou a certa formação óssea, dispensaria o hífen. Esta iniciativa do Volp foi acolhida no *Vocabulário ortográfico*, da Porto Editora, sob a supervisão de João Malaca Casteleiro, membro da Comissão Portuguesa que redigiu o texto do Acordo.

Outra consulente nos indaga se os vários tipos de queijo (parmesão, por exemplo) levarão hífen, como aparece na tradição lexicográfica mais recente, bem como no Volp da Academia, o tipo *queijo-cavalo*. Nessa mesma tradição os diversos tipos de queijo comparecem seguidos de locução (*queijo do reino, queijo de minas, queijo de soja*) ou de adjetivos (*queijo parmesão, queijo flamengo, queijo prato* — isto é, da cidade italiana Prato, donde se tornou conhecido), todos hoje escritos sem hífen, em consonância com o novo Acordo. Desta norma diverge o tipo *queijo-cavalo*, com hífen, que cremos dever acertar o passo com seus irmãos congêneres e perder a grafia com hífen. Nada há nele que justifique essa exceção; portanto, *queijo cavalo*.

Ainda sobre o emprego ou não do hífen, outra consulente nos indaga se se há de escrever *município-polo* ou *município polo*. Ora, trata-se aqui de uma palavra composta constituída de dois substantivos, em que o segundo exerce uma função predicativa que designa a finalidade do primeiro, e há entre eles uma relação de coordenação. E nesta condição de composto o Acordo registra o emprego do hífen. Portanto, escrever-se-á *município-polo*, diferente das combinações que não constituem compostos, como *município grandioso, município populoso*, etc.

Outra consulente nos pergunta "se a ABL está seguindo a norma do Acordo quanto à repetição do hífen nas quebras de linha com palavras hifenizadas. Ex.: tornar-/-lhe". A lição do Acordo reza no final da Base XV: "Na translineação de uma palavra composta ou de uma combinação de palavras em que há um hífen, se a partição coincide com o final de um dos elementos ou membros, deve, por clareza gráfica, repetir-se o hífen no início da linha imediata."

Nem sempre os formulários e manuais ortográficos incidem nessa recomendação. O nosso *Vocabulário ortográfico* de 1943 é omisso neste particular; o texto oficial português de 1945 é mais prudente, e apenas recomenda na Base XLVIII, 6.ª, que, em tais ocorrências de translineação, "pode, por clareza gráfica, repetir-se o hífen no início da linha imediata". Dada a inobservância geral desta prática, o *dever* no novo Acordo parece ser entendido como o *poder* do sistema ortográfico português de 1945, ao qual o Acordo de 1990 está fortemente vinculado, reforçada esta nossa hipótese pelo fato de que o relator desse texto de 1945, o filólogo lusitano professor Rebelo Gonçalves, no seu excelente *Tratado de ortografia da língua portuguesa*,[1] declarou que nos casos em tela: "o hífen que se segue a esse elemento pode ser repetido, com vista à clareza gráfica, no início [por engano, está *final*] da linha seguinte.

Texto publicado no jornal *O Dia*, em 5/12/2010.

Nota

1   Coimbra: Atlântida, 1947, p. 389.

Mais alguns casos de hífen

Volta o hífen a preocupar alguns de nossos leitores; o primeiro deles desejava saber como escrever tipos de chá, como *chá amarelo, chá branco, chá vermelho*, pois não os encontra registrados no Volp, que só inclui *chá-preto* e *chá-verde* hifenados. O acordo de 1990, em dois momentos do seu texto, abre espaço para lembrar grafias de palavras pertencentes a terminologias técnicas e científicas que devem merecer uma proposta de unificação ortográfica na escrita da língua portuguesa, como sugere o Art. 2.º do referido texto, enfeixada essa nomenclatura num outro vocabulário técnico "tão completo quanto desejável e tão normalizador quanto possível". No texto do Acordo alude-se, na Base XV, 3.º, aos compostos que designam espécies botânicas (plantas e frutos), bem como, na Base XVI, 2.º, a), às palavras "pertencentes aos domínios científico e técnico".

Ora, *chá* estaria ligado ao domínio da botânica e seria hifenado, como o são *abóbora-menina, couve-flor, bem-me-quer* (planta), se *chá amarelo, chá branco, chá vermelho* fossem compostos e atendessem à lição do texto do Acordo, como o é também *chá-da-índia*, arbusto da família das teáceas. Como denominação de variedades de chá, *chá preto* e *chá verde* não são compostos, mas sim grupos sintáticos, e, por isso, não devem ter hífen.

As mesmas considerações se aplicam a outra indagação de consulente que deseja saber se há de usar hífen em *queijo parmesão, queijo prato, queijo de minas, queijo do reino* e outros; que são grupos sintáticos, e não um composto, como *queijo-cavalo*, e por isso este último com hífen, como está no Volp.

Outra questão que envolve o emprego de hífen e nos chega por um consulente diz respeito a *município polo* ou *município-polo*, assim como deve ser seu plural. Temos falado aqui em *grupo sintático* e *composto*, e cremos que chegou o momento de fazer a diferença entre essas duas noções, tarefa nem sempre fácil. Em português, a distinção ocorre por motivações ou critérios fonológicos, morfológicos, sintáticos e, principalmente, semânticos, estes últimos mais fáceis para um não especialista captar ou entender. Um competente estudioso do assunto, Antônio José Sandmann[1] oferece exemplos bem ilustrativos, sabendo-se que o primeiro de cada par é um grupo sintático, enquanto o segundo é um composto: *meio dia / meio-dia* (= região sul); *malha fina / malha-fina* (p. ex., do fisco); *pé de meia / pé-de-meia* (economia); *boia fria / boia-fria* (trabalhador rural). Vale recordar um critério auxiliar bastante evidente nessas distinções: no composto, o acréscimo de um modificador (p. ex., adjetivo) referir-se-á ao composto como um todo, o que não ocorre com o grupo sintático: *arma-branca perigosa* (o adjetivo *perigosa* se refere ao todo); não se dirá, por exemplo, *arma-branca e perigosa*, mas sim no grupo sintático *arma branca e perigosa*, referidos só a *arma*.

Por tudo isso, se terá um composto em *município-polo, município-polo recente*. Quanto ao plural, a tradição da língua, nestes casos em que o segundo substantivo limita a significação do primeiro, regula-se em geral só se flexionando o primeiro elemento, como é o caso de *municípios-polo*. Mais recentemente se vai encontrando exemplo com a pluralização dos dois elementos: *municípios-polos*.

Texto publicado no jornal *O Dia*, em 19/12/2010.

Nota

1   *Formação de palavras no português brasileiro contemporâneo*, 2.ª ed., 1996.

Compostos com hífen e seus plurais

Os especialistas das línguas que fazem uso do hífen na grafia dos nomes compostos são todos unânimes em declarar que muitas vezes são assaltados por dúvidas de difícil solução. Prefaciando o livro *Tudo sobre hífen*,[1] do professor Artur Oliveira Fonseca, comentava o saudoso lexicógrafo Aurélio Buarque de Holanda que o conceito de "unidade semântica" — condição fundamental para sabermos que estamos diante de um nome composto — é facilmente depreendido quando se faz "a distinção entre 'dia santo' (dia santificado) e 'dia-santo' (buraco na meia): aqui um substantivo composto; ali, uma locução. Em 'bom humor', no entanto, podemos sentir tão bem uma locução como um composto". Na segunda parte de sua excelente *Gramática histórica*, saída em 1923, Said Ali trouxe importante lição do linguista francês Michel Bréal, extraída do livro seminal *Essai de sémantique* [Ensaio de semântica], para caracterizar a essência do que é um nome composto: "Logo que o espírito reúne em uma só ideia duas noções até então separadas, todas as sortes de reduções ou de petrificações do primeiro termo se tornam possíveis, mas são fatos acessórios, cuja presença ou ausência em nada altera a essência das cousas. A verdadeira composição tem seu critério no espírito." Numa nota de rodapé acerca desse trecho, nota que aparece na primeira edição do seu livro (1897), mas eliminada nas posteriores, declara que essa unidade semântica justificaria a grafia unificada pelo hífen de palavras compostas como *arc-en-ciel*, *chef-d'oeuvre*, *cul-de-sac*, etc. A nota deve ter sido abolida diante das ocorrências na grafia dos compostos com hífen em francês.

Disso já nos fala Said Ali, depois da citação das palavras de Bréal aqui transcritas:

> Acrescente-se a estas considerações que o composto representa uma ideia simples, porém caracterizada geralmente pela alteração ou especialização do sentido primitivo. O francês *beau-père* significa "sogro" e nada mais tem que ver com as noções "belo" e "pai". *Guarda-roupa* não é qualquer objeto onde a roupa se guarda, e sim certo móvel construído para tal fim.

E a seguir comenta a falta de uniformidade na representação escrita dos compostos:

Não há ortografia uniforme para as palavras compostas; umas quer a convenção que se escrevam reunindo os termos em um só vocábulo; outras se representam interpondo o traço d'união; para outras finalmente é costume escrever os termos separadamente como se não houvesse composição alguma.[2]

Portanto, nada mais natural que assaltem dúvidas a revisores e redatores sobre como escrever compostos relativamente recentes no idioma, muitos deles ausentes em dicionários, criados entre nós ou aqui chegados de fora, frequentes na imprensa estrangeira. Neste sentido, enviam-nos suas consultas sobre a grafia oficial, ou com apoio nas Bases do novo Acordo, de compostos do tipo de dois substantivos, como *situação-limite, família-padrão, menu-degustação, empresa-fantasma, navio-fantasma, mandato-tampão, plano-chave, plano-piloto, homem-bomba* e assemelhados, cuja estrutura morfológica já estava contemplada na gramática tradicional no capítulo de plural de compostos. Como se lê na *Gramática secundária*, de Said Ali, saída nos primeiros anos da década de 1920: "Nos compostos de dous substantivos ligados por hífen, denotando o segundo termo uma noção complementar de fim, semelhança, etc. (...)" E segue-se relação desses compostos que aqui nos interessava: *escola-modelo, café-concerto, pombo-leque, manga-espada, carta-bilhete, cirurgião-dentista, couve-flor, couve-rábano, gentil-homem, obra-prima, mestre-escola, salvo-conduto, chave-mestra, parede-mestra*.

Tais compostos são regidos, quanto ao emprego do hífen, pelo primeiro caso da Base XV do novo Acordo.

No que diz respeito ao plural desses compostos, assunto que não foi objeto da dúvida de nossos consulentes, vale dizer que a regra tradicional consistia em não recomendar a pluralização do segundo termo dos compostos relacionados de *escola-modelo* até *manga-espada*. Para os restantes da lista (de *carta-bilhete* a *parede-mestra*), o uso recomenda a pluralização dos dois termos: *cartas-bilhetes*. A verdade, entretanto, é que gramáticas e dicionários já aceitam também a pluralização dos dois elementos do composto que ocorre em textos mais modernos: *escolas-modelos, cafés-concertos,* etc. No Volp da ABL aceitam-se as duas formas, mas se assinala em primeiro lugar o plural preferencial. A dupla possibilidade de pluralização também ocorre com alguns compostos da lista final da *Gramática secundária*: *carta-bilhete* fará *cartas-bilhete* e *cartas-bilhetes*.

Texto publicado no jornal *O Dia*, em 13/3/2011.

Notas

1 Artur Oliveira Fonseca, *Tudo sobre hífen*. Rio de Janeiro: Organização Simões, 1960.
2 Manuel Said Ali, *Gramática histórica da língua portuguesa*, 2.ª ed. São Paulo: Melhoramentos, 1931, p. 37.

Ano-Novo e outras questões

Estão lembrados nossos leitores de que comentamos casos de emprego do hífen em compostos do tipo *meio-dia*, significando a região sul como ponto cardeal, em oposição ao grupo sintático não hifenado *meio dia*, valendo por metade do dia. Assim se distinguem os grupos sintáticos *boa praça* e *casa grande* dos compostos hifenados *boa-praça* (significando "pessoa cordial") e *casa-grande* ("casa dos antigos senhores de engenho, por oposição a senzala").

Neste período de fim de ano e de grandes desejos formulados, recebemos algumas dúvidas de leitores sobre a grafia de *ano novo* e *ano bom*, se compostos, portanto, hifenados, ou se grupos sintáticos, sem a presença do sinal gráfico. Na realidade, teremos os dois casos, conforme os significados em que sejam empregados como compostos ou não. *Ano-Novo*, com maiúscula, é um composto quando, nos votos para o próximo ano, significa, na lição do Dicionário Houaiss, "ano entrante", "meia-noite do dia 31 de dezembro"; "ano bom", "dia primeiro de janeiro"; "ano-bom". *Ano-Bom*, sinônimo de *Ano-Novo* neste contexto, também se grafa como está aí. Já como grupos sintáticos o emprego se dá em contextos do tipo: "O sucesso da operação lhe garantirá um ano novo de esperanças"; "2010 foi um ano bom para o comércio".

Falando do mais alto título da hierarquia oficial do governo, tivemos oportunidade de dizer nesta coluna que, do ponto de vista gramatical, se trata de substantivo que se usa normalmente em português aplicado a homem ou a mulher: *o presidente*, *a presidente*, como se diz, conforme o sexo, *o* ou *a cliente, docente, inocente, doente, estudante* e tantos outros substantivos terminados em *-e*. Mas também pode acompanhar a flexão genérica *-e, -a*, de substantivos terminados em *-e*: *infante, monge, parente*, alguns dos quais também se usam como uniformes, isto é, se aplicam tanto a homens quanto a mulheres: *o, a parente*. Assim, pelas normas da gramática portuguesa, se pode dizer tanto *a presidente* quanto *a presidenta*.

Outras línguas românicas, como o espanhol, o italiano e o francês, podem usar o substantivo masculino precedido do artigo feminino, ou usá-lo (o substantivo) na forma feminina. No espanhol contemporâneo, pela informação ministrada pelo recente *Diccionario panhispánico de dudas* (2005), o uso majoritário consolida a forma feminina *a presidenta*. Em português, pelo menos o que se observa no Brasil até aqui, a maior frequência registra o emprego *a presidente*, quer na fala, quer na escrita. A preferência que se divulgou oficialmente e se percebe entre os representantes do governo brasileiro recai sobre a forma feminina *a presidenta*. O uso no Brasil sucumbirá ao peso do prestígio do uso espanhol? Só o tempo dirá.

Um notável mestre do italiano, Tristano Bolelli, no livro *Lingua italiana cercasi*,[1] tratando desses femininos pouco frequentes, como *la presidentessa*, comenta certeiramente: "A língua italiana tem uma vida sua, que lega sim à sociedade, mas não sucumbe a ela."

Texto publicado no jornal *O Dia*, em 2/1/2011.

Nota

1   Milão: Longanesi, 1987.

O HÍFEN COM FORMAS PRESAS

A Base XVI trata do emprego do hífen nas palavras complexas com a presença de formas presas, isto é, quando nelas entram prefixos, falsos prefixos e sufixos. Quando se aproximam os elementos, a regra geral, se não prevalece outro princípio, manda que vogais e consoantes diferentes se unam sem hífen, enquanto haverá hífen em caso contrário. Se o 2.º elemento começar por *r-* ou *s-*, se terá de duplicar essa consoante, para que se respeite no caso seu valor fonético.

1) Usa-se sempre o hífen, se o 1.º elemento está constituído por um dos prefixos *soto-, sota-, vice-, vizo-, ex-* (= cessação ou estado anterior), *pré-, pró-, pós-*:
soto: soto-mestre, soto-pôr
sota: sota-capitão, sota-voga
vice: vice-reitor
vizo: vizo-rei
ex: ex-aluno, ex-diretor
pré: pré-vestibular
pró: pró-eleição, pró-cardíaco
pós: pós-agregação, pós-graduado

2) Nunca se usa o hífen, mesmo que se juntem na aglutinação duas vogais iguais, se o 1.º elemento é um dos prefixos *re-, co-, in-, des-, pre-, pro-, pos-* e *an-* e se o 2.º elemento tenha perdido o *h-* inicial:
re: reeleger, refazer, rever, reaver
co: coaluno, coabitar, cooperar, coerdeiro
in: incapaz, inepto, inumano
des: desavir, desunião, desumano
pre: preceder, preencher
pro: proceder
pos: pospor
an: anepática, anidrido
Obs.: *a-*, redução do prefixo *an-*, pede hífen antes de *h*: *a-histórico*, mas *amoral*.

3) Com outros prefixos, com os radicais gregos e latinos e com os chamados falsos prefixos (que muitas vezes se aproximam pela forma dos radicais greco-latinos e que assumem o significado global das palavras de que agora são meros suplentes: *agro-* "agricultura", *auto-* "automóvel", etc.), terminados por vogal, usa-se o hífen se o 2.º elemento começa:

    a) por *h*: *extra-humano, anti-higiênico, geo-histórico, ultra-hiperbólico, semi-hospitalar, auto-hipnose*

    b) pela mesma vogal que finaliza o 1.º elemento: *anti-ibérico, micro-ondas, auto-observação*

    1.ª obs.: Não há hífen se, nestes casos, as vogais em contato são diferentes: *aeroespacial, antiaéreo, anteajuda, contraespionagem.*

    2.ª obs.: Também não há hífen se o 2.º elemento começa por *r-* ou *s-*, consoantes que se duplicam na aglutinação: *radiorrepórter, antessala, antissocial, cosseno, minissaia, ultrassonografia.*

4) Usa-se o hífen quando o 1.º elemento termina por consoante e o 2.º elemento começa por:

    a) *h*: *super-humano, sub-humano* (melhor que *subumano*)

    b) *r*: *sub-reitor, ad-rogar, ab-rupto* (melhor que *abrupto*)

    c) consoante igual à final do 2.º elemento: *sub-base, ad-digital, hiper-requintado, inter-regional*

5) Também se usa o hífen se o 1.º elemento termina por *m* ou *n* e o 2.º elemento começa por:

    a) vogal: *circum-escolar, pan-africano, pan-americano, pan-árabe*

    b) *h*: *circum-hospitalar, pan-hispânico*

    c) *m*: *circum-murado, pan-mágico*

    d) *n*: *circum-navegação, pan-negritude*

6) Usa-se hífen com sufixo de natureza adjetiva *-açu, -guaçu, -mirim*:

    a) quando o 1.º elemento termina por vogal acentuada graficamente: *amoré-guaçu, anajá-mirim, Ceará-mirim, arumã-açu, teiú-açu*

    b) quando a pronúncia exige a distinção gráfica dos dois elementos: *capim-açu*

O novo Acordo não altera os demais usos do hífen fixados pela tradição ortográfica; cabe lembrar: a) nas ligações de formas pronominais enclíticas (isto é, pospostas) ao advérbio *eis* (*eis-me, ei-lo*); b) nas combinações do tipo *no-lo, vo-las*; c) na ênclise e mesóclise pronominal com verbos (*amá-lo, dá-se, deixa-o, partir-lhe*; *amá-lo-ei, enviar-lhe-emos*, etc.).

Por tudo isso se vê que o Acordo de 1990 não é o que seus opositores dizem dele.

Texto publicado no jornal *O Dia*, em 2/5/2011.

Sobre o emprego do hífen nas formas reduzidas

Distinto colega, assíduo na leitura desta coluna, nos indaga se, em conformidade com a lição expressa na Base XV do novo Acordo, pela qual se usará o hífen nos casos em que o primeiro elemento do composto (um substantivo ou adjetivo) pode apresentar-se sob forma reduzida — *és-sueste* [por *este-sueste*]; *bel-prazer* [por *belo-prazer*] —, o mesmo princípio não se estenderia às formas não hifenadas registradas no Volp *fotorreportagem* [*foto* por *fotografia*], *autoestrada* [*auto* por *automóvel*], *cineteatro* [*cine* por *cinema*]. Se vale a comparação, por que estas últimas não se grafarão com hífen? À primeira vista parece que se trata do mesmo fenômeno de abreviação; todavia, exame atento nos mostrará que estamos diante de motivações linguísticas bem distintas. Em *és-sueste* ou *bel-prazer*, as reduções são devidas ao fenômeno da fonética sintáticas; *este* passado a *és* e *belo* a *bel* se explicam pela posição átona em que se acham as formas plenas nos respectivos grupos de força com que se proferem os substantivos compostos. Estamos aqui no domínio da fonética. Já em *fotorreportagem*, *autoestrada* e *cineteatro*, as formas *foto*, *auto* e *cine* não são reduções devidas a motivações fonéticas, mas são reduções morfológicas que valem pelas formas plenas *fotografia*, *automóvel* e *cinema*, radicais que recebem, na morfologia, o nome de *pseudoprefixos* e que, no sistema ortográfico, se alinham às normas estabelecidas para os prefixos.

Daí não caber nem na fonética, nem na morfologia analogia entre *és* de *és--sueste* ou *bel* de *bel-prazer* com *auto* de *autoestrada*, *foto* de *fotorreportagem* ou *cine* de *cineteatro*. Essa falta de analogia, por se tratarem de unidades linguísticas diferentes, também se reflete na criação de palavras do novo léxico: note-se a pobreza do repertório lexical de *bel* (por *belo*) ou *és* (de *este*) diante da riqueza de formas já correntes, por exemplo, com *auto* (de *automóvel*), além de possíveis neologias que a criatividade científica e técnica estimulará aparecer. Isso porque estamos no domínio infinito do significado lexical, isto é, aquele que aponta para os "objetos" reais e imaginários do mundo que nos cerca. Retomando o problema ortográfico, não se emprega o hífen quando o 1.º elemento do composto for prefixo ou pseudoprefixo terminado por vogal e o 2.º elemento começa por vogal diferente, prática em geral já adotada nas terminologias científicas e técnicas; daí a forma não hifenada *autoestrada*. Se o 2.º elemento começa por *r-* ou *s-*, duplicam-se estas iniciais; daí, *fotorreportagem*. Fora desses dois casos, temos *cineteatro*;

todos devidamente registrados no Volp. Essas considerações nos certificam de que uma reforma ortográfica é tarefa que deve caber aos técnicos, e suas propostas, depois de aprovadas pelas autoridades governamentais, devem ser apresentadas aos professores que vão ter por tarefa ensinar aos estudantes, especialmente àqueles que começam a entrar no mundo da escrita. Um novo sistema ortográfico não se destina, em rigor, à geração que o elabora, mas aos que se iniciam a escrever. Toda reforma encontra seus críticos, porque é natural a reação a mudanças de hábitos, uns aprendidos na infância que já vai longe. Também é natural que reajam os literatos, porque eles têm com as palavras e suas formas uma aura e nutrem por elas um sentimento afetivo que não admite retoques ou maculações. Mas há também aqueles que criticam sem saber por que o fazem, ou, justamente porque o sabem, sonegam, por ignorância, as razões e argumentos que os movem.

Essas críticas impedem proporcionar à língua portuguesa um sistema ortográfico unificado e simplificado — embora com imperfeições, porque nenhum idioma o tem perfeito —, que traduza que os usuários deste patrimônio compartilhado com tantas nações atingiram a maturidade cultural e política para tê-lo como companheiro na trajetória que o futuro reserva à comunidade dos países de expressão oficial de língua portuguesa.

Texto publicado no jornal *O Dia*, em 10/7/2011.

Quando a teoria ajuda a prática da ortografia

Todo texto de caráter científico ou que trate de matéria das ciências utiliza palavras e expressões pertencentes às respectivas nomenclaturas ou terminologias, cujos conceitos devem ser conhecidos por aqueles que desejam ler e compreender o que dizem tais textos técnicos. Por essa razão, quando indagada a quem competia elaborar uma reforma ortográfica, a notável filóloga Carolina Michaëlis de Vasconcelos respondeu: "Evidentemente aos profissionais que se ocupam cientificamente de línguas, sobretudo (...) do idioma pátrio, quer pertençam à Academia, quer não."

Um texto que fala de ortografia trabalha uma terminologia própria das ciências da linguagem, ainda que sejam poucos os termos aí empregados, quase sempre de nosso conhecimento desde os primeiros anos de escola primária e ginasial ou, como hoje se diz, do curso fundamental.

Entre os componentes dessa terminologia encontramos "vogal", "consoante", "ditongo", "classes gramaticais", "prefixo", "sufixo", "radical", "falso prefixo", "aglutinação", etc. Quando escapa ao leitor conceituação correta dessa terminologia, a norma ortográfica elaborada pelo autor ou pelos autores do texto técnico pode não ser entendida corretamente, ou até contestada sem razão pelo leitor. Vimos, por exemplo, nesta coluna de 10/7/11, como a redução de um radical do tipo de *bel-prazer* (*bel* por *belo*) e *és-sueste* (*és* por *este*) foi incorretamente aproximada a reduções de falsos prefixos do tipo de *autoestrada* (*auto* por *automóvel*) e *cineteatro* (*cine* por *cinema*). Tal procedimento permitiu ao leitor desavisado a crítica ao texto oficial do novo Acordo, sob a alegação de que, em ambos os casos, se impunha a grafia com hífen, isto é, se teria de "corrigir" *autoestrada* em *auto--estrada*, e *cineteatro* em *cine-teatro*, ambos, portanto, hifenados. Outro crítico acérrimo do novo Acordo, mas destituído de preparação teórica para trazer à questão ortográfica sugestões aproveitáveis, condena a "incoerência" do texto oficial de mandar duplicar o *r* e o *s* finais de *biorritmo* e *microssistema* aglutinados, mas separados por hífen *para-raios*, *guarda-redes*, *para-sol*, *guarda-selos* e assemelhados, esquecendo-se de que, no primeiro caso, temos prefixos (falsos prefixos) e, no segundo, formas nominais e verbais que, quanto ao emprego do hífen, se regem por diferentes princípios. O texto oficial do Acordo, com razão, os põe em situações diferentes quanto ao emprego do hífen.

Cuidado especial há de merecer, também, o caso em que o falso prefixo e o radical apresentam idêntico aspecto formal. O fato sugeriu a uma consulente imaginar possível incoerência em registrar com acento gráfico e hífen as grafias *rádio-cassete, rádio-gravador* e *rádio-vitrola*, em contraste com as grafias não acentuadas e aglutinadas *radioamador* e *radioemissora*. No primeiro caso, tempos compostos formados de substantivos seguidos de outro substantivo ou adjetivos, cujas grafias se regem pelo princípio estabelecido na Base XV, 1.º; no segundo temos elemento prefixado de origem grega *rádio* que se aglutina ao segundo elemento, regulando-se pelas normas ortográficas estabelecidas para tais casos. Essa relação de substantivos provenientes do grego ou do latim terminados em *-o* que passam a elementos prefixais de compostos, referidos na Base XXIX das normas ortográficas de 1945, não foi tratada em extensão no texto de 1990, o que permite surgirem essas indecisões nos usuários.

Entra também no exercício correto da teoria ortográfica conhecer e distinguir as vantagens e desvantagens dos diversos sistemas que fundamentaram uma reforma ortográfica (o etimológico, o fonético e o misto), dos quais o que se tem mostrado inoperante e utópico é aquele no qual um fonema só pode ser representado por um único grafema ou letra. Nenhuma ortografia de língua culta do mundo utiliza esse sistema, que tem encontrado no Brasil, radicado em Brasília, um grupo de adeptos que perderam o trem da história. Esse utópico sistema já foi ensaiado em propostas oriundas de Portugal e do Brasil. A pá de cal nesse sistema foi dada por várias autoridades entre nós; escolhemos a lição de Maximino Maciel na edição de 1922 da sua *Gramática descritiva*:

> Este sistema não pode prevalecer, pois a prosódia do vocábulo varia com os tempos, lugares e os indivíduos, e até no mesmo indivíduo, de modo que levará à anarquia, à confusão, por não haver base menos variável e mais fixa. Este sistema favorece a dialetação e o aparecimento de muitos homônimos e desfigura a língua "ao querermos reduzi-la a um acordo de pronúncia e de grafia".

Texto publicado no jornal *O Dia*, em 31/7/2011.

Como nasce uma palavra

Chegou-nos uma consulta sobre como proceder quando alguém deseja usar uma palavra que não consta nos dicionários por ser um termo provavelmente novo, por ser um neologismo. O assunto é interessante e sua discussão aqui pode ser útil aos leitores.

Lembra-nos o caso da palavra *imexível*, usada faz muitos anos por um ministro da República e que serviu de tema de debate na imprensa falada e escrita.

Comecemos por insistir na necessidade de analisar, de aprender e de utilizar o idioma dentro de uma perspectiva mais ampla e mais conforme à complexidade e variedade de que se tece uma língua histórica, como o português, a serviço de nações soberanas.

A impressão de ser essa uma tarefa amena e fácil logo se desfaz quando se percebe o quão pouco sabem os falantes como funciona uma língua, ainda que seja a materna. Está claro que, neste primeiro comentário, não podemos trazer à luz algumas dessas inocentes ignorâncias; todavia queremos preencher o espaço que nos cabe para convidar nosso leitor a examinar um caso de linguagem, que deu margem a críticas e comentários de "entendidos" em coisas do idioma: é a palavra *imexível*, empregada por um integrante do governo. Tem-se dito que o termo não existe, não está dicionarizado e, por isso, deve ser considerado errôneo.

A questão, aparentemente simples, pode ser desdobrada em vários aspectos, dos quais passaremos a examinar apenas quatro. O primeiro deles é perguntar se o termo foi criado segundo os princípios que regem a formação de palavras antigas e modernas no nosso léxico. Segundo, se a criação traduz com eficiência a ideia que quis transmitir quem a empregou. Terceiro, se para traduzir a mesma ideia, o idioma não dispõe de palavras antigas e mais expressivas. Quarto, se o fato de não existir um termo no dicionário é prova suficiente de que não deva ser criado ou de que constitui um erro o seu emprego.

Postos esses quatro aspectos, começaremos pelo último, em vista da relevância metodológica de que se reveste o argumento. Nenhuma língua histórica tem toda a extensão de seu vocabulário refletida nos dicionários correntes. Um idioma a serviço de uma comunidade está sempre numa perpétua mudança, numa permanente ebulição, de modo que nunca tem esgotada a infinita possibilidade de renovar-se, e ampliar-se, se seus falantes e sua cultura se renovam e se enriquecem. E desse trabalho tanto participam os literatos, os artistas e os cientistas como o simples cidadão integrante da comunidade. Portanto, o argumento de que "não está no dicionário" nada ou muito pouco contribui para dirimir a questão.

No tocante ao primeiro aspecto, o vocábulo *imexível* regula-se pelos princípios que fundamentam a gramática portuguesa, da mesma forma que *invencível* e *impagável*, ambos dicionarizados ou veiculados e sobre cuja vernaculidade ninguém discute. Assim como *invencível* é "o que não pode ser vencido" e *impagável*, "o que não pode ser pago", *imexível* significará fatalmente para falantes do português "o que não pode ser mexido". Se não tem tradição no idioma, *imexível* está conforme com aquilo que alguns linguistas chamam a "virtualidade" ou "potencialidade" do idioma, isto é, aquilo que, ainda inédito, está de acordo com as regras do sistema linguístico.

Se virmos a questão pelo segundo e terceiro aspectos, *imexível* continuará a não fazer má figura no léxico português e será imbatível, frente a seus possíveis competidores, no contexto da fala ministerial. Tentemos, por um instante, confrontá-lo com seus sinônimos considerados mais próximos: "O Plano é *irretocável, intocável, intangível, impalpável, intáctil*." Tais concorrentes desbancariam "O Plano é *imexível*", sem adulterar a essência da intenção comunicativa? Quem tiver o sentimento da língua verá que não, pois os companheiros de *imexível* não trazem a ideia subsidiária de que o movimento no plano iria revolver e misturar os propósitos que o ditaram.

Imexível terá, assim, passado por dois testes importantes que validam qualquer palavra do léxico a serviço do texto: a observância das regras de formação de palavras e sua adequada expressividade de comunicação. Não ter sido usado ainda — ponto que não foi aqui objeto de análise e discussão — é prova salutar de vida, de dinamismo, da comunidade que fala o português e está apta a buscar o termo próprio. O argumento de que não consta nos dicionários é o de menor peso, já que dicionário não é *a* língua, mas um aspecto dela, aquele de língua já feita, já produzida, o seu lado estático.

Pelos argumentos expostos, um dicionário com pretensões a ser exaustivo quanto possível deverá dar a *imexível* o lugar que injustamente lhe querem alguns críticos negar. Só é necessário que receba o acolhimento dos falantes.

Texto publicado no jornal *O Dia*, em 5/6/2011.

Ainda uma vez sobre palavras novas

A formação de palavras constitui um belo capítulo da gramática para observarmos certos princípios de como funcionam os mecanismos de uma língua e, assim, podermos apreciar o aparecimento de uma palavra como *imexível*, de que já falamos. O primeiro é acompanhar os diferentes momentos em que entram na palavra seus elementos constitutivos. Em *imexível* temos um radical primitivo, *mexer*, responsável pelo significado principal da palavra. Depois temos duas unidades secundárias, responsáveis por indicações gramaticais: o prefixo de negação *in-*, que aparece em *infeliz* ("não feliz"), e o sufixo *-vel*, formador de adjetivos, que aparece em *amável* ("o que se pode amar"). Entretanto, tais unidades gramaticais não se incorporam ao radical ao mesmo tempo, porque há uma ordem de presença, o que em gramática se chama análise de constituintes imediatos, para registrar quem chega primeiro e quem chega depois. Se *imexível* significa "o que não pode ser mexido", isto é, "o não mexível", percebe-se igualmente que, ao aparecer o prefixo *in-*, o verbo *mexer* já possuía o sufixo *-vel* (*mexível*). Por isso, se classifica *imexível* como um derivado por prefixação (in + mexível), e *mexível* um derivado por sufixação. Houve, portanto, dois momentos até se chegar a *imexível*: 1.º momento (mexer + vel); 2.º momento (in + mexível). São raras as palavras que recebem ao mesmo tempo os dois elementos; a gramática chega a dar um nome especial a esse processo de formação, a "parassíntese". São parassintéticos *entardecer, amanhecer, esclarecer*, entre poucos outros, em cuja formação não há *tardecer* ou *entarde, manhecer* ou *amanhã*.

Daí se explica certa relutância de alguém em aceitar *imexível*, por não existir na língua *imexer*, donde viria *imexível*, como de *imacular* (não manchar) viria *imaculável*. Mas a verdade é que *imexível* não exige necessariamente *imexer*. A prova disso é que temos — e não nos consta que fossem censurados — *impagável* (a nossa dívida é impagável), *insubstituível, infalível, insustentável, insusceptível*, etc., sem que precisemos dos verbos *impagar, insubstituir, infalir, insustentar*. Para *insusceptível* nem verbo teríamos!

Por outro lado, o sistema da língua, em matéria de formação de palavras, pode queimar etapas e partir de uma forma inexistente, mas previsível dentro da potencialidade do idioma.

Assim, dos verbos *bacharelar-se, formar-se*, temos *bacharelando* e *formando*. Por esse modelo saíram vitoriosos *odontolando, prefeitável*, que preveem hipotéticos *odontolar, prefeitar*.

Texto publicado no jornal *O Dia*, em 12/6/2011.

Gênero de certas palavras e emprego de tempos verbais

Nosso leitor Nailton Lima pergunta como deve referir-se ao sexo de animais como "cobra", "jacaré" e "tartaruga". Em primeiro lugar, cabe fazer diferença entre "gênero" e "sexo". Gênero é um termo da terminologia gramatical que alude, no português, à categoria dos nomes repartidos em masculinos, que se caracterizam pela anteposição do artigo *o, os* (*o homem, os carros*) e dos nomes femininos, que se caracterizam pela anteposição do artigo *a, as* (*a mulher, as janelas*). Há ainda vestígios do gênero neutro em certos pronomes invariáveis (*o = isso, isso, isto, aquilo, tudo*). A caracterização de masculino e feminino é fixada pelo uso, quase sempre sem motivação; assim que *sol* é masculino e *lua* é feminino em português, enquanto se dá exatamente o contrário em alemão. Por outro lado, muitos substantivos mudaram de gênero através dos tempos, como *mar* (cf. *baixa-mar*), *fim*. Até nos seres animados, como nas denominações de animais irracionais, o gênero não está ligado ao sexo, mas sim à espécie, como ocorre naqueles que a gramática chama *epicenos: a cobra, o jacaré, a tartaruga*, aos quais se refere o nosso consulente. Assim aparecem normalmente no dia a dia, sem preocupação de aludir ao sexo. Quando importa essa alusão ao sexo, acrescentam-se à denominação da espécie os termos *macho* e *fêmea*, invariáveis em gênero: *a cobra macho/fêmea; o jacaré macho/fêmea; a tartaruga macho/fêmea; as cobras machos/fêmeas.*

Xavier, consulente que anda às voltas com um dos pontos mais delicados da sintaxe portuguesa, como declara o filólogo Rodrigues Lapa na preciosa *Estilística da língua portuguesa*, editada em Lisboa em 1945 pela editora Seara Nova e que mereceu, graças à sua excelência, várias edições em Portugal e no Brasil. Em frases de pequena extensão, aplicam-se aos tempos e modos verbais os princípios lógicos que o usuário normalmente domina pela constância do uso. Já em descrições e narrações mais extensas entram em ação motivações psicológicas sobre a explanação lógica dos fatos, que acabam invadindo o terreno da estilística, refratárias ao rigorismo gramatical. Na mão dos grandes escritores tais motivações atingem resultados expressivos e imprevisíveis. Como a imaginação, em maior ou menor intensidade, é dom que toca a todos, o homem comum também se deixa contaminar pelas tais motivações psicológicas, e acaba por se servir de traços estilísticos no emprego de tempos ou modos verbais. É o caso da redação na seguinte narração:

O parlamentar passou a discutir a grave situação da casa que, sem lhe chegar a ela a ajuda prometida que justificava a situação em que se encontravam as instalações, propunha para cobrir as despesas necessárias uma arrecadação emergencial entre os usuários das instalações sucateadas.

O imperfeito *propunha* causou estranheza ao revisor do setor, aconselhando o autor a substituí-lo pelo presente *propõe* ou pelo pretérito perfeito *propôs, acabou por propor, acabou propondo*.

Embora sejam lógicas as propostas de emenda, Xavier considera-as desnecessárias, e sobre o assunto pede a nossa opinião. Também concordamos com nosso consulente. Como observa Rodrigues Lapa na obra citada, em redações muito próximas à de Xavier, o "autor [do nosso trecho] põe-se na pele do orador, e ambos se encontram a contar o caso. Esta mistura estilística é obra do imperfeito".[1]

Se a redação do nosso consulente não pretende alçar à altura de uma peça literária, deve prevalecer a lógica que preside a coerência dos tempos verbais empregados, como foi sugerido pelo revisor. A redação primitiva, todavia, se explica pela ótica da estilística.

Texto publicado no jornal *O Dia*, em 24/10/2010.

Nota

1   7.ª ed., Coimbra Editora, p. 207.

Plural de diminutivos com sufixo iniciado por -z

Observando os plurais do tipo *rapazezinhos*, lembrado pelo saudoso professor Napoleão Mendes de Almeida, na *Gramática metódica da língua portuguesa*, e *pazezinhas* em nossa *Moderna gramática portuguesa* e na *Gramática escolar da língua portuguesa*, surge a questão: o procedimento que gerou *pazezinhas* ("curtas pazes") é uma exceção para não ser confundida com *pazinhas* ("pequenas pás")?

Esse assunto nem sempre tem sido tratado com a extensão devida na gramática portuguesa. Na realidade, uma análise mais atenta nos manda separar, quando se trata de plural de diminutivo cujo sufixo é iniciado por *-z* (*-inho*, *-zito*, etc.), daquele em que o sufixo não começa por *-z* (*inho*, *ito*, etc.). No primeiro caso, fazem-se os plurais dos dois elementos e, na sua junção, corta-se o *s* do plural do primeiro, isto é, do radical básico: *animalzinho – animaizinhos*; *coraçãozinho – coraçõezinhos*; *pazinha* ("pequena pá") *– pazinhas*.

Se o sufixo não tem *-z* inicial, só se faz o plural do sufixo: *lapisinho – lapisinhos*; *luzinha – luzinhas*; *cuscuzinho – cuscuzinhos*; *rapazinho – rapazinhos*; *pazinha* ("curta paz") *– pazinhas*.

Se o radical permitir indiferentemente: *-zinho* ou *-inho*, haverá duplicidade de procedimento de plural: *florzinha – florezinhas / florinha – florinhas*; *mulherzinha – mulherezinhas / mulherinha – mulherinhas*.

Com essa sistematização, evitaremos plurais de difícil explicação morfológica, do tipo de *pazezinhas* ("curtas pazes"), *rapazezinhos*, *luzezinhas* e assemelhados.

Como bem já ensinava o eminente mestre José Oiticica, citado por nós na *Moderna gramática portuguesa*, convergências gráficas do tipo *pazinha* (pá + zinha) e *pazinha* (paz + inha), como seus plurais, são distinguidas pelo contexto e pela pronúncia, porque ficam intactas as pronúncias das palavras básicas.

A distribuição dos sufixos *-zinho* e *-inho*, em português, obedece a situações bem definidas. Quanto ao final da palavra básica:

1) Se termina por vogal átona ou consoante (exceto *-s* e *-z*), a escolha é materialmente indiferente, mas o uso faz as suas opções, além de aparecerem nuanças de sentido contextuais: *corpo – corpinho* (com queda da vogal temática) / *corpozinho* (a forma básica intacta); *flor – florinha / florzinha*; *mulher – mulherinha* ou *mulherzinha*;

2) Se termina por vogal tônica, nasal ou ditongo, é de emprego obrigatório -*zinho* (-*zito*, etc.): *boné – bonezinho; siri – sirizinho; álbum – albunzinho; bem – benzinho; rei – reizinho*. Com o -*zinho* evitam-se hiatos do tipo *irmãinha, raioíto*, etc.;
3) Se termina em -*s* ou -*z*, o emprego normal é com -*inho* (-*ito*, etc.), repudiando-se -*zinho* (-*zito*, etc.), ficando intacta a palavra básica: *lapisinho* (lápis + inho), *cuscuzinho* (cuscuz + inho), *rapazinho* (rapaz + inho); *cartazinho* (cartaz + inho), exatamente como escrevemos *lapiseira* (lápis + eira), *lapisar* (lápis + ar), *lapisada* (lápis + ada), etc.

Texto publicado no jornal *O Dia*, em 21/3/2010.

VERBOS QUE EXIGEM CUIDADO I

Temos constantemente recebido pedidos para comentar verbos cuja flexão às vezes causa dúvidas a consulentes, entre os quais está o Alex, de Vigário Geral. Houve um notável catedrático do Colégio Pedro II, Silva Ramos, mestre de tantos alunos famosos — como Antenor Nascentes, Sousa da Silveira e Manuel Bandeira —, que aconselhava seus discípulos a abrir a gramática e repassar a conjugação dos verbos irregulares mais frequentes no dia a dia. Relembrando ao Alex e àqueles que nos pediram este comentário, chamamos-lhes a atenção e cuidado para os derivados de verbos irregulares, que acompanham o modelo dos primitivos. O não cuidado a tal particularidade leva o usuário, por exemplo, a usar construções do tipo: *Prejudica-se quem não se deter a observar os fatos*. Aqui o autor da frase se esqueceu de que *deter* é um derivado de *ter*, e como o futuro do subjuntivo de *ter* é *tiver* (*se eu tiver* ou *quando eu tiver observado os fatos*), o verbo deveria ser assim conjugado: *Prejudica-se quem não se detiver a observar os fatos*.

A motivação dessa forma equivocada do verbo nasce de saber o falante que as formas do futuro do subjuntivo dos verbos regulares são iguais às do infinitivo: se eu (ou quando eu) *amar* (futuro do subjuntivo) / para eu *amar* (infinitivo); se eu (ou quando eu) *dever* (futuro do subjuntivo) / para eu *dever* (infinitivo); se eu (ou quando eu) *partir* (futuro do subjuntivo) / para eu *partir* (infinitivo). Mas tal homogeneidade não se dá quando se trata de verbo irregular, como ocorre com *ter* e seu derivado *deter*.

Veja-se o mesmo caso na frase seguinte: *Quem supor que faltamos à verdade vá lá ver*. Ora, *supor*, derivado de *pôr*, acompanha sua irregularidade no futuro do subjuntivo: quando eu *puser* / *supuser*; para eu *pôr* / *supor*. A forma correta da frase anterior será: *Quem supuser*.

E ainda aqui com o verbo *convir*, derivado de *vir*: *Você poderá adquirir terrenos onde lhe convir*, em vez de *onde lhe convier*; como dizemos *vier* em *quando eu vier*. O mesmo ocorrerá com o irregular *ver*, conhecido por conjugações erradas do tipo: *Quando eu ver isso*, em vez de *quando eu vir isso*. Portanto, empregaremos corretamente *vir* e *ver* ao dizer: *Quando eu vier à sala e vir que os leitores tiraram essas dúvidas de verbos irregulares, passarei a outros assuntos*.

A repetição das formas primitivas nos derivados dos verbos irregulares não se dá somente no futuro do subjuntivo, como vimos até aqui, mas em todas as formas verbais. Assim, é que há engano no emprego do pretérito imperfeito do verbo *entreter*, derivado de *ter*, conjugado na frase: *Entretia-se a atirar pedras no lago.* Ora, o pretérito imperfeito de *ter* é: *tinha, tinhas, tinha, tínhamos, tínheis, tinham.* Logo, impõe-se a correção: *Entretinha-se a atirar pedras no lago.*

Agora, um teste para o leitor atento: como preencherá o espaço em branco usando adequadamente o verbo *propor*:

Não faço questão de matéria para lecionar, aceito aquela para que os colegas me _____.

Terá acertado aquele que tiver preenchido o espaço com *propuserem*.

Texto publicado no jornal O Dia, em 11/7/2010.

VERBOS QUE EXIGEM CUIDADO II:
PRECAVER E *REAVER*

Ainda falando de verbos cujo emprego e flexão foram objeto de consulta de Alex e outros leitores, merecem atenção especial os chamados defectivos, isto é, aqueles que não possuem ou não são usados em todas as suas formas. Quem consulta o capítulo de verbos defectivos pode verificar que alguns citados numa gramática não aparecem noutra; isso porque há defectivos que, pelo uso continuado, acabam por apresentar-se com todas as suas formas, como vem acontecendo com *aderir, agir, competir, computar, discernir, emergir, expandir, imergir, fruir, polir, prazer, refulgir, ressarcir* e *submergir*.

Ouve-se com frequência — e não é incomum se ler em jornal — uma frase do tipo *Precavenha-se o povo contra os aumentos*, como se o verbo *precaver-se* fosse derivado de *vir*, ou, ainda, *Precaveja-se contra os aumentos*, como se o mesmo verbo se conjugasse tal qual *ver*. *Precaver-se* é um defectivo que, no presente do indicativo, só possui as formas de 1.ª e 2.ª pessoas do plural: *nós precavemos* e *vós precaveis*. Verbo que não tem a 1.ª pessoa do singular não terá todo o presente do subjuntivo (portanto nem *precavenha* nem *precaveja*), nem todo o imperativo negativo, que se forma do presente do subjuntivo; se ao verbo faltar a 2.ª pessoa do singular do presente do indicativo, faltará a mesma pessoa do imperativo afirmativo. O defectivo *precaver*, mais usual *precaver-se*, só se conjuga: a) no presente do indicativo nas formas de 1.ª e 2.ª pessoa do plural: *precavemos, precaveis*; b) no imperativo afirmativo na 2.ª do plural: *precavei vós*; c) não terá todo o presente do subjuntivo nem todo o imperativo negativo.

No demais, ele se conjuga completamente, sempre nas formas arrizotônicas, isto é, naqueles em que a sílaba tônica não está no radical que, neste verbo, vai até o *v*:

Pretérito imperfeito do indicativo: *precavia, precavias, precavia, precavíamos, precavíeis, precaviam*

Pretérito perfeito do indicativo: *precavi, precaveste, precaveu, precavemos, precavestes, precaveram*

Pretérito mais-que-perfeito: *precavera, precaveras, precavera, precavêramos, precavêreis, precaveram*

Futuro do presente: *precaverei, precaverás, precaverá, precaveremos, precavereis, precaverão*

Futuro do pretérito: *precaveria, precaverias, precaveria, precaveríamos, precaveríeis, precaveriam*
Imperfeito do subjuntivo: *precavesse, precavesses, precavesse, precavêssemos, precavêsseis, precavessem*
Futuro do subjuntivo: *precaver, precaveres, precaver, precavermos, precaverdes, precaverem*
Infinitivo sem flexão: *precaver*
Infinitivo flexionado: *precaver, precaveres, precaver, precavermos, precaverdes, precaverem*
Gerúndio: *precavendo*
Particípio: *precavido*
Se tivermos necessidade de substituir o verbo *precaver* nas suas faltas, poderemos usar sinônimos como *acautelar (-se), precatar (-se), prevenir (-se)*: *Acautele-se contra os aumentos, Precate-se contra os aumentos, Previna-se contra os aumentos.*

Outro defectivo que aparece mal empregado é *reaver*, em frases do tipo: *Eu ainda reavenho tudo que me roubaram* ou *Eu ainda reavejo tudo que me roubaram*, como se tal verbo fosse derivado de *vir* (reavenho) ou *ver* (reavejo), à semelhança do que vimos com *precaver*. *Reaver* é derivado de *haver*, sem o *h* medial ("haver de novo", "recuperar"), mas por ele só se conjuga quando não lhe faltar o *v*. Assim, *haver* se conjuga no presente do indicativo: *hei, hás, há, havemos, haveis, hão*; portanto, neste mesmo presente, *reaver* só será conjugado nas formas *reavemos, reaveis*.

Como aconteceu com *precaver*, não será conjugado no presente do subjuntivo nem no imperativo negativo. No imperativo afirmativo só teremos a 2.ª pessoa do plural: *reavei vós*.

No demais, *reaver* se conjuga completamente, seguindo o modelo de *haver*:
Pretérito imperfeito: *reavia, reavias, reavia*, etc.
Pretérito perfeito: *reouve* (nunca *reavi*), *reouveste, reouve* (nunca *reaveu*), etc.
Pretérito mais-que-perfeito: *reouvera, reouveras, reouvera*, etc.
Futuro do presente: *reaverei, reaverás, reaverá*, etc.
Futuro do pretérito: *reaveria, reaverias, reaveria*, etc.
Imperfeito. do subjuntivo: *reouvesse, reouvesses, reouvesse*, etc.
Futuro do subjuntivo: *reouver, reouveres, reouver*, etc.
Infinitivo sem flexão: *reaver*
Infinitivo flexionado: *reaver, reaveres, reaver*, etc.
Gerúndio: *reavendo*
Particípio: *reavido*
Se tivermos necessidade de substituir o verbo *reaver* nas suas faltas, poderemos usar de sinônimos como *recuperar*: *Eu ainda recupero tudo o que me roubaram.*

Texto publicado no jornal *O Dia*, em 18/7/2010.

Concordância e infinitivo pessoal

Heloísa nos pergunta como se deve pedir ao padeiro: "Por favor, cinco pães francês" ou "cinco pães franceses". Sendo *francês* adjetivo e modificador do substantivo *pães*, no plural, pede a gramática que se faça a concordância: "Por favor, cinco pães franceses."

Já Marcelo Inácio tem atirado sua atenção para o emprego do infinitivo flexionado ou sem flexão. Há empregos do infinitivo que estão presos a regras gramaticais, enquanto outros empregos atendem ou procuram atender a necessidades expressivas motivadas pelo desejo de ênfase, realce, eufonia e razões estilísticas. Para tais situações não se podem estabelecer princípios rígidos, e só quem conhece os princípios gerais sabe tirar partido desses recursos estilísticos.

Os casos inseridos nos princípios gramaticais se prendem, na maioria das vezes, à presença ou não de uma locução verbal na oração. Se houver locução, o infinitivo não se flexionará, pois ao auxiliar caberá a flexão: *Precisamos trabalhar. Deverás estudar muito*. Persiste o princípio, mesmo que o verbo auxiliar e o infinitivo estejam separados: *Precisamos, cada dia mais, trabalhar* (e não *trabalharmos*). *Deverás, mesmo agora, estudar* (e não *estudares*) *muito*.

Se não houver locução verbal e o sujeito não estiver expresso, o infinitivo pode corretamente flexionar-se ou não: *Trabalhamos para viver* ou *Trabalhamos para vivermos*.

Quem mais sabe a língua evita a flexão, salvo se deseja pôr ênfase no sujeito da 2.ª oração (*para vivermos*).

Se não houver locução verbal, mas esteja expresso o sujeito do infinitivo, este se flexionará obrigatoriamente: *Trabalhamos para nós vivermos* (e nunca: *para nós viver*).

Vamos agora, Marcelo Inácio, aplicar (veja que não foi usada à flexão *aplicarmos*) os princípios aqui expostos aos exemplos que você nos encaminhou: *Os alunos falaram com os professores para resolver o problema.*

Temos aqui duas orações: 1) *os alunos falaram com os professores*; 2) *para resolver o problema*. O infinitivo, que está na 2.ª oração, não faz parte de uma locução verbal, e o seu possível sujeito (*os alunos? os professores?*) não está expresso na oração, o que nos leva a poder flexionar ou não o infinitivo: *para resolver* ou *para resolverem*. Resolvemos o caso do infinitivo, mas não solucionamos a ambiguidade da frase.

Qualquer que seja o emprego do infinitivo, ficamos sem saber quem resolverá os problemas. Por motivações extralinguísticas, podemos adiantar que o melhor entendimento será apontar *os professores* como sujeito de *resolver*: os professores *resolvem* o problema. Usando mal o verbo *falar*, o primeiro passo para desambiguizar a frase seria construí-la assim: "Os alunos falaram que os professores resolvessem os exercícios." Melhor seria, em vez de *falaram, pediram*.

O 2.º exemplo: *O médico ajudava a todos a superar* (ou *superarem*) *as doenças*. A 2.ª oração (*a superar* = *a que superassem*) não tem expresso o sujeito (*todos*), o que nos leva a flexionar ou não o infinitivo; portanto, *superar* ou *superarem*, do ponto de vista gramatical.

Em *Mandei os garotos sair* (ou *saírem*), a falsa locução verbal com o auxiliar causativo *mandar* não nos leva a flexionar o infinitivo. Portanto, use: *Mandei os garotos sair*, como na frase bíblica, sem flexão: *Mandai vir a mim as criancinhas*.

Texto publicado no jornal *O Dia*, em 1/8/2010.

Verbos conjugados com pronomes

Atendendo a uma pergunta de leitor, tratamos no último domingo da combinação de dois pronomes átonos do tipo de *no-lo* e *vo-lo,* que correm na língua escrita e são desconhecidos no falar diário dos brasileiros. Há, entretanto, empregos de pronomes átonos (*me, te, se, nos, vos, o, a, os, as, lhe, lhes*) pospostos a verbo que merecem a atenção dos usuários, porque, em determinadas circunstâncias, exigem alterações na forma do verbo e do pronome. Esse assunto vai, aqui, merecer nossa atenção. Começamos por dizer que não há nenhuma alteração de forma se o pronome átono vem anteposto ao verbo, isto é, em próclise ao verbo. Se vem em ênclise, isto é, posposto ao verbo, temos três casos diferentes. Se o pronome for *o* (*a, os, as*), haverá as seguintes possibilidades: 1) se o verbo termina por som oral, ele e o pronome posposto não sofrem nenhuma alteração: *vejo-o, tenho-o, compro-o, vi-o, liga-o, teme-o*; 2) se o verbo termina por som nasal (*m* ou ditongo com til), o verbo fica invariável, mas o pronome *o* passa a *no*: *vejam-no, tem-no, compram-no, veem-no, ligam-no, temem-no, põe-no*; 3) se o verbo termina por uma das consoantes *r, s, z*, cai essa consoante final e o *o* passa a *lo*, acentuando-se a sílaba final do verbo em obediência às regras de acentuação gráfica: *vê-lo* (ver + o), *temo-lo* (temos + o), *compra-lo* (compras + o), *comprá-lo* (comprar + o), *ligamo-lo* (ligamos + o), *tememo-lo* (tememos + o), *põe-lo* (pões + o). Assim, conjugando o presente do indicativo do verbo *pôr* combinado com o pronome *o* enclítico, isto é, *pô-lo,* teremos: *ponho-o, põe-lo* (pões + o), *põe-no* (põe + o), *pomo-lo* (pomos + o), *ponde-lo* (pondes + o), *põem-no* (põem + o).

Se se tratar de verbo pronominal, isto é, o que se conjuga com *me, te, se, nos, vos, se* para, respectivamente, referir-se a 1.ª, 2.ª, 3.ª pessoas do singular e às três do plural, só o *-s* final da 1.ª pessoa do plural é que perde essa letra, sem qualquer alteração do pronome. Vejamos o exemplo com o verbo *vestir-se* no presente do indicativo: *visto-me, vestes-te, veste-se, vestimo-nos* (vestimos + nos), *vestis-vos, vestem-se.*

O 3.º caso ocorre quando não se dá nem o primeiro (isto é, com os pronomes *o, a, os, as*) nem o segundo (com os pronomes *me, te, se, nos, vos*). Neste 3.º caso não há nenhuma alteração no verbo e no pronome. Por isso devemos escrever *enviamos-lhe* (e não *enviamo-lhe*, por influência de *vestimo-nos*), *dissemos-lhe, fazemos-lhe, viemos-lhe, trouxemos-lhe,* etc.

Sabemos que no futuro e no condicional o pronome átono só pode vir antes ou no meio dessas formas verbais. Portanto, *pô-lo-ei, pô-lo-ás, pô-lo-á, pô-lo-emos, pô-lo-eis, pô-lo-ão*. No condicional (futuro do pretérito): *pô-lo-ia, pô-lo-ias, pô-lo-ia, pô-lo-íamos, pô-lo-íeis, pô-lo-iam*.

Texto publicado no jornal *O Dia*, em 16/5/2010.

Colocação de pronomes: casos de adequação

Leitor de nossa coluna pede-nos esclarecimento quanto ao uso do pronome *me* no Brasil, quando em próclise. A redação do consulente emprega alguma terminologia da gramática possivelmente esquecida de um ou outro leitor, o que nos leva a uma explicação inicial. O pronome *me* pertence ao grupo dos pronomes que funcionam como complemento de verbo e, por isso, são ditos "oblíquos", em oposição aos pronomes "retos", que funcionam como sujeito. Os oblíquos são: *me, te, se, nos, vos, o, a, os, as, lhe, lhes*, enquanto os retos são: *eu, tu, ele, nós, vós, eles*. Os oblíquos importam mais de perto à questão de colocação de pronomes porque sua posição em relação ao verbo depende do ritmo ou entoação em que a frase é proferida. O pronome átono pode vir: a) antes do verbo (próclise): Em *o vi*; b) depois do verbo (ênclise): *Dei-lhe o presente*; c) no meio do verbo, quando este está no futuro do presente ou no futuro do pretérito, também chamado condicional: *Dar-lhe-ei o presente/Dar-lhe-ia o presente*. Esquecemo-nos de dizer que os pronomes átonos não vêm precedidos de preposição, enquanto os tônicos não a dispensam: *Deu-me/Deu a mim*.

No caso de colocação de pronomes, só os átonos é que oferecem dúvida a ser esclarecida. Por fim, cabe tecer alguns comentários sobre o que se entende hoje por acerto e erro em matéria de língua. Temos uma visão muito mais conforme com a natureza e funcionalidade de um idioma a serviço das pessoas. Já tínhamos havia tempo a justa ideia de que ele se alterava com o passar do tempo; Camões, no século XVI, não usou o mesmo português de Machado de Assis, no século XIX, nem este o de Manuel Bandeira, no século XX. O idioma se altera em relação aos lugares, aos graus de cultura dos falantes e às circunstâncias e finalidades dos textos orais e escritos produzidos.

Para servir de comunicação entre pessoas, os fatos da língua se pautam por normas tradicionais conhecidas pelos seus usuários; respeitá-las é o que chamamos de correção de linguagem. Por isso, o conjunto *o livro de Pedro* está correto; já o conjunto *o de Pedro livro*, não, e constitui um erro, porque ninguém que conheça o português usará este último conjunto. O idioma agasalha corretamente várias tradições, todas corretas, conforme a região, o nível de educação linguística, as circunstâncias. Assim, está correto um pernambucano chamar "laranja-cravo" o que o carioca chama "tangerina" e o sulista "mexerica" ou "bergamota". Se um pernambucano, estando em Porto Alegre e usasse de sua tradição regional "laranja-cravo", não estaria cometendo um "erro de português", porque seu regionalismo pertence a uma tradição linguística do português, a do Recife, mas não a de Porto Alegre. Não seria um erro, mas seria uma inadequação. Não é linguisticamente adequado usar "laranja-cravo" em Porto Alegre.

Texto publicado no jornal *O Dia*, em 6/2/2011.

Informações sobre numerais

Leitor desta coluna está curioso em ter informações sobre uso dos numerais, já que as gramáticas falam muito pouco acerca dessas unidades tão frequentes em nosso dia a dia. Boa dose de razão cabe ao nosso consulente; há usos que continuam a ser respeitados, enquanto algumas novidades estão a merecer nossa atenção. Proferindo ou escrevendo, respeita-se a tradição de usar a conjunção *e* entre as unidades (*um e dois* minutos), dezenas (*vinte e trinta* minutos) e centenas (*duzentos e trezentos*); já entre os milhares e as centenas, empregamos o *e* se a centena não for seguida de outro numeral (*mil e quinhentos*). Se houver outro numeral entre o milhar e a centena, não se fará uso da conjunção (*mil quinhentos e setenta e oito*). Se não houver centena, usar-se-á a conjunção entre o milhar e a dezena (*mil e doze*), bem como entre ele e a unidade (*mil e seis*).

Se se tratar de número muito extenso, não se usará *e* entre as classes, isto é, na prática, entre os grupos de três algarismos; imaginemos que seja 132.415.025.308, teremos *cento e trinta e dois bilhões quatrocentos e quinze milhões vinte e cinco mil trezentos e oito*.

Vale notar que nesses números extensos não se emprega vírgula para separar as classes.

Sem razão, vem-se generalizando o emprego do algarismo 0 antes das unidades de 1 a 9; por exemplo, nas datas, usa-se 02/09/2011, em vez de 2/9/2011. Nos cartazes da prefeitura marca-se o tempo a ser gasto no Aterro: 07 minutos, por 7 minutos. O emprego do 0 tem sentido no preenchimento de quadrilhas duplas de textos impressos, ou ainda em prefixos de telefone e dígitos de computador.

Se se trata do emprego de ordinais, eles são usados até o *décimo*: Pedro I (primeiro), Pedro II (segundo), Ilha Terceira, Carlos V (quinto), Henrique VIII (oitavo), Praça XI (onze), Praça 15 (quinze).

Por falar em ordinal, evite-se o erro bem comum do uso da forma, que não existe, *octagésimo*, em lugar do correto *octogésimo*. Nasce o erro da influência da série inicial de numeração terminada em *-a* (*quadragésimo, quinquagésimo, sexagésimo, septuagésimo, nonagésimo*). Apesar dessa analogia, os leitores só devem usar *octogésimo* (com *o* em *-octo*).

O indefinido *tanto* aparece junto a substantivo para indicar número indeterminado. Neste emprego, a tradição permite o uso do singular (*tanto*) ou do plural (*tantos*), mesmo que o substantivo esteja no singular: "QI não sei das quantas, conjunto tal, casa número tanto";[1] "Não hesitou em achá-lo gracioso e interessante, e dizer-lhe que tinha uma casa às suas ordens, na praia de Botafogo, número tantos."[2]

Para encerrar estes poucos comentários sobre numerais, na esperança de termos sido úteis, pelo menos, ao nosso consulente, lembramos que não se usa hífen nos ordinais: *décimo primeiro, vigésimo quinto*.

Texto publicado no jornal O *Dia*, em 13/2/2011.

Notas

1. Marcos Vinícios Vilaça, *O tempo e o sonho*, p. 89.
2. Machado de Assis, *Quincas Borba*, p. 152.

BARCO A VELA OU BARCO À VELA

Leitora desta coluna nos envia a seguinte dúvida: "Necessito de sua ajuda para esclarecer a análise e o emprego das locuções 'à vela' e 'à lenha' (...) e, ainda, o emprego do acento grave na locução adjetiva."

O assunto ainda diz respeito ao emprego ou não emprego do artigo definido antes do substantivo, que vimos no domingo passado. Na consulta de hoje se trata de substantivo feminino singular. Já dissemos nesta coluna que a unidade linguística *a* (artigo, pronome ou preposição) é, na pronúncia portuguesa, um vocábulo átono de timbre fechado, quando não se funde, por crase, com outro *a*. Quando ocorre a crase, é proferido com timbre aberto. Esse fenômeno fonético exerce papel importante para esclarecer a indagação da nossa consulente. Não havendo artigo antes de substantivo feminino singular em locuções adverbiais e adjetivas do tipo de [sair] *a noite* (= *de noite*), [barco] *a vela* (= *com vela, de vela*), [matar] *a fome* (= *por fome*), a preposição *a* deveria ser primitivamente enunciada com timbre fechado. Segundo estudo levado a cabo pelo nosso genial linguista Manuel Said Ali,[1] começou-se a usar acento agudo para marcar, na escrita, o timbre aberto, a partir do século XVI. Contraria a história desse fenômeno a explicação por crase, como se costuma fazer entre nossos gramáticos. A mudança para timbre aberto se deve a uma intenção de expressividade discursiva exigida pela clareza do bom entendimento do contexto.

É expediente comum em línguas o recurso a fenômenos fonéticos de entonação para explicitar fatos gramaticais (morfologia e sintaxe) e lexicais. Em trabalho de juventude escrito em 1946 e publicado em 1948, tratamos desses fatos linguísticos para indicação de plural na língua mexicana, processos de intensificação de verbos em árabe. Hoje utilizamos no português *amamos* (à) para o presente e *amamos* (á) para o passado. Nos textos dos séculos XVI a XVIII se usou o acento agudo para a indicação do timbre aberto da preposição, repetindo o sistema para a vogal aberta da sílaba tônica [*fará, dirá*, etc.]. No século XIX, com as regras para o emprego dos acentos agudo, circunflexo e grave, passou-se a usar o grave em [sair] *à noite*, [barco] *à vela*, [matar] *à fome*. Desta forma, como corretamente ensina Said Ali, no artigo citado, substituindo-se *á* (com acento agudo) por *à* com acento grave:

Escreve-se com acento agudo a palavra *á* quando soa como vogal aberta, e tem esta pronúncia: 1.º, a contração da preposição *a* com o artigo definido feminino; 2.º, a dita preposição, pura e simples, nas locuções adverbiais em que rege a um nome feminino, achando-se este no singular. Existem expressões em que o substantivo do gênero feminino usado no singular vem precedido de *a* sem acento, sendo esta palavrinha o artigo, que soa como vogal fechada átona, fonema para o qual não há denotação especial na escrita. Expressões adverbiais desta categoria são: *a primeira vez, a segunda vez* e outras análogas, *a semana passada, a semana próxima* e várias outras que o leitor conhece pela prática e de que há dizeres congêneres em idiomas estrangeiros.[2]

Excepcionalmente encontra-se hoje quem condene como imitação do francês o emprego da preposição *a*, por *de*, em expressões adjetivas do tipo de *barco à vela*. Não se deve tratar de galicismo porque já de longe vem essa sintaxe, conforme atesta Camões, no século XVI: "bateis aa vela entravão e sayão."[3] No Poema grafava-se o *a* aberto de vários modos, entre eles com *aa* do exemplo. Como não se trata da crase, conforme já dissemos, há professores que defendem ser opcional o acento grave: *barco a vela* ou *barco à vela*. Se nas locuções adverbiais e adjetivas do tipo com substantivo feminino singular temos a pura preposição com acento grave, a coerência manda que permaneça o sinal gráfico: *à força, à míngua, à toa, à pressa, à noite, à distância*, etc.

Texto publicado no jornal *O Dia*, em 22/1/2012.

Notas

1 "O acento em á", in *Meios de expressão e alterações semânticas*. Rio de Janeiro: Francisco Alves, 1930.
2 3.ª ed. Rio de Janeiro: Fundação Getúlio Vargas, 1971, p. 9.
3 Luís de Camões, *Os Lusíadas*, V, p. 75.

FORMA E FUNÇÃO DOS PRONOMES OBLÍQUOS

O nosso leitor Marco Aurélio Claudino deseja saber a classe gramatical e a função sintática dos pronomes que entram nas expressões *no-lo* e *vo-lo,* que encontra constantemente na Bíblia, e dá como exemplo "Quem subirá por nós aos céus, que no-lo traga, e no-lo faça ouvir (...)."[1]

Em *no-lo* desta passagem temos aqui o encontro de dois pronomes pessoais oblíquos que integram a complementação dos verbos *trazer* e (fazer) *ouvir.*

Chama-se pronome oblíquo aquele que não funciona como sujeito do verbo. Os oblíquos são: *me, te, se, nos, vos, o, a, os, as, lhe, lhes,* chamados átonos, por oposição aos tônicos, esses sempre acompanhados de preposição: *a mim, a ti, a si, a nós, a vós, a ele (s), a ela (s). O (s)* e *a (s)* funcionam como objeto direto e *lhe (s),* como indireto. *Me, te, se, nos, vos* podem funcionar como complementos diretos ou indiretos, conforme a natureza semântica e sintática do verbo. Assim, em *Ele me viu,* o *me* é objeto direto, porque o verbo *ver* pede objeto direto, isto é, complemento não introduzido por preposição necessária: *Ele viu o vizinho.* Por isso, a língua-padrão pede que se diga *Eu o vi,* e não *Eu lhe vi,* já que *lhe,* nessa variedade idiomática, funciona como indireto. Já em *Ele me escreveu, me* é objeto indireto, como o é em: *Ele escreveu ao vizinho* (e não *o vizinho,* pois aqui o verbo mudou de sentido e de sintaxe para ser sinônimo de "inscrever": *Ele o escreveu no concurso).* Deve-se fugir ao raciocínio errado de que *me* é sempre direto porque não vem introduzido por preposição, enquanto *a mim* é sempre indireto, pela presença da preposição. Todo pronome átono vale o mesmo que o tônico: *me = a mim.* É a natureza semântica e sintática do verbo que diz se na construção o pronome átono ou tônico é direto ou indireto: basta substituir o pronome por um substantivo masculino e se verá ou não a presença da preposição necessária: *Ele escreveu ao amigo/ Ele escreveu o amigo no concurso.*

Pode haver a ocorrência de dois pronomes oblíquos na oração, ambos diferentes complementos do verbo, como no exemplo da Bíblia: "no-lo traga e no-lo faça ouvir". Quando ambos são átonos, como neste caso, o primeiro da combinação é indireto *(nos),* o segundo é direto *(lo = o).* Antes de passarmos à construção dos verbos no referido exemplo, cabe-nos dizer que nessas combinações os pronomes oblíquos átonos podem sofrer alterações de forma, segundo o contexto fonético em que se encontrem. Em *no-lo,* por exemplo, temos a forma *nos* passando a *no* e o pronome *o* representado pela forma primitiva *lo*. O *nos* perde o *s* e a primitiva forma *lo* (do latim *illum*) se mantém. Acontece o mesmo com o advérbio *eis*, *ei-lo*, onde o *s* de *nos* e *eis* é assimilado ao *l* de *lo* e deixa de ser representado na escrita.

O verbo *trazer* em *no-lo traga* está construído como transitivo que se acompanha de dois complementos, um direto (*lo* = a pessoa que subirá aos céus) e outro indireto (*no (s)* = traga a nós). *No-lo faça ouvir* vale por "e faça que *nós* o ouçamos". Na construção da frase bíblica, *no* (s) (= a nós) funciona mais uma vez como objeto indireto, e *lo* como objeto direto.

Tais combinações são mais comuns entre portugueses do que entre brasileiros; mas nem por isso devem ser ignoradas em nossa língua escrita padrão. São potencialidades do idioma que estão a serviço e disposição do usuário. Em crônica publicada em *O Globo*, em 2003, João Ubaldo Ribeiro — a quem não cabe a pecha de gramatiqueiro — reclamava do fato de os brasileiros não utilizarem certas virtualidades idiomáticas, e entre estas, citava a fuga ao emprego de combinações pronominais do tipo de *mo, to, lho*.

Nessa ocasião, Ubaldo toca na importante responsabilidade do escritor de garantir a permanência dos tesouros expressivos da língua. Muitos anos antes de Ubaldo, Machado de Assis, em 1873, referia-se a essa responsabilidade:

> A influência popular tem um limite; e o escritor não está obrigado a receber e dar curso a tudo o que o abuso, o capricho e a moda inventam e fazem correr. Pelo contrário, ele exerce também uma grande parte de influência a este respeito, depurando a linguagem do povo e aperfeiçoando-lhe a razão.

Texto publicado no jornal *O Dia*, em 9/5/2010.

Nota

1   Deuteronômio, 30, 12.

A LÓGICA E O USO EXPRESSIVO DA LÍNGUA

Atento leitor desta coluna, depois de nela ter visto a expressão *erário público*, traz--nos a seguinte pergunta: "Aprendi nas aulas de Direito Constitucional e Direito Administrativo que todo erário é público. Aprendi certo ou errado?" Agradecemos a pergunta de Alberto Esteves, porque nos oferece oportunidade de conversar com ele e com nossos leitores sobre aspectos interessantes da linguagem e do nosso idioma em particular, muitas vezes tachados de impróprios, quando não errados. Entre o indivíduo falante e a comunidade em que se comunica não há somente expressões e construções vazadas em padrões de reflexão e logicidade, mas realizações idiomáticas assentadas em aparentes desajustes do padrão, que vão encontrar sua justificação em recursos retóricos e estilísticos existentes na atividade linguística, como a metáfora, a metonímia, a elipse, o pleonasmo, entre outros recursos. Em casos assim, não se há de buscar razão no domínio da lógica, mas nos largos domínios do impressionismo da atividade idiomática, que o uso registra e que o analista tem de levar em conta, se não quiser falsear sua análise. Como propriedade do homem e da comunidade em que está inserido, tais recursos extraordinários não são moedas da exclusiva pertença das pessoas cultivadas e literatas; antes, pertencem a todos os falantes. Não sem razão, disse certa vez o estilista alemão Karl Vossler que há tão válidos recursos no discurso de um tagarela quanto no imenso oceano literário de um Goethe ou de um Shakespeare.

O termo *erário* procede do latim *aerarium*, derivado de *aes, aeris*, substantivo que significa "cobre", metal utilizado na fabricação de moedas. Designava o edifício em que se guardava o tesouro público. Aplicado no jargão técnico, *erário* dispensa o auxílio do adjetivo *público*. Mas como denominação desse tesouro, isto é, já usado como termo pertencente ao léxico da língua comum, não técnica, aceita perfeitamente o concurso do adjetivo *público*, para que a nossa denominação se torne mais compreensiva àqueles que não são membros do tesouro nacional, ou que não têm implicação mais estreita com ele. É o adjetivo explicitador de uma noção especial da terminologia técnica e, por isso mesmo, pode escapar à compreensão imediata do homem comum. Pela informação correta do nosso consulente, a terminologia do Direito Constitucional e do Direito Administrativo especializou a aplicação da palavra *erário* ao *erário público*, ao *tesouro nacional*, de modo que, nestas circunstâncias, não cabe acrescentar ao substantivo o adjetivo *público*. Já para a linguagem não técnica, o uso dos falantes não leva em conta essa exigência terminológica. Dão testemunho disso os seguintes exemplos, colhidos em nossos melhores escritores:

> Dentre pessoas que se exilavam com o soberano, nem uma deixou de receber o soldo pelo grande sacrifício daquela assaz apressada viagem. E, como eram indivíduos, na sua imensa maioria, de nenhumas posses ou de parcos haveres, cada qual vinha necessariamente abrir um sangradouro nas represas do erário público;[1]

> Lamentava-se, a seu modo: — Dediquei toda a minha vida ao estudo dos feitos históricos do povo baiano. E nunca logrei obter a dotação de uma verba para auxílio do meu trabalho. Fecharam-me sempre as portas do erário público, inclusive na minha luta em prol do ensino em nossa terra;[2]

"[...] e mais a contribuição de cada um destes [habitantes] para o erário público";[3] "[...] esbanjador do erário público [...]";[4] "[...] vantagens para o erário público e se comprometiam a manter [...]".[5]

Em resumo: estamos diante do emprego de *erário* em terminologia técnica, em que significa "erário público", "tesouro nacional" e de *erário* no léxico comum, em que pode ser explicitado com a presença do adjetivo *público*. Não se trata de casos de esquecimento etimológico do substantivo, como em *hemorragia de sangue, decapitar a cabeça*. A referência a sangue e a cabeça está contida em *hemorragia* e *decapitar*, respectivamente. Sem levar em conta a expressividade de muitas expressões correntes na variante formal da língua, tem injustamente caído sobre elas onda de excessivos logicismos, que convém evitar.

A indagação de nosso leitor sobre a correção do uso de *erário público* nos abriu a oportunidade de conversarmos um pouco sobre o uso de logicismo sobre expressões corretas e correntes na variedade formal do idioma e, por isso mesmo, agasalhadas pelos nossos melhores escritores, antigos e modernos. A crítica nasce porque tais expressões carregadas de ênfase são analisadas exclusivamente pelas lentes de um logicismo ditado pelo tradicional racionalismo, quando o idioma, criação e expressão de seus utentes, trabalha e espelha também outros recursos afetivos comuns à dimensão da linguagem humana. A lógica não é o alicerce primário da linguagem e os seus critérios não são suficientes para esclarecer e analisar as criações desse afetivo domínio idiomático. Um grande linguista já disse que a língua não é lógica nem ilógica, mas alógica, isto é, se rege por uma lógica particular.

São agasalhadas pelos melhores escritores as expressões que tais críticos condenam, como *sorriso nos lábios; certeza absoluta; metades iguais; outra alternativa; amanhece o dia; gritar alto; todos foram unânimes; encarar de frente; elo de ligação; como, por exemplo.*

Humberto de Campos, *O monstro e outros contos*: "De um arranco, pulando sobre o parapeito, estava 'Catimbau' escanchado no seu cavalo castanho, *o sorriso nos lábios*, um brilho estranho nos olhos, o laço enrodilhado no arção."; Antônio

Olinto, *O menino e o trem*: "Quis saber como era, tinha um *sorriso* permanente *nos lábios?*"; Joaquim Manuel de Macedo, *Rio do quarto*: "Quantos homens, ainda mesmo na flor da idade, não vão à igreja, de dia com a cabeça erguida, com o *sorriso nos lábios*, dar a mão de esposo a mulheres velhas e feias, que só se recomendam pela riqueza que devem levar a seus maridos?"; Coelho Neto, *Inverno em flor*: "Sarita, baixinho, o *sorriso nos lábios*, indagava dos motivos da tristeza súbita que acometera."

Machado de Assis, *Relíquias de casa velha*: "Quer *certeza absoluta*? perguntei."; Diná Silveira de Queirós, *A sereia verde*: "Tem certeza. *Certeza absoluta* de que amanhã cairei em seus braços, inevitavelmente, logo que Luís partir..."; João Ubaldo Ribeiro, *O sorriso do lagarto*: "Tinha certeza, *certeza absoluta* de que João fora morto por obra de Ângelo Marcos, ao se descobrir enganado — não sabia como, mas fora."

Dalton Trevisan, *Capitu sou eu*: "Depois, a blusa — *duas metades certinhas* de limão verde."; Dalton Trevisan, *O vampiro de Curitiba*: "Sempre nova a descoberta dos pequenos seios, *duas metades exatas* de limão — e precipitou-se para beijá-los."

Aurélio de Lira Tavares, *Temas de nosso tempo*: "De qualquer forma, não há nenhuma *outra alternativa* para fazer face às dificuldades com as quais se defrontam, pelos mesmos motivos, todos os países consumidores de petróleo [...]"; Prado Júnior, *Formação do Brasil contemporâneo*: "Não havia aliás *outra alternativa*, que as condições econômicas e sociais da colônia não proporcionavam."; Viana Moog, *Uma jangada para Ulisses*: "Dar-se-ia então o caso de que não me restasse *outra alternativa* senão cumprir a promessa da notícia, à maneira como se cumprem as profecias?"

Gustavo Barroso, *Alma sertaneja*: "Mal o *dia amanheceu*, preveniram o coronel que o Azulão estava ali [...]"; Lúcio de Mendonça, *Esboço e perfis*: "Aquele *dia amanheceu*, pois, para Ângelo às oito horas; mas que amanhecer luminoso!"

Afonso Arinos, *O mestre de Campos*: "Um deles, instintivamente, *gritou com voz forte*: — Quem vem lá?"; Monteiro Lobato, *Caçadas de Pedrinho*: "Súbito, o Visconde, que ia na frente de binóculo apontado, *gritou com voz firme*: — A onça!..."

Antônio Houaiss, *Sugestões para uma política da língua*: "— Somos, pois, *todos unânimes* em reconhecer que as diferenciações existentes entre o português do Brasil e o de Portugal, bem como as diferenciações dialetais dentro do português do Brasil ou dentro do português de Portugal, não são bastantes para quebrar a unidade linguística comum [...]"; Jorge Amado, *Os pastores da noite*: "Discordando muito uns dos outros, mas *todos unânimes*" em considerar verdadeiro absurdo essa história de um orixá ser padrinho de batismo de uma criança... África."

Machado de Assis, *Iaiá Garcia*: "A primeira foi uma história da guerra, que deixou por mão, desde que *encarou de frente* o monte de documentos que teria de compulsar, e as numerosas datas que seria obrigado a coligir."; Paulo Setúbal, *O príncipe de Nassau*: "O madeirense *encarou de frente* a situação."; Paulo Setúbal, *As maluquices do Imperador*: "A Inglaterra, sempre fria e utilitária, *encarou de frente* a situação."

Machado de Assis, *Contos fluminenses*: "Não afirmo que entre as duas fases da existência de Luís Soares não houvesse algum *elo de união*, e que o emigrante das terras de Gnido não fizesse de quando em quando excursão à pátria."; Mário de Andrade, *Pequena história da música*: "Debussy, verdadeiro *elo de ligação* entre o romantismo e a atualidade, na estética e na técnica resumindo todo o passado romântico e apontando bastante a orientação dos modernos, deu o golpe de graça na tonalidade."

Ainda hoje vamos nos deter em expressões correntes no idioma sob a chancela de nossos melhores escritores, mas que o excesso de logicismo de severos críticos tem posto no banco dos réus e passam a ser injustamente substituídas ou eliminadas. Não se trata aqui de defender maus empregos de palavras do tipo de *espernar com as pernas* ou *hemorragia de sangue* ou *decapitar a cabeça*, por esquecimento de que sangue e cabeça já estão aludidos nos verbos respectivos. Casas comerciais e propagandas de restaurantes e pizzarias passaram a evitar a tradicional fórmula idiomática *entrega a domicílio*, desbancada pela considerada mais lógica e correta *entrega em domicílio* quando não pela desnecessária *delivery*. É fácil atentar para a razão do conserto. O verbo *entregar* pede a preposição *a* junto a pessoa a quem se entrega (Entregou o jornal *ao* vizinho), e a preposição *em* quando a entrega se faz no local (Entregou o jornal *na* casa do vizinho). Ocorre que também se podem juntar as duas noções: Entregou o jornal *ao* vizinho *em* sua residência. Ora, como avulta sempre a entrega da mercadoria a alguém, por uma elipse, o falante melhor se satisfaz com uma figura de linguagem chamada metonímia, pela qual reduzem, numa operação mental, as duas noções (*ao vizinho* e *na sua residência*), àquela que considera a mais importante desse jogo expressivo. Dessa economia de linguagem resulta a vitoriosa *Entrega a domicílio*. E é *entrega a domicílio* a expressão mais antiga no idioma e que se registra nos escritores: Fernando Sabino, *A inglesa deslumbrada*: "Até que, um dia, chegou de Portugal o marido da minha cozinheira, este realmente, um mestre lisboeta do pente e da tesoura. E com a vantagem de vir executar o serviço *a domicílio*."; José Cândido de Carvalho, *Porque Lulu Bergantim não atravessou o Rubicom*: "Chegou, ficou um par de dias na casa da prima de Barbirato, valsou com ela na sala de visitas, pisou luar em sua companhia, encaixou dois poréns no ouvido da menina e voltou, no trem das 7, para seu negócio de representante *a domicílio* no Laboratório Almeida Guedes."; Álvaro Moreira, *As amargas, não...*: "Sanatório, não. Bastam os Campos de Jordão, mais perto, que fornecem frio *a domicílio* em qualquer tempo do ano..."; Ferreira Gullar, *Vanguarda e subdesenvolvimento*: "Deve-se buscar também nessa produção em massa de histórias — iniciada com os folhetins de *entrega a domicílio*, mais tarde com os folhetins de jornal — a causa de algumas importantes transformações na técnica narrativa [...]."

Mais complexa, porém não menos interessante, é a explicação para entendermos a sem-razão da rejeição que modernamente se tem feito entre brasileiros à tradicional advertência *perigo de vida*, que se quer desbancada pela expressão *perigo de morte*, também correta, ouvida e lida vitoriosa na mídia. Para bem entendermos esse interessante fato semântico, temos de recordar uma preciosa lição do teórico Eugenio Coseriu acerca da distinção que se deve fazer na terminologia científica da linguística entre os três tipos de conteúdo: o *significado*, a *designação* e o *sentido*. Entende-se por significado o conteúdo dos signos e das construções de uma língua; a designação é a referência à realidade ou à situação extralinguística como pensada e nomeada por esses signos e construções da língua, isto é, pelos significados dados pela língua; e o sentido é o conteúdo que corresponde à intenção ou ao objetivo comunicativo do discurso, do nosso texto. Tomemos um exemplo da nossa atividade linguageira cotidiana: *Bom dia!* O significado de *bom* neste contexto não é o mesmo de *bom* dada no dicionário em *bom rapaz*; usamos de *bom dia!* ainda que esteja chovendo. *Bom dia!* tem aqui uma unidade de sentido do discurso em texto que se usa como cumprimento matinal entre pessoas que se encontram pela primeira vez nessa manhã. Entendida a distinção entre significado e sentido, estaremos habilitados a perceber que têm *significados* de língua diferentes — e até opostos! — *vida* e *morte*, mas que entram em expressões de discurso com o mesmo *sentido*, isto é, a mesma intenção comunicativa, e vale dizer que *perigo de vida* e *perigo de morte* são discursos ou textos que aludem a uma mesma situação de periculosidade a que alguém está exposto, se não tomar as precauções devidas. Em outras palavras: são discursos equivalentes quanto ao *sentido*, mas construídos com signos linguísticos não sinônimos (vida/morte), isto é, sem o mesmo significado. A opção por usar *vida* ou *morte* vai depender da norma ou uso normal em cada comunidade linguística. Entre brasileiros aparece documentado no primeiro dicionário monolíngue da língua portuguesa, o de Morais (Antônio de Morais Silva), de 1789. O *Vocabulário português e latim*, de Bluteau, que serviu de fonte ao Morais, no volume editado em 1720, registra "pôr-se a perigo de vida, perder a vida", mas faz acompanhar das equivalentes latinas *vitae* ou *mortis periculum adire* ou *subire*, que atribui a Cícero. A norma em alemão prefere *vida* (*Lebensgefahr*), enquanto portugueses, embora estes também conheçam *vida*, espanhóis, italianos e franceses preferem *morte*: *perigo de morte, peligro de muerte, pericolo di morte, danger de mort*. Machado de Assis preferia *perigo* ou *risco de vida*: "Se não fosse um homem que passava, um senhor bem vestido, que acudiu depressa, até com *perigo de vida*, estaria morto e bem morto", "— Nada? Replicou alguém. Dê-me muitos desses nadas. Salvar uma criança com risco da própria vida..." (*Quincas Borba*); "[...] impossível a quem não fosse, como ele, matemático, físico e filósofo, era fruto de dilatados anos de aplicação, experiência e estudo, trabalhos e até perigos de vida [...].", "Tu não tens sentimentos morais? Não sabes o que é justiça? Não vês que me esbulhas descaradamente? E não percebes que eu saberei defender o que é meu, ainda com risco de vida?" (*Páginas avulsas*).

Condenar *perigo de vida* em favor de *perigo de morte* é empobrecer os meios de expressão do idioma, que conta com os dois modos de dizer, além de desconhecer a história do seu léxico, em nome de um descartável fundamento lógico.

Nota: Todos os exemplos citados nos três últimos artigos foram extraídos do Banco de Dados da Literatura Brasileira dos séculos XIX a XXI da ABL.

Texto publicado no jornal *O Dia*, em três partes:
20/11/2011, 27/11/2011 e 4/12/2011.

Notas

1. Goulart de Andrade, *Sementeira e colheita*, p. 110.
2. Herberto Sales, *Dados biográficos do finado Marcelino*, p. 98.
3. Roberto Simonsen, *Ensaios sociais, políticos e econômicos*, p. 154.
4. Dias Gomes, *Apenas um subversivo*, p. 187.
5. Luís Viana Filho, *O negro na Bahia*, p. 36.

Valor evocativo da grafia

O sistema ortográfico de uma língua fixa, entre outras, regras para emprego adequado e corrente das letras representativas dos fonemas na escrita, da vestimenta das palavras e, nestas, do uso das maiúsculas e minúsculas iniciais. Tomamos conhecimento dessas normas ainda em tenra idade, os primeiros momentos de nosso contato com o código escrito, normas a que, de modo geral, obedecemos pela vida fora. Existe, assim, um modo corrente no uso escrito dos princípios ortográficos vigentes, como há um modo normal de proferir as palavras, grupo de palavras e as frases quando falamos. Todavia, na tentativa de conseguir maior expressividade, conhece todo utente de uma língua os caminhos que devem ser percorridos para alcançar seus intentos. São essas razões estilísticas que motivam o falante ou escritor a afastar-se dos padrões correntes do falar e do escrever, razões que se revestem de diferentes potencialidades, de acordo com o conhecimento que cada um de nós possui desse instrumento coletivo admirável que se chama *língua*. Quase não há domínio do idioma que não ofereça ao utente recurso para atingir essa expressividade: o material sonoro da língua, a grafia, a morfologia, a sintaxe, a semântica, o léxico.

Essas considerações vêm-me à lembrança e as comento aqui por ter sido eu levado a responder, em recente entrevista, a perguntas desse teor: se grafias, usadas na linguagem da propaganda, do tipo *Prátika*, *Xou da Xuxa* e quejandas, poderiam ser permitidas, e, em caso afirmativo, se tais usos não poderiam confundir crianças e adultos envolvidos no aprendizado da ortografia oficial do português.

Na realidade, o questionamento envolve dois problemas diferentes: o aprendizado da ortografia e a liberdade do utente de buscar recursos expressivos para sua mensagem. O aprendizado está apoiado em princípios que pretendem harmonizar, na vestimenta das palavras, a realidade fonética e a etimologia, isto é, a história da palavra nos casos em que pode ser cientificamente averiguada e analisada. Para a maioria das pessoas tais princípios são fortalecidos pela prática de ver as palavras escritas corretamente ou, em outros termos, pela memória visual. Daí os preceitos didáticos que consistem em colocar o educando em permanente contato com o diálogo escrito pela atividade inteligente e produtiva da leitura, do ditado, da cópia e de outros exercícios.

Outro aspecto, diferente do anterior, é a liberdade criativa do utente de aproveitar procedimentos já postos em prática desde muito tempo ou de criação inédita com vista a envolver a palavra em nova atmosfera que apela para a receptividade e pronta aceitação de seu semelhante. O psicólogo e linguista austríaco Karl Bühler chamou funções de exteriorização psíquica e de apelo àqueles recursos linguísticos que visam a emocionar e a sugestionar nosso interlocutor, ao lado da função intelectiva ou de comunicação de ideias. Os sistemas ortográficos que distribuem, por exemplo, o emprego da letra inicial maiúscula para certos casos de individualização (entre outros, os nomes próprios), criam entre os utentes a ilusão do prestígio da letra maiúscula, ilusão que é responsável por afirmações deste tipo: *F é um Professor com p maiúsculo*. O simbolismo gráfico vale para distinções semânticas: *Ele estuda Direito / Ela estuda direito*, onde se separa a profissão do fato de estudar corretamente.

A literatura em prosa e verso tira partido dessa distribuição de maiúsculas e minúsculas, como fizeram, entre outros, os simbolistas. Os alemães, pelo sistema ortográfico vigente, escrevem com maiúscula inicial todos os substantivos, quer próprios, quer comuns. Mas muitos escritores se rebelam contra essa norma porque desejam assentar distinções semânticas num ou noutro caso, distinções que não podem ser levadas a cabo dentro do uso oficial.

Além da letra maiúscula há certo desejo de transformar a representação gráfica da palavra em verdadeiros ideogramas; é o que ocorre com certas pessoas que defendem *lágryma* com *y* porque essa letra traduz melhor o rolar das lágrimas pela face. Vitor Hugo dizia que *U* é a *Urna*, assim como *V* é *Vaso*. Li, se não me falha a memória, em Humberto de Campos, que conhecera um embarcadiço que quando viajava mandava os telegramas à família.

O curioso é que o telegrama só continha a assinatura, ora *Matoso*, ora *Mattoso*, ora *Matttoso*. Indagado sobre o fato, justificou que o telegrama custava caro, e assim a longa notícia de sua viagem e de sua demora ficava traduzida no número de tês do seu nome próprio. *Matoso*, com um *t*, significava que o navio em que estava trabalhando só tinha uma chaminé, era pequeno, a viagem estava sendo feita com lentidão e que o retorno ao lar levaria mais tempo. *Mattoso*, com dois tês e *Matttoso*, com três tês, têm mensagens tão evidentes, depois da primeira explicação, que acredito não precisar deter-me nelas...

A forma da palavra também pode passar por uma análise mórfica diferente daquela que faria um técnico. Saussure fala disso ao tratar, no *Curso de linguística geral*, da análise objetiva do linguista. Está claro que o mestre suíço não pensava em exemplos iguais aos desses de que trato aqui. É o caso das casas comerciais que dizem que estão em *liqui-dando* (em vez de *liquidando*), procurando anunciar que os preços estão bem baixos, como se as mercadorias antes estivessem sendo dadas que vendidas. Há anúncios de apartamentos de quarto e sala *se-pa-ra-dos*, em que a grafia procura reforçar a ideia de que se trata MESMO de dois cômodos, e não de um só que, com jeitinho, pode ser dividido em dois.

Enquadram-se nessas liberdades expressivas formas como *Prátika, Xou da Xuxa* e outras do mesmo jaez. Permitida é a prática, só que diante delas o professor de língua tem de distinguir, junto ao aluno inexperiente, os dois usos de que falamos neste artigo. Querer que o aluno por "dá cá aquela palha" saia usando desses artifícios é o mesmo que começar por ensinar-lhe andar de bicicleta soltando as mãos do guidão ou ficando em pé no selim.

Texto publicado no jornal *Mundo Português* e na revista *Na Ponta da Língua*, originalmente em 4/10/1991.

Me diga isto ou *Diga-me* isto

Consulente atento aos fatos da língua nos pergunta se pode empregar *Me diga isto* ou *Diga-me isto*. Podemos começar por dizer que as duas construções são válidas, porque pertencem a duas tradições vigentes e correntes em nossa língua. Como diversos fatos da língua, a colocação de pronomes se apresenta diversificada conforme se use em circunstâncias de coloquialismo ou informalidade, isto é, entre pessoas de nossa intimidade, ou entre pessoas de cerimônia, com quem se deve falar ou escrever de acordo com as normas-padrões do chamado uso formal ou exemplar, em obediência às normas da gramática escolar, dita gramática normativa.

Coloquialmente, pode-se começar período por pronome átono, vale dizer, podemos dizer *Me diga isto*, e até se pode fazê-lo por escrito, quando se trata de ambiente de informalidade entre escritor e leitor. As crônicas, que, em geral, são conversas amenas entre esses dois personagens, nos dão muitos exemplos desta colocação de pronomes. Já em circunstâncias formais, a regra é nos conformarmos com as normas gramaticais, que, é verdade, não são muitas nem complicadas. Para os que desejarem conhecê-las, vamos aqui enumerá-las:

1) Não se inicia período por pronome átono:

Diga-me isto.
Dê-me água, me pediu (ou *pediu-me*) *a criança.*

Em *me pediu a criança*, não se está começando o período, mas oração, o que está correto.

2) Não se põe pronome átono depois de verbo flexionado em oração subordinada:

Vejo que me olhas com desconfiança.
O livro que lhe emprestei está esgotado.
O professor já saiu porque o chamaram pelo microfone.

3) Não se põe pronome átono depois de verbo modificado por advérbio de negação ou precedido de palavra de sentido negativo:

> *Não te digo nada.*
> *Ninguém a viu.*
> *Nada nos interessa.*

4) Não se põe pronome átono depois de verbo no futuro do presente e no futuro do pretérito (condicional):

> *Eu lhe direi a verdade.*
> *Você lhe diria se soubesse.*

5) Não se põe pronome átono depois de verbo precedido de palavra interrogativa ou exclamativa:

> *Quem o viu zangado?*
> *Quanto me custa dizer não!*

Texto publicado no jornal *O Dia*, em 6/2/2011.

Primos ricos e pobres da língua

Há na língua portuguesa — e o fato não é desconhecido em muitíssimas outras — palavras que ostentam a possibilidade de se apresentar com mais de uma forma, enquanto outras, ao contrário, não gozam de todos os elementos do paradigma a que, a rigor, teriam direito. As primeiras — verdadeiros primos ricos da língua — chamam as gramáticas *abundantes* e as segundas, *defectivas*.

Os verbos, que são a classe de palavras mais rica de flexões, encerram a maioria desses abundantes e defectivos. Entre os primeiros estão verbos como *comprazer* e *descomprazer*, *construir* e derivados, *haver* e alguns outros que apresentam duplicidade de flexão. *Comprazer* e seu grupo fazem, no pretérito perfeito do indicativo, *comprazi, comprazeste, comprazeu,* etc. ou *comprouve, comprouveste, comprouve,* etc. Também no mais-que-perfeito temos *comprazera* ou *comprouvera*; no imperfeito do subjuntivo *comprazesse* ou *comprouvesse*; e no futuro do subjuntivo *comprazer* ou *comprouver*.

Entre os particípios é que as formas abundantes ocorrem com mais frequência, havendo uns que ostentam três variantes: *aceitado, aceito* e *aceite*; *assentado, assento* e *assente*; *expulsado* e *expulso*, e tantos.

No artigo de hoje nos circunscreveremos aos verbos defectivos, isto é, aos defeituosos, que não apresentam flexão completa em relação ao seu paradigma. As gramáticas listam os principais verbos defectivos e é importante prestar-lhes atenção para que não se cometam deslizes na sua flexão, conjugando-os em formas que faltam ao respectivo paradigma. Dois verbos desse tipo, muito usuais, são *reaver* e *precaver*, que aparecem assim flexionados: *reavenho, reavéns, reavém, reavemos, reaveis, reavêm*; *precavenho-me, precavéns-te, precavém-se, precavemo-nos, precavei-vos, precavêm-se*, como se fossem derivados de *vir* ou *ver*, respectivamente. Esses verbos nada têm a ver com tais primitivos; *precaver* é um derivado do verbo latino *cavēre*, supino *cautum*, donde procedem *caução, precaução*, etc. *Reaver* é derivado de *haver*, mas só se conjuga nas formas em que o primitivo tem o fonema *v*. A verdade é que, como defectivos, só possuem as formas arrizotônicas, isto é, aquelas cuja sílaba tônica está fora do radical. No caso em questão só tem as formas de 1.ª e 2.ª pessoas do plural, no presente do indicativo; portanto são conjugados, no presente, assim: *reavemos, reaveis; precavemo-nos, precavei-vos*.

Não havendo a 1.ª pessoa do presente do indicativo, não haverá todo o presente do subjuntivo; destarte, não poderemos usar esses verbos em frases do tipo: É bom que *reavenhamos* ou *reavejamos* o tempo perdido ou Vale a pena que nos *precavenhamos* ou *precavejamos* contra os assaltantes.

A saída para o falante reside no substituir as formas desusadas ou inexistentes dos defectivos por formas dos verbos sinônimos que possuam pleno o seu paradigma. No caso de *reaver* e *precaver(-se)* usaremos, por exemplo, *recuperar* e *acautelar(-se)*, respectivamente: É bom que recuperemos o tempo perdido. Vale a pena que nos acautelemos contra os assaltantes.

No imperativo afirmativo teríamos apenas *reavei* e *precavei*, faltando-lhes o imperativo negativo que, como sabemos, tem suas formas emprestadas ao presente do subjuntivo. No restante, tais verbos têm todas as formas; no pretérito perfeito: *reouve, reouveste*, etc. (como *houve, houveste*, etc.) e *precavi, precaveste, precaveu*, etc.; no pretérito imperfeito: eu *reavia* (como *havia*), *precavia*, etc.; no futuro do presente: *reaverei, precaverei*, etc.

A proximidade material ou formal de *reaver* e *precaver* com *vir* e *ver* tem feito com que muita gente e, neste rol, muitos escritores de renome caiam na cilada da analogia e os tenham empregado em formas que faltam ao paradigma. Mário Barreto,[1] grande mestre do vernáculo, colheu o seguinte exemplo de Camilo Castelo Branco, fecundo e excelente escritor cujo centenário de morte Portugal e Brasil vêm comemorando com muita justiça: "*Precavém-te sempre, meu Felipe.*"[2] Neste passo, Camilo usou *precavém* na 2.ª pessoa do singular do imperativo, por falsa semelhança com o verbo *vir* quando, conforme vimos, *precaver* só tem, no imperativo, a 2.ª pessoa do plural, uma vez que a forma para a 2.ª pessoa do singular sairia, com a necessária adaptação, da correspondente pessoa do presente do indicativo, a qual não existe.

Constantemente, a conjugação de um verbo considerado como defectivo pelas gramáticas escolares nos surpreende e nos deixa em dúvida. Foi o que aconteceu, segundo nos informa um jornal, na última reunião ministerial, durante a qual teria dito o nosso Presidente: "Precisamos cuidar disso [isto é, do descontrole dos preços] antes que a situação rua."

Informa-nos o mesmo jornal que o Senhor Presidente hesitou por um instante e perguntou se tinha conjugado corretamente o verbo *ruir*, ao que alguém respondeu: "Como veio do Presidente, deve estar certo."

Há milênios têm-se repetido cenas iguais em reuniões deste nível, com a mesma saída cômoda de quem serve à autoridade. Por exemplo, o historiador Suetônio, que viveu aproximadamente entre os anos de 75 a 160, conta-nos em *De grammaticis et rhetoribus* que o gramático Marco Pompônio Marcelo certa feita estranhou uma palavra usada num discurso do imperador romano Tibério, o que levou Ateio a sair em defesa da autoridade, dizendo que a palavra empregada era realmente latina e, se não o fora, passaria a sê-lo daquele momento em diante. O crítico foi veemente: "Ateio mente, e tu, César, podes dar a cidadania romana aos homens, mas não podes impor-lhes uma palavra."

Teria razão de ser a perplexidade do Presidente quanto à forma empregada de *ruir*, já que o verbo é apontado, na maioria das gramáticas, como defectivo?

É o que deixaremos para comentar em próximo artigo, na viva esperança de que o Senhor Presidente, sem deixar de controlar a gramática, não permita o descontrole dos preços.

Mário Barreto, com a competência que todos lhe reconhecemos, ensina-nos, acerca dos verbos defectivos, o seguinte:

> A Morfologia não tem leis especiais para excluir de sua formação total nenhum dos verbos que se têm por defectivos. Nenhuma lei de estrutura se opõe a que se forme *abole, colorem, pule, bane, dele* (com *e* tônico aberto), *demulo*. O empregá-los numa forma e deixar de empregá-los noutra é coisa que toca ao *uso*.³

As formas lembradas por Mário Barreto dão-nos boa mostra de como o uso pode restabelecer certas formas que outrora faltaram e, assim, caracterizavam o verbo como defectivo. *Abolir*, por exemplo, nas gramáticas portuguesas mais antigas, só era conjugado, no presente do indicativo, na 1.ª e 2.ª pessoas do plural: *abolimos* e *abolis*. Hoje, os compêndios ensinam que, no mesmo tempo verbal, só lhe falta a 1.ª pessoa do singular, conjugando-se integralmente nas demais: *aboles, abole, abolimos, abolis, abolem*. Daí a exemplificação *abole* do ensinamento anteriormente transcrito de Mário Barreto.

Nas mesmas condições estão os verbos *colorir, banir, delir* e *demolir*, e antigamente, no presente do indicativo, segundo as mesmas gramáticas, só tinham *colorimos* e *coloris, banimos* e *banis, delimos* e *delis, demolimos* e *demolis*. Hoje, como *abolir*, só lhes falta aí a 1.ª pessoa do singular: *colores, colore, colorimos, coloris, colorem; banes, bane, banimos, banis, banem; deles, dele, delimos, delis, delem; demoles, demole, demolimos, demolis, demolem*.

O verbo *polir*, este saiu modernamente do grupo dos defectivos (e por isso, outrora, só se conjugava no presente do indicativo, *polimos* e *polis*) e ostenta uma conjugação plena: *pulo, pules, pule, polimos, polis, pulem*.

Cabe aproveitar a ocasião para relembrar um ponto de derivação verbal já aludido no artigo anterior, isto é, que os verbos que não têm a 1.ª pessoa do presente do indicativo estão desprovidos de todo o presente do subjuntivo; por isso, não se há de construir frase do tipo: *Espero abulam as injustiças, que coloram estas figuras, que banamos os crimes*. Falta-lhes, outrossim, todo o imperativo negativo, e do afirmativo só existe a 2.ª pessoa do plural. *Delir*, hoje pouco usado, significa "apagar", "destruir", "desmanchar", "desfazer".

Não resta dúvida de que um ou outro compêndio ou dicionário da língua ensine de modo diferente a conjugação de alguns desses defectivos, mas à medida que o uso vai autorizando, pelo exemplo exarado nos bons escritores e nas pessoas que timbram em falar corretamente, as formas outrora inexistentes, é dever dos gramáticos acolher as inovações consubstanciadas por uma larga frequência.

Chegou o momento de indagar a razão ou razões da defectividade verbal: por que tais formas são banidas de uso? Para os defectivos propriamente ditos poderemos apontar duas razões consideradas de muito peso: a *eufonia*, isto é, a necessidade de fugir a formas desagradáveis ao ouvido, e a *homonímia*, vale dizer, a fuga a formas materialmente parecidas com outras de modo que daí resulte confusão ou equívoco de significado. Estamos vendo que tais razões têm grande dose de fragilidade, porque a *eufonia* é critério muito subjetivo (o que é desagradável a uma pessoa ou a um momento da história da língua pode não ser para outra pessoa ou para outra época) e a *homonímia* quase sempre é desfeita na língua pelo contexto em que agem emissor e receptor. Daí haver sempre discordâncias entre as recomendações dos gramáticos e a prática efetiva dos utentes do idioma, isto ocorre no português e se repete em outras línguas. No tocante à eufonia, se se considera *coloro* forma não conjugável (1.ª pessoa do singular do presente do indicativo de *colorir*), já não se atenta para a dissonância de *coloro* do verbo *colorar*. É tempo de dizer que os verbos defectivos se aninham em geral na 3.ª conjugação.

Por outro lado, há verbos defectivos que, em determinadas fases da sociedade, se tornam peças indispensáveis à expressão. Por exemplo, nos tempos modernos, em que o patrimônio individual está constantemente ameaçado por leis despóticas ou por assaltantes em plena via pública, verbos como *precaver* e *reaver* acodem ao prejudicado com muita facilidade e, nestas circunstâncias, a defectividade tornar-se-ia um tropeço à expressão se a vítima não mandasse às urtigas a recomendação da gramática. É o desvio por necessidade expressiva.

A circunstância em que o Senhor Presidente usou da forma *rua* durante a reunião ministerial está nesta ordem de ideias. *Rua*, 3.ª pessoa do singular do presente do subjuntivo, constitui forma homonímica do substantivo *rua* "via" e, por isso, deve ter provocado a perplexidade do Presidente. Em geral, os gramáticos não mandam conjugar o verbo *ruir* nas formas em que depois de *u* venha *o* ou *a*; assim, no presente do indicativo, não existiria a 1.ª pessoa do singular (*ruo*) e todo o presente do subjuntivo (onde estaria o *rua* presidencial). Todavia o verbo *ruir*, entre os bons mestres da língua, não tem sua defectividade plenamente assentada. A maioria assim o considera; mas um bom e conceituado filólogo e gramático, muito lido nos autores clássicos antigos e modernos, o professor Cândido Jucá (filho), no seu prestimoso *Dicionário escolar das dificuldades da língua portuguesa*, considera *ruir* verbo conjugável em todas as suas formas: *ruo, ruis, rui, ruímos, ruís, ruem*.

Havendo a 1.ª pessoa do presente do indicativo, haverá todo o subjuntivo presente e, destarte, o *rua* presidencial estará perfeito segundo o ensinamento do inesquecível Mestre Jucá.

Se o leitor arguto atentou para o que escrevi linhas acima ("Para os defectivos propriamente ditos..."), estará a esta altura perguntando se há defectivos impropriamente ditos, e eu lhes respondo que sim. A tradição gramatical — portuguesa e estrangeira — também tem considerado como defectivos os verbos *impessoais* (isto é, os sem sujeito, por isso, só usados na 3.ª pessoa do singular) e os *unipessoais* (só usados na 3.ª pessoa do singular ou plural, a concordar com seu sujeito). Modernamente alguns linguistas (entre nós, o professor J. Mattoso Câmara Jr.) recomendam que não se incluam entre os defectivos esses *impessoais* e *unipessoais*.

Na realidade, são bem diferentes as razões que levam à defectividade verbal daquelas que, semântica ou sintáticas, exigem que os impessoais ou unipessoais se usem apenas nas terceiras pessoas.

> Texto publicado no jornal *Mundo Português* e na revista *Na Ponta da Língua*, originalmente em duas partes: 14/6/1991 e 28/6/1991.

Notas

1   *Novíssimos estudos da língua portuguesa*, p. 339.
2   *Estrelas funestas*, p. 218.
3   *De gramática e de linguagem*, tomo 2.º, 1922, p. 10.

Da latinidade à lusofonia

Um dos caminhos menos formais de se entrar na história da língua portuguesa como veículo da lusofonia, sem empanar o rigor do método histórico e linguístico-filológico da disciplina científica, é penetrar na mensagem extraordinariamente feliz contida no soneto de Olavo Bilac em honra e ufania do nosso idioma:

Língua portuguesa

Última flor do Lácio, inculta e bela,
És, a um tempo, esplendor e sepultura:
Outro nativo, que na ganga impura
A bruta mina entre os cascalhos vela...

Amo-te, assim, desconhecida e obscura,
Tuba de alto clangor, lira singela,
Que tens o trom e o silvo da procela,
E o arrolo da saudade e da ternura!

Amo o teu viço agreste e o teu aroma
De virgens selvas e de oceano largo!
Amo-te, ó rude e doloroso idioma,

Em que da voz materna ouvi: "Meu filho!"
E em que Camões chorou, no exílio amargo,
O gênio sem ventura e o amor sem brilho![1]

Flor do Lácio

Cabe primeira referência à "Flor do Lácio", mediante a qual nosso poeta alude à origem latina do português. O Lácio era uma pequena e desvalida região às margens do rio Tibre, povoada por humildes pastores que lutavam para vencer as dificuldades oferecidas por uma terra pantanosa e insalubre. Esta condição de comunidade rural vai deixar marcas profundas no léxico do latim, como veremos mais adiante.

Nessa época a Península Itálica agasalhava povos das mais variadas origens indo-europeias, como o osco e o umbro, e não indo-europeias, como os etruscos. O latim era um modesto dialeto de pastores que fundaram Roma e que viviam numa pequena região do Lácio, às margens do rio Tibre, cercados pelos dialetos itálicos e pelo etrusco. Estes pastores tiveram de lutar para vencer dificuldades advindas de uma terra insalubre e pantanosa e, a pouco e pouco, foram dominando as comunidades vizinhas e se preparando para o grande destino que desempenhariam no futuro do mundo ocidental. Mas antes de chegar a este apanágio, veículo dos encantadores discursos de Cícero, da heroicidade descrita por Virgílio, dos tons plangentes de um Horácio ou das juras amorosas de um Catulo, o latim era um modesto veículo do conteúdo de pensamento de humildes pastores, condição refletida no seu vocabulário ligado à terra e à fertilidade do solo. Marouzeau, latinista francês dos melhores, nos apresenta vários exemplos disto: *arbor felix* ("árvore feliz") é aquela que produz frutos; a honestidade do homem se chama *homo frugi* ("de boa produção"), passando ao significado moral de probidade; ou então é comparado ao animal de bom preço que se destaca do rebanho: *homo egregius*; a decadência do homem é comparada ao fruto que cai: *homo caducus* (de *cadere* "cair"); ao ato de enganar-se dizia-se *delirare*, que significava originariamente "sair do rego, do sulco", que em latim se chamava *lira* (*delirare*, "semente que caiu fora da lira"); o que se debate pelo direito ao mesmo canal de irrigação é o *rivalis* (= port. *rival*, derivado do latim *rivus*, "rio"). Até palavras que servem à prática da vida literária têm origem rural; é o caso, por exemplo, de *escrever*, latim *scribere*, que significa "gravar", "fazer uma incisão"; o ato de *falar, o discurso*, se dizia *sermo*, de *serere* "entrançar"; *ler* se dizia em latim *legere*, que significava "colher".

Mas às vezes a explicação exige análise mais profunda. É o caso de se dar como exemplo de palavra da língua comum de origem da atividade rural o termo *pecus* "gado" que dá o derivado *pecunia*, com o significado de "dinheiro". É um dos exemplos de Marouzeau, que se vê repetido noutras ocasiões. Ora, Émile Benveniste, um dos maiores linguistas deste século, mostrou à saciedade que *pecus* significou originariamente "o conjunto da posse móvel privada, tanto homens quanto animais", "riqueza móvel", e que, só por especialização de significado, *pecus* passou a designar o "gado". Todos os autores da latinidade antiga e clássica não autorizam o estabelecimento de um elo entre *pecunia* e *pecus* "rebanho, gado"; *pecunia* significa sempre "fortuna, dinheiro", numa prova evidente de que o primitivo *pecus* significa "posse móvel". O mesmo se há de dizer de *peculium* "posse ou economia do escravo", evidenciando que o significado do primitivo *pecus* não se refere especialmente a "gado". É, portanto, uma lição que deve ser alterada nos manuais de semântica histórica.

Última flor do Lácio

Se já estamos em condições de entender por que Bilac chamou o português "flor do Lácio", ainda não conseguimos entender a motivação que levou o poeta a classificá-lo "última" flor do Lácio. Sem sombra de dúvida, não havia no adjetivo a alusão à condição qualitativa a que no grupo das línguas românicas é das menos estudadas. Esta solução não seria de todo impossível, se nos reportássemos a que o poeta, em versos abaixo, não deixa de salientar ser a nossa língua "desconhecida e obscura" ou, mais adiante, "ó rude e doloroso [= que acompanha a dor] idioma". Bilac era um apaixonado da língua portuguesa, considerada por ele talvez o traço mais fundo da identidade nacional, e, numa conferência proferida no Centro de Letras, em Curitiba, em 1916, repetia uma afirmação do nosso primeiro gramático, Fernão de Oliveira, em 1536, que dizia que "os homens fazem a língua, e não a língua os homens":

> O povo, depositário, conservador e reformador da língua nacional, é o verdadeiro exército da sua defesa: mas a organização das forças protetoras depende de nós: artífices da palavra, devemos ser os primeiros defensores, a guarnição das fronteiras da nossa literatura, que é toda a nossa civilização.[2]

Outra solução, a nosso ver mais plausível, é que se pode atribuir ao adjetivo "última" o significado locativo: situada a antiga província Lusitânia na parte mais ocidental não só da Península Ibérica, mas também no orbe romano ocidental, era natural que lá tivessem chegado por último os generais, os soldados, os colonos, os comerciantes e toda a sorte de integrantes da sociedade romana, para lançar as raízes de sua civilização.

Se esta foi a verdadeira motivação pretendida pelo poeta, não lhe dá razão a história da expansão romana, e Bilac, a confirmar a hipótese, imaginou a expansão atravessando o rio Pó ou Ádige e caminhando em direção do norte, penetrando na atual Suíça pelos Alpes, chegando ao sul da França, atravessando os Pireneus e, internando-se pela atual Espanha, rumou em direção à região mais ocidental da península para acabar no atual Portugal.

Este trajeto jamais estaria na estratégia de um general romano, já que por aí encontraria dois inimigos então quase invencíveis: o terreno extremamente montanhoso dos Alpes, que prejudicaria a caminhada dos soldados e dos artefatos de guerra provenientes de Roma. O exército romano só iria beneficiar-se desses recursos depois do contato com os gauleses, hábeis na engenharia de estradas e de carros. Não é sem razão que o léxico do latim acusa numerosos empréstimos aos gauleses nessa área de atividade: *carrus, benna carpentum, petorritum, ploxenum,* todos denominações de diversos tipos de viaturas, além de *cant(h)us* "roda".

O outro inimigo, que nos tempos modernos, em outros sítios, derrotou o exército de Napoleão e parte do de Hitler, seria o frio. No norte da Península Apenina estão os Alpes italianos e suíços que descoroçoariam qualquer investida militar. Destarte, temos de voltar à verdadeira orientação da expansão romana até chegar à Península Ibérica.

Apesar das circunstâncias inóspitas do terreno às margens do Tibre, o Lácio gozava de feliz situação geográfica, pois, instalada numa região de intensas rotas de tráfego comercial, permitia a comunicação entre a Itália do norte e a do sul. Depois de um período de submissão aos etruscos — submissão que, do ponto de vista de progresso material, lhes foi proveitosa, uma vez que a dinastia dos Tarquíneos deu novo alento à região e fundou a cidade de Roma (nome que, ao que parece, é de origem etrusca), e, além de exercer sobre os latinos influência na religião e no campo das artes divinatórias, foi por intermédio dos etruscos que o alfabeto latino, de origem mais próxima grega, chegou aos romanos.

Pela razão antes exposta, a expansão territorial dos romanos caminhou rumo ao sul, depois de lutar e subjugar as comunidades mais próximas a Roma. Estas vitórias sobre as populações às margens do Mediterrâneo levaram os romanos a defrontar-se com os cartagineses, habitantes de Cartago, região ao norte da África, e senhores quase absolutos do comércio marítimo mediterrâneo. Foram duras lutas, ora vencidas, ora perdidas, que acabaram por dar a vitória final aos generais de Roma, durante a terceira guerra púnica, no século II a.C.; estava assim aberto o caminho para a conquista do sul da Península Ibérica, pela atual Espanha. O Mediterrâneo bem mereceu dos romanos o título de *mare nostrum*.

Assim, o latim penetrou como língua do conquistador na *Hispania*, no ano 197 a.C., e daí em diante outras regiões passaram a engrossar o Império Romano, a tal ponto que a história não conheceu outro povo de tão larga e profunda dominação: *Illyricum*, em 167 a.C.; África e Achaia (nome da Grécia), em 146 a.C.; Ásia (isto é, Ásia Menor), em 129 a.C.; *Gallia Narbonensis* (isto é, a antiga *Provença*, nome originado de "província", por ser a província por excelência), em 118 a.C.; *Gallia Cisalpina*, em 81 a.C.; *Gallia Transalpina*, em 51 a.C., depois da campanha de Júlio César, a respeito da qual escreveu o *De bello Gallico*; *Aegyptus*, em 30 a.C.; *Rhaetia* e *Noricum*, em 15 a.C.; *Pannonia*, em 10 d.C.; *Cappadocia*, em 17 a.C.; *Britannia*, em 43 a.C. e finalmente a *Dacia* (região onde hoje se situa a Romênia), em 107 a.C.

Por este quadro, vê-se que a atual língua portuguesa, de procedência originariamente galega, não poderia ser, com toda a certeza, a "última" flor do Lácio, embora a romanização da Península Ibérica tivesse levado dois séculos para completar-se definitivamente.

Cabe lembrar, para concluir este comentário, que algumas províncias conquistadas, especialmente as mais longínquas e as de menor interesse comercial ou estratégico, nunca foram totalmente romanizadas, enquanto outras, como a Britannia (= Inglaterra), conheceram um domínio muito curto, mas de penetrante influência cultural. Assim, chegamos a poder afirmar que a língua portuguesa foi das primeiras a se formar no quadro das línguas românicas. Como afirmou o notável romanista Gustav Gröber, o início de cada língua românica teve lugar no momento em que o latim foi transplantado para as regiões conquistadas e aí entrou um contato com o substrato cultural de diferentes povos e, ora mais rígidos, ora mais lassos os cordões ligados ao poder central de Roma, os conquistadores se foram diferençando do primitivo latim.

Esta presença muito cedo do latim na Península Ibérica é responsável por certas características linguísticas arcaicas do chamado latim hispânico, de que resultaram o galego-português e o espanhol, quer na fonologia, quer na gramática (morfologia e sintaxe), quer no léxico. Assim nesse latim hispânico ocorrem os seguintes fatos, desconhecidos de outras línguas românicas:

a) a sobrevivência do pronome relativo *cujus*, genitivo de *qui, quae, quod*: português *cujo*, espanhol *cuyo*;
b) a sobrevivência da série tríplice dos pronomes demonstrativos *iste, ipse, ille* (na forma reforçada (accu + ille) port. *este, esse, aquele*; espanhol *este, esse, aquel*);
c) a conservação do mais-que-perfeito em -*ra* (*amara*) e do imperfeito do subjuntivo em -*sse* (*amasse*);
d) a evolução fonológica de *mb* passando a *m*; espanhol: *palumba* dando *paloma*.

No léxico, a exemplificação ainda é mais representativa, porque o português e o espanhol em geral conservam a palavra mais antiga, enquanto o italiano e o francês adotam a palavra mais recente no latim.

Esta diferenciação toca num ponto de linguística geral de que teremos ocasião de falar, quando comentarmos distinções entre o português de Portugal e o português do Brasil: as regiões geograficamente periféricas ou marginais e as regiões centrais em relação ao centro cultural. Portugal e Espanha — bem como a Romênia — pertencem a áreas periféricas, enquanto Itália e França são áreas centrais relativamente a Roma; as primeiras são áreas conservadoras e as segundas inovadoras, e, em parte, isto se explica porque muitas inovações não tiveram a força de expansão para chegar ou implantar-se nas áreas mais afastadas ou periféricas. Vejam-se os seguintes exemplos, sabendo-se que as áreas conservadoras usam as palavras mais antigas no latim:

	Português	Espanhol	Italiano	Francês	Romeno
Latim:	FORMOSUS	BELLUS			
	formoso	hermoso	bello	beau	frumos
Latim:	PLECARE		*ARRIPARE		
	chegar	llegar	arrivare	arriver	a pleca
Latim:	MAGIS		PLUS		
	mais	más	più	plus	mai
Latim:	RIVUS		FLUMEN		
	rio	río	fiume	fleuve	rîu

Inculta e bela

O adjetivo *inculta*, referente à "flor do Lácio", prende-se à fase inicial da filologia ou linguística românica, que chamava ao latim fonte das línguas românicas, isto é, suas continuadoras ininterruptas no tempo e no espaço (português, galego, espanhol, occitânico, catalão, francês, franco-provençal, italiano, sardo, reto-românico, dalmático e romeno), *latim vulgar*; e o caracterizava como a modalidade popular falada pelas camadas sociais que não tinham acesso à escolaridade e, por isso mesmo, falavam muito diferentemente do latim escrito e literário, chamado *latim clássico*.

Daí o nosso poeta não só estigmatizá-lo como "rude", mas ainda "desconhecida e obscura", já nas suas relações genealógicas com a língua portuguesa.

Hoje esta concepção de latim vulgar muito se modificou, principalmente pela visão de que uma língua histórica se constitui de um conglomerado de línguas dentro de si, aquilo a que os linguistas costumam chamar um "diassistema", isto é, um conjunto complexo e variado de tradições linguísticas, repartidas entre variedades *diatópicas* (regionais ou locais, os dialetos), *diastráticas* (sociais ou socioletos) e *diafásicas* (estilísticas).

Destarte, o latim, como língua de sociedade e do Império Romano, apresentava-se também polifacetado, de modo que o percurso do latim às línguas românicas não se pode atribuir, exclusiva ou preponderantemente, a determinada modalidade "popular" ou a qualquer outra, pois já apareceu tese de que elas "provinham" do latim clássico. Neste processo histórico, com maior ou menor participação, esse latim fonte das línguas românicas é um depositário de isoglossas comuns oriundas de elementos populares, literários, da classe média e do latim dos cristãos, de elementos rústicos e itálicos, quer da atividade falada, quer da língua escrita.

Por isso, podemos dizer que Bilac, até certo ponto, na sua intuição de poeta (que, pelo visto, não é só um fingidor, mas um futurólogo...), se antecipou à concepção diassistêmica de linguistas hodiernos, pois não deixou de pressentir, na pretensa uniformidade do latim vulgar, a presença da multiformidade do latim *tout court*, do latim sem adjetivos, conjunto de isoglossas que se depreende vivo em qualquer momento histórico por que se queira estudar e descrever o latim.

Parece ser dentro desta nova visão de teoria linguística que Bilac aproxima — sem contradição! — (...) inculta e bela.

És, a um tempo, esplendor e sepultura:
Ouro nativo, que na ganga impura
A bruta mina entre os cascalhos vela (= cobre com um véu para ocultar o ouro nativo).

Antes de prosseguir na exegese do soneto, paremos para apreciar a adequação e a justeza do léxico de Bilac; ao comparar o português com o ouro *in natura* ("ouro nativo"), reporta-se ao vocabulário especial ou técnico da mineralogia: *ganga*, dizem os dicionaristas, é o resíduo, em geral não aproveitável, de uma jazida filoniana, o qual pode, no entanto, em certos casos, conter substâncias economicamente úteis. Daí, nada mais normal do que se lhe aplicar a adjetivação *impura* e a referência a *cascalhos*. A noção técnica de jazida filoniana do verbete dicionarístico está representada em a *bruta mina*, em que *bruta*, com significado de "tal como é encontrada na natureza", retoma a noção de *nativo* em *ouro nativo*, já que *nativo* significa "o que é natural".

Cabe aqui uma curiosidade para os que conhecem pouco a atividade literária e cultural de Olavo Bilac: o exímio poeta e excelente prosador preparou um dicionário analógico que, parece, chegou a ser entregue ao livreiro Francisco Alves, obra ainda hoje inédita, em posse da editora. Ainda a relação das obras do autor que aparece na edição das *Últimas conferências e discursos* (1927) arrola o *Dicionário analógico*, com a informação: "no prelo".

O poeta, no 2.º quarteto do soneto, já vai falar da língua portuguesa literariamente constituída, deixando um vazio, entre o 1.º quarteto (a latinidade do português) e o 2.º, vazio que procuraremos preencher nas linhas que se seguem.

Estabelecida a origem latina do idioma, cumpre lembrar que, chegados os romanos à Península Ibérica no século III a.C., só no I a.C. estava a região romanizada. Ao lá chegarem, encontraram os conquistadores povos que já habitavam a península, povos de que não temos seguras notícias nem vestígios que não ofereçam muitas dúvidas. Fala-se numa base indígena de povos da cultura chamada *capsense*, bem como se aponta como possível um substrato mediterrâneo.

Menéndez Pidal, linguista espanhol do mais alto valor, acreditava na existência de um povo de raiz lígure ou que, para Serafim da Silva Neto, o mais competente filólogo brasileiro da história do português, conviria chamar "umbro-ilírio", que habitava o norte de Portugal, Galiza, Astúrias e a parte ocidental de León, do qual temos alguns vestígios concretos, entre os quais lembraremos os sufixos *-asco*, *-antia/-entia*, *-ace*, *-ice*, *-oce*.

Ainda antes dos romanos, no século VIII a.C., penetram nessa região os celtas, povo de origem indo-europeia. De nível cultural superior aos primitivos habitantes, devem ter-lhes exercido salutar influência, sem deixar de haver contribuições recíprocas, como sempre ocorre nesses convívios de culturas. As notícias desses povos que chegaram até nós procedem de historiadores greco-romanos, que descrevem esses habitantes como homens os que viviam em constantes lutas tribais, dormiam no chão e se alimentavam principalmente de bolotas ou frutos do carvalho e carne de ovelha preparada com manteiga, enquanto as mulheres se entregavam aos afazeres domésticos e ao trabalho agrícola. É nesses historiadores que encontramos a notícia de um produto usado no cozimento da comida até então desconhecido para eles: a manteiga. Realmente só no português e no espanhol (*mantequilla*) existe a palavra *manteiga*; nas demais línguas românicas, exceto o romeno, prevalecem os remanescentes do grego *bútyrum*, *butúrum*, *butírum*; italiano, *burro*; francês, *beurre*; occitânico, *burre*; reto-românico, *bütír*.

Já vimos que a romanização militar, política e administrativa trouxe à região e a seus habitantes muitos benefícios, por estarem os romanos num grau de civilização bem superior, o que, como é óbvio, facilitou também a romanização linguística. Saídos de seus sítios montanhosos, logo se misturaram ao sistema de vida dos romanos, assimilando não só novos padrões de vida, mas conhecendo novas técnicas de agricultura, de engenharia e de indústria; entre outros benefícios, as rivalidades tribais foram a pouco e pouco desaparecendo. Jovens incorporavam-se ao exército e, com as legiões, saíam para conhecer novos aspectos da sociedade romana em outras colônias conquistadas, contacto facilitado pela extraordinária rede de estradas abertas pelos romanos.

Fator assaz importante de congregação foi o cristianismo, cuja época de introdução na península não está de todo fixada, mas sabemos que na metade do século III a Hispânia já se achava fortemente evangelizada. Esta influência se reflete na visão moral do mundo, na severidade dos costumes e até no respeito às normas estabelecidas, como foi o caso de adotarem a determinação da Igreja de fugirem dos cultos e divindades pagãs, substituindo-as pelos preceitos cristãos. Explica-se assim o fato de o galego-português ser o único a adotar as denominações cristãs dos dias de semana na base de *feira* (*segunda-feira*, *terça-feira*, etc.), em vez das denominações pagãs *lunes* (*lundi*, *lunedi*, etc.), como permaneceu nas demais línguas românicas, inclusive no espanhol.

No século V os germânicos penetram na península, sendo a região da Gallaecia invadida pelos suevos, depois derrotados pelos visigodos, povos que já anteriormente tinham tido contacto com os romanos, razão por que a língua da região não sofreu grande influência da língua dos conquistadores, exceção feita ao léxico, parte do qual chegou já introduzido no latim.

No século VIII, em 711, é a vez de os árabes invadirem a península, provocando a quebra da hegemonia visigótica, e a região, que de há muito vinha conhecendo certa independência política, cultural e linguística de Roma, acentuou esta independência, o que favoreceu a progressiva diferenciação não só do latim hispânico da região, mas também de seus vizinhos do Oriente.

Esta é a língua do antigo reino da Galiza, que se estende pelo que é hoje a Galiza e a Galiza do Sul, chamada condado de Portugal. Tal situação iria propiciar a que o galego constituísse uma das primeiras línguas literárias da península.

Como a língua acompanha os acontecimentos históricos do povo que a fala, o idioma da região vai experimentar os passos políticos que a Galiza conheceu nos fins do século XI: em 1090 o rei Afonso VI concede a mão de sua filha primogênita D. Urraca a Raimundo de Borgonha, que chegara à península com os cavaleiros católicos, militares procedentes do centro da atual França, com a tarefa de reforçar a Reconquista do território invadido pelos árabes. Como presente, concede-lhe também o título de conde e oferece-lhe o governo da atual Galiza, incluídos os territórios entre o Minho e o Mondego, e logo depois, em 1093, não podendo impor a ordem em tão vasto território, é constituído o condado portucalense no espaço geográfico que se situa entre os rios Minho e Douro, que foi oferecido a seu primo Henrique de Borgonha, casado com D. Teresa, filha natural do rei Afonso VI.

Já em 1128 constitui-se a nação portuguesa, independente da coroa integrada por Galiza, Leão e Castela, e em 1139 ou 1140, Afonso Henriques, filho de Henrique de Borgonha e D. Teresa, se proclama rei de Portugal.

Os limites políticos da região, definidos por estes acontecimentos históricos, não correspondem, a princípio, aos limites linguísticos, prevalecendo entre Galiza e Portugal características idiomáticas comuns. Avançando cada vez mais para o sul, empenhada na reconquista das cidades tomadas pelos árabes, a corte portuguesa instala-se em Coimbra, depois em Santarém, e, já no tempo de Afonso III, aclamado rei em 1248 — reinado que durou até 1279, com excelente administração e proveito para Portugal —, Lisboa começa a figurar como capital do reino.

Este espraiar-se em direção ao sul foi favorecendo uma paulatina desgaleguização da fala dos conquistadores, ao lado de uma mútua adaptação linguística destes aos usos da extensa população moçárabe — isto é, cristãos que, não se refugiando ao norte durante as conquistas árabes, permaneceram, entre os infiéis, praticando o seu latim hispânico romano-gótico e seus primitivos costumes e suas crenças.

Assim, não foi o falar do norte de Portugal, trazido pelos conquistadores cristãos, que serviu de base à constituição do que hoje se chama língua histórica portuguesa; esta língua, como já defendiam os linguistas Francisco Adolfo Coelho e José Leite de Vasconcelos, se forjou no centro e no sul com a província da Estremadura como limite meridional. Um dos testemunhos, entre outros, deste fato histórico na prática linguística desta língua comum está no desaparecimento, na língua comum, do fonema nortenho /tx/ ouvido em palavras como *chave, chapéu, chover*, substituído por /x/; das consoantes africanas /ts/ e /dz/ ouvidas em *cervo* e *prazer*, simplificadas em /ss/ e /z/; do *s* implosivo ouve-se como /x/ diante de consoante surda (*os cães*) ou como /j/ diante de consoante sonora (*os gatos*), conforme hoje se profere o "chiamento" em Lisboa e no Rio de Janeiro, por exemplo; dos destinos dos ditongos nasais, com a perda do -*n*- intervocálico.

Se do lado da desgaleguização do português ocorreram estes e outros fenômenos, do lado do galego outros fenômenos iriam contribuir para maior afastamento da relativa unidade originária, como, por exemplo, a dessonorização das consoantes (*genro* > *xenro*) não ter penetrado na região do Minho.

Em resumidas considerações, podemos concluir com a lição de excelentes linguistas galegos e lusitanos, que a nossa língua, no decorrer de um período cujos limites não se podem com precisão fixar, nasce do galego do sul ou da região portucalense, que se desgaleguizou na sua caminhada para o sul, ao influxo também da situação linguística moçárabe. A unidade primitiva galego-portuguesa está presente na perspectiva dos primeiros romanistas que estudaram conjuntamente as línguas românicas ou neolatinas; é o caso de Frederico Diez, fundador da filologia românica em 1836, que assim se expressa, na tradução francesa de sua *Gramática das línguas românicas: "le portugais et le galicien (...) sont une seule et même langue, comme des savants indigènes eux-mêmes l'on reconnu et demonstré avec des chartes rédigées dans les deux pays."*[3]

Em 1105, Afonso VI concede autonomia à Província Portucalense e, em 1139, Afonso Henriques se proclamou o primeiro rei de Portugal, como já dissemos.

O português, na sua feição originária galega, surgirá entre os séculos IX-XII; mas seus primeiros documentos datados só aparecerão no século XIII: o *Testamento de Afonso II* e a *Notícia de Torto*. Curiosamente, a denominação "língua portuguesa" para substituir os antigos títulos "romance" ("romanço") e "linguagem" só passa a correr durante os escritores da casa de Avis, com D. João I. Foi D. Dinis que oficializou o português como língua veicular dos documentos administrativos, substituindo o latim.

Entre os séculos XV e XVI Portugal ocupa lugar de relevo no ciclo das grandes navegações, e a língua, "companheira do império", se espraia pelas regiões incógnitas, indo até o fim do mundo, e, na voz do Poeta, "se mais mundo houvera lá chegara".[4]

Daí a 2.ª quadra de Bilac, completada pelos dois tercetos:

Amo o teu viço agreste e o teu aroma
De virgens selvas e de oceano largo!
Amo-te, ó rude e doloroso idioma,

Em que da voz materna ouvi: "meu filho!"
E em que Camões chorou, no exílio amargo,
O gênio sem ventura e o amor sem brilho!

Depois da expansão interna que, literária e culturalmente, exerce ação unificadora na diversidade dos falares regionais, mas que não elimina de todo essas diferenças refletidas nos dialetos, o português se arroja, na palavra de indômitos marinheiros, pelos mares nunca dantes navegados, a fim de ser o porta-voz da fé e do império. São passos dessa gigantesca expansão colonial e religiosa, cujos efeitos, além da abertura dos mares, especialmente do Atlântico e do Índico, foram, segundo uma afirmação de Humboldt, uma duplicação do globo terrestre:

1415 — expedição a Ceuta sob o comando do próprio rei
1425-1436 — Madeira e Açores
1444 — Cabo Verde, com início de povoamento em 1462
1446 — Guiné
1483-1486 — Angola (primeiros contatos) e colonização de S. Tomé e Príncipe
1498 — Vasco da Gama chega à Índia e passa por Moçambique
1500 — Brasil
1511 — Malaca e Molucas
1515 — Ormuz
1518 — Colombo
1536 — Damão
1547 — Macau, além das ilhas de Samatra, Java e Timor.

Tomando o século XIII como início da fase a que Leite de Vasconcelos chamou português histórico, isto é, documentado historicamente, podemos dividi-lo em períodos linguísticos, cujas delimitações não conseguem, entre os estudiosos, concordância unânime. A dificuldade de consenso se deve a vários fatores: terem as propostas fundamento em textos escritos que, como sabemos, mascaram a realidade e as mudanças linguísticas; não terem os fenômenos sua data de nascimento e morte e, finalmente, constituir elemento perturbador nesta ordem de estudos a influência de fatores estético-literários que, conforme sua orientação conservadora ou progressista, atrasa ou acelera determinadas tendências linguísticas. Foi o que aconteceu com o chamado latim literário sob a influência grega; com o português europeu sob o influxo do Humanismo e com o português do Brasil, sob a ação iconoclasta inicial do Modernismo de 22.

Adotamos aqui a seguinte proposta, incluindo na primeira fase a realidade galego-portuguesa:

a) português arcaico: século XIII ao final do século XIV;

b) português arcaico médio: 1.ª metade do século XV à 1.ª metade do século XVI;
c) português moderno: 2.ª metade do século XVI ao final do século XVII (podendo-se estender aos inícios do século XVIII);
d) português contemporâneo: século XVIII aos nossos dias.

Ao primeiro período pertencem, além dos textos administrativos e de leis, forais e ordenações, a poesia palaciana encerrada nos cancioneiros medievais (*Ajuda, Vaticana* e *Biblioteca Nacional*, antigo Colocci-Brancuti), as *Cantigas de Santa Maria*, algumas vidas de santos (Barlaão e Josafá, S. Aleixo, etc., traduções, em geral, de textos latinos, que chegaram até nós, quase sempre, em cópias mais modernas), o *Livro das aves, Fabulário de Esopo*, a *Demanda do Santo Graal, Corte imperial*, entre muitas.

Ao segundo período pertencem o *Livro da Montaria*, de D. João I, *Leal conselheiro* e *Livro da ensinança de bem cavalgar toda sela* de D. Duarte, as *Crônicas* de Fernão Lopes (D. João I, D. Pedro, D. Fernando), de Zurara (*Crônicas dos feitos de Guiné, Crônica da tomada de Ceuta*), as *Crônica da ordem dos frades menores*, as *Crônicas de Rui de Pina*, entre muitas outras obras.

Ao terceiro período pertencem as obras históricas de João de Barros, Diogo de Couto, Fernão Lopes de Castanheda, Damião de Góis, Gaspar Correia, o *Palmeirim de Inglaterra* de Francisco de Morais, a obra literária de Sá de Miranda e o teatro clássico de Antônio Ferreira, a *Etiópia Oriental* de Frei João dos Santos, a prosa mística da *Imagem da vida cristã* de Heitor Pinto, os *Diálogos* de Amado Arrais, os *Trabalhos de Jesus* de Tomé de Jesus, a *Consolação às tribulações de Israel*, de Samuel Usque, a *Peregrinação* de Fernão Mendes Pinto, as obras de Pero Magalhães de Gandavo; mas, a todos, excede Luís de Camões que, não sendo

> propriamente o criador do português moderno (...), libertou-o de alguns arcaísmos e foi um artista consumado e sem rival em burilar a frase portuguesa, descobrindo e aproveitando todos os recursos de que dispunha o idioma para representar as ideias de modo elegante, enérgico e expressivo. Reconhecida a superioridade da linguagem camoniana, a sua influência fez-se sentir na literatura de então em diante até os nossos dias.[5]

Com muita razão, concede Said Ali, do ponto de vista linguístico, um lugar à parte na literatura quinhentista, às comédias, autos e farsas do chamado teatro de medida velha que tem em Gil Vicente seu principal representante, produções de grande importância para o conhecimento da variedade coloquial e popular da época. Pertencem a este gênero especial os *Autos* de Antônio Prestes, de Chiado, de Jerônimo Ribeiro, a *Eufrosina* e *Ulissipo* de Jorge Ferreira de Vasconcelos, sobrelevando-se a todos eles as obras deste genial pintor da sociedade e dos costumes do século XVI em Portugal, que foi Gil Vicente.

No século XVII assistimos ao aperfeiçoamento da prosa artística com Frei Luís de Sousa, cuja linguagem representa uma fase de transição entre os dois momentos do português moderno. É o período em que ressaltam os *Sermões* do Padre

Antônio Vieira, os *Apólogos Dialogais* de Francisco Manuel de Melo, a prosa suave de Manuel Bernardes e os quadros bucólicos de *Corte na Aldeia* de Rodrigues Lobo, além dos representantes da historiografia de Alcobaça.

O século XVIII não é só o século das academias literárias, mas de todo um esforço na renovação da cultura e da instrução pública, sob o influxo das ideias do neoclassicismo francês, que culmina na reforma pombalina da universidade, em 1772. Assiste-se a um reflorescimento da poesia com Pedro Antônio Correia Garção, Antônio Dinis da Cruz e Silva, Filinto Elísio, Tomás Antônio Gonzaga e os poetas árcades brasileiros e Barbosa du Bocage.

Do ponto de vista linguístico, o português contemporâneo fixado no decorrer do século XVIII chega ao século seguinte sob o influxo de novas ideias estéticas, mas sem sofrer mudanças no sistema gramatical que lhe garantam, neste sentido, nova feição e nova fase histórica.

Expansão da língua portuguesa e o Brasil

Como vimos no 1.º terceto, o poeta alude aos novos domínios a que chegara a língua portuguesa, levada pelos capitães, pela marujada, pela soldadesca e, depois, pelas famílias portuguesas e religiosos que, nas regiões conquistadas, lançaram as raízes da fé católica e da civilização lusitana. Na África, o português comum europeu estendeu-se aos centros de civilização europeia portuguesa de Angola, Guiné-Bissau e Moçambique, do arquipélago de Cabo Verde, e das ilhas de São Tomé e Príncipe; na Índia, a Diu, Damão e Goa; na China, a Macau; na Malásia, a parte da ilha de Timor e, na América do Sul, ao Brasil. Hoje, as seis repúblicas africanas adotaram o português como língua oficial, a par de seus vários dialetos nacionais, e o Brasil o tem como língua nacional.

Em Portugal, pelas regiões históricas e políticas de que já falamos, encontra-se uma grande divisão dialetal entre o norte e o sul, que admitem diferenças regionais menores, e uma zona de transição entre estes dois espaços linguísticos na área do centro, constituída pela Beira.

No Brasil, a classificação dialetal que parece melhor refletir a nossa diferenciação diatópica é a proposta por Antenor Nascentes, segundo a qual o país está dividido em duas grandes áreas: a do norte e a do sul, cuja linha demarcatória está, a partir do litoral, entre Espírito Santo e Bahia, com prolongamento até as cidades de Mato Grosso, depois de cortar os Estados de Minas Gerais e Goiás.

Para Nascentes estes espaços apresentam dois traços diferenciadores fundamentais:

a) a abertura das vogais pretônicas no norte em palavras que não sejam diminutivos nem advérbios terminados em *-mente*: lèvar / levar.

b) a cadência do ritmo frasal, "cantada" no norte, e normal ou descansada no sul.

Estes espaços admitem subfalares; no norte: o amazônico e o nordestino, e no sul: o baiano, o fluminense, o mineiro e o sulista.

Este ritmo vocabular e frasal ainda atual no Brasil, sem que as vogais átonas sejam absorvidas ou "engolidas" como fazem, em geral, os portugueses, é a marca registrada da língua dos nossos colonizadores no século XVI. Fernão de Oliveira, autor da primeira gramática do português, dá-nos disto testemunho: "e outras nações cortam vozes apressando-se mais em se falar, mas nós falamos com grande repouso como homens assentados."

Além do testemunho de Oliveira, temos os dos poetas e, entre estes, especialmente lembremos Luís de Camões; os versos de *Os Lusíadas* lidos pelo poeta como de dez sílabas métricas, também o são na pronúncia geral do Brasil e, não sem razão, o saudoso linguista e filólogo patrício Sílvio Elia considerava Camões o primeiro poeta brasileiro.

A um português de hoje, os mesmos versos poderão parecer metricamente mal elaborados; era o que pensava Antônio Feliciano de Castilho ao ler Camões com pronúncia lusitana do século XIX.

Esta identidade relativa entre a observação de Fernão de Oliveira sobre o ritmo cadenciado do português do século XVI e a pronúncia normal brasileira que evita a síncope das vogais e sugere ao ouvinte uma pronúncia mais lenta se explica pelo conservadorismo da língua transplantada: o português do Brasil não conheceu as mudanças que o português europeu experimentou depois do século XVI: a intensificação da sílaba tônica que favoreceu a queda de vogais átonas; a mudança de *e* fechado a *a* fechado em contacto com fonema palatal: *beijo / bâijo, espelho / espâlho, bem / bãi* (rimando *mãe* com *também*).

Chegando ao Brasil em 1500 com nossos descobridores, praticamente só em 1534 foi introduzida a língua portuguesa com o início efetivo da colonização, com o regime das capitanias hereditárias. Conclui-se que a língua que chegou ao Brasil pertence à fase de transição entre a arcaica e a moderna, já alicerçada literariamente.

Veio depois a contribuição das línguas africanas em suas duas principais correntes para o Brasil: ao norte, de procedência sudanesa, e ao sul, de procedência banto; temos, assim, no norte, na Bahia, a língua nagô ou iorubá; no sul, no Rio de Janeiro e Minas Gerais, o quimbundo.

A pouco e pouco, à medida que se ia impondo, pela cultura superior dos europeus, o desenvolvimento e progresso da colônia e do país independente, a língua portuguesa foi predominando sobre a "língua geral" de base indígena e dos falares africanos, a partir da segunda metade do século XVIII. É bem verdade que no século XVI tínhamos tido no Brasil um Bento Teixeira em Pernambuco, um Frei Vicente do Salvador e um Gregório de Matos na Bahia, e um Padre Antônio Vieira, todos pela ação benfazeja dos colégios religiosos.

Cremos que a consciência do português como língua nacional e língua materna, como disse bem o historiador José Honório Rodrigues citado por Sílvio Elia, está patente no trabalho do povo: "O espantoso no Brasil é que a conquista da unidade linguística não é obra da educação, mas do esforço do povo sem nenhuma ajuda oficial."

A lusofonia e seu futuro

Os escritores dos séculos XIX e XX de todos os quadrantes da lusofonia, acompanhados dos intelectuais, religiosos, políticos, cientistas e do povo em geral em todos os substratos sociais, souberam garantir este patrimônio linguístico de tanta história e de rica tradição.

Em Portugal brilham os gênios dos Herculanos, dos Castilhos, dos Garrettes, dos Camilos, dos Eças, dos Aquilinos, dos Pessoas, das Florbelas. No Brasil, as luzes dos Machados, dos Alencares, dos Azevedos, dos Ruis, dos Correias, dos Alves, dos Casimiros, dos Oliveiras, dos Bilaques, dos Andrades, dos Bandeiras, dos Veríssimos, das Clarices, das Cecílias. Em Cabo Verde, dos Jorges Barbosas, dos Lopes, dos Fonsecas, dos Mirandas, dos Virgínios. Em Guiné, São Tomé, Angola e Moçambique brilham os talentos dos Soromenhos, dos Ribas, dos Milheiros, dos Antônios de Assis, dos Bessas, dos Osórios, das Lílias, dos Antônios, dos Galvões, dos Mendes, das Noémias, dos Costas Alegres, dos Tenreiros, dos Duartes. Na Índia Portuguesa, dos Fredericos Gonçalves, dos Gomes, dos Barretos, dos Leais, dos Aires, dos Costas.

Patrimônio de todos e elo fraterno da lusofonia de cerca de duzentos milhões de falantes — a que, na opinião de Rodrigues Lapa, se podem juntar os galegos espalhados por todos os continentes, continuemos os votos de Antônio Ferreira, no século XVI:

Floresça, fale, cante, ouça-se e viva
A portuguesa língua, e já onde for
Senhora vá de si, soberba e altiva!

Texto publicado no jornal *Mundo Português* e na revista *Na Ponta da Língua*, originalmente em sete partes: 25/5/2000, 1/6/2000, 8/6/2000, 15/6/2000, 22/6/2000, 29/6/2000 e 13/7/2000.

Notas

1 *Poesias*. Rio de Janeiro: Francisco Alves, 1954, p. 286.
2 *Últimas conferências e discursos*. Rio de Janeiro: Livraria Francisco Alves, 1927, p. 208.
3 Vol. I, p. 91.
4 *Os Lusíadas*, VII, p. 14.
5 Manuel Said Ali.

Língua e cultura:
denominações do arco-íris

Na investigação de fatos linguísticos, o estudioso colhe dados importantes na maneira como o homem vê e interpreta o mundo em que vive dentro da complexa malha de seus mitos, de seus tabus e de suas crenças. A linguística que trabalha nestes campos não pode dar de mão a outras ciências históricas, notadamente a etnografia, o folclore e a história das religiões. Bom exemplo disto nos ministram as diversas denominações, nas mais variadas línguas, desse fenômeno luminoso em forma de arco de círculo visível no céu, resultante da dispersão da luz solar em gotículas de água, conhecido mais comumente pelo nome de *arco-íris*. O tema já tinha preocupado um dos primeiros nomes da então recente linguística comparada, o indo-europeísta alemão Augusto Frederico Pott (1802-1887), num trabalho publicado em 1853. Daí para cá o assunto voltou a ser estudado por outros notáveis investigadores, entre os quais, para ficar nos mais recentes, lembrarei as pesquisas do suíço Samuel Merian (1914), para o domínio do francês (embora, na realidade, ultrapasse esse limite), o soviético Nikita I. Tolstoi (1976), para o domínio eslavo, e o italiano Mano Alinei (1984), para diversos domínios linguísticos da Europa. No Brasil, o inumerável (como lhe chamou Augusto Meyer e o repetiu Jesus Belo Galvão) João Ribeiro tratou rapidamente da matéria nas substanciosas *Frases feitas*,[1] deixando aí registradas algumas lições que retomarei adiante. Como se trata de estudo de pouca circulação entre nós, apresentarei aqui os resultados da investigação de Alinei,[2] na esperança de que o tema possa agradar a curiosidades intelectuais do leitor interessado por este gênero de indagações.

O primeiro aspecto que desde logo nos chama a atenção é o fato de que todas as denominações deste fenômeno são constituídas de nomes compostos (onde entra como componente motivador a base *arco*), a motivação mais difundida na área europeia, representada por *arcus*, na área românica, **bogan* na área germânica, **doga* na área eslava, *toxon* na área grega, *kaari* na área finlandesa, estoniana, etc.: port. *arco-íris, arco-celeste, arco da aliança, arco da chuva, arco-da-velha, arco de Deus*; fr. *arc-en-ciel, arc de St. Michel*; esp. *arco íris, arco del Señor*; it. *arcobaleno*, originalmente *arco della balena, arco di Noé, arco bevente*. A mesma base *arco* está presente no grego *doksari tsi kalogrias* "arco da sóror", no galês *bwacyfanod* "arco da aliança"; no norueguês *verboge* "arco do tempo"; no inglês *rainbow* "arco da chuva"; no ucraniano e russo dialetal *rajduga* "arco do paraíso"; no finlandês *vesikaari* "arco da água", etc.

Em outros compostos, há como base, em vez de *arco*, expressões que implicam a ideia de algo que cinge, que circula, dentre os quais os mais comuns se referem a *cinto* e *auréola*. O tipo *cinto* está bem difundido na Europa, pois o encontramos na Espanha, no território basco, na França, na Iugoslávia, na Albânia, Bulgária, Grécia continental, Creta, Chipre, Moldávia, Lituânia, Letônia, Lapônia. Já o tipo *auréola* aparece na França e na Grécia.

Menos frequentes são os tipos *arma* e *ponte*. O primeiro ocorre, por exemplo, na Estônia, Lapônia, enquanto o segundo se pode documentar na França e principalmente nas áreas tchuvascas e tártaras da Rússia.

Para Alinei a diferença entre o tipo *arco* e os outros vistos até aqui repousa na seguinte oposição: enquanto *arco* é de motivação *neutra*, isto é, não implica claramente uma personificação do arco-íris, os demais o fazem com muita precisão. Assim, encontramos, sem ideia de personificação, *arco do céu* (na França e Finlândia), *arco da chuva* (em área germânica, continental e insular), *arco do tempo* (numa pequena área norueguesa), *arco da água* (na Finlândia), ao lado de personificações como *arco-da-velha*, *arco-íris* (a deusa Íris), *arco de Deus*, enquanto com *cinto, cintura, auréola, arma, ponte*, a representação antropomórfica masculina ou feminina se acha claríssima.

Talvez não seja por acaso que ocorram, numa área compacta da Europa norte ocidental, essas motivações impessoais do arco-íris. A hipótese mais plausível, na opinião de Alinei, é apelar para aquilo a que Peter Burke,[3] em 1978, chamou "reforma da cultura popular", isto é, ao movimento de luta contra a soberania do paganismo que estimulou, por diferentes razões, protestantes e católicos a partir do século XVI, fato que pode explicar a existência, numa mesma área, de até cinco denominações para o arco-íris. Teríamos, assim, uma área de formação moderna, não quanto ao aparecimento de denominações novas, mas no sentido de que a sua escolha ou predominância, em relação a outros nomes, se fixou em época mais recente.

O levantamento do material feito até aqui no que tange às denominações do arco-íris nos permite penetrar na pré-história e na história dos povos europeus e esboçar os três momentos evolutivos seguintes: 1) os nomes zoomórficos, que são os mais antigos; 2) os nomes antropomórficos pagãos, isto é, pré-cristãos e pré-islâmicos; 3) os nomes antropomórficos cristãos e islâmicos, que são os mais recentes e também os mais exíguos.

A concepção mais arcaica do arco-íris está representada pelos nomes zoomórficos e se explicam pelo totemismo, considerado pelos especialistas a mais antiga forma de religião da humanidade.

O mais frequente dos nomes de animais empregado para designar o arco-íris é a serpente, que suga a água e quase sempre os homens, as plantas e os animais da terra e do céu, para depois despejá-los novamente na terra. Assim é que em lituano o arco-íris se chama *straublys*, que significa "tromba", para indicar o animal que suga, sem precisar que animal seja. Já em húngaro se usa *szivárvany*, literalmente "bomba", para também exprimir o ato de sugar, e aqui ainda sem explicitação do animal que suga, embora, no folclore local, apareça a representação de um boi ou de uma cabra que sorve a água da terra.

Designações como o italiano dialetal *arco bevente* ou expressões do tipo *bere come l'arcobaleno*, frequentes na Europa, ou ainda o latim *arcus bibit*, embora também não assinalem a presença do animal, a verdade é que se prendem à mesma origem. Em Virgílio e em Homero, aparecem associados o arco-íris e a serpente.

Ao lado da serpente, outros animais concorrem nas denominações do arco-íris: dragão, minhoca, boi, vaca, vitelo, bode, cabra, cão, cetáceo, entre outros. Destes os mais frequentes são a serpente (com a variante maior — o dragão — e a variante menor — a minhoca), o boi e o cetáceo (baleia ou delfim).

As denominações em que entra serpente — ao lado do dragão e da minhoca — estão espalhadas na zona limítrofe da Itália e da Suíça com o nome de origem grega *drago*, onde este helenismo também significa "chover", "torrente". Numa pequena região germanófona do nordeste da Itália, temos *Regenwurm* "minhoca", literalmente, "minhoca da chuva". O bielo-russo *smok*, o lituano *smākas* significam "serpente", e o servo-croata *azdaja* "dragão", são outras denominações do arco-íris.

O boi aparece no esloveno *mavrica*, literalmente "vaca negra" (a cor é devida às nuvens carregadas da chuva), e no sirieno *oskamoska*, a rigor, "um boi e uma vaca".

Quanto ao cetáceo — baleia ou delfim —, é difundido na Itália, notando-se que nesta área designa não só o arco-íris, mas também o relâmpago.

Passando agora às denominações em que entram nomes antropomórficos, cumpre lembrar que a mudança do zoomorfismo para o antropomorfismo foi lenta, e a prova disto está na existência de formas de transição, metade animal, metade homem ou deus, como ocorre frequentemente na mitologia de todos os povos, à semelhança dos centauros, tritões, sirenas, etc. da mitologia clássica. Na Itália e na Suíça, por exemplo, uma variante lexical da palavra *arco-íris* como *dragão* é *cinto do dragão*, em que, ao lado de um elemento antropomórfico — o cinto —, se põe um animal. Também na Eslovênia, a par do já citado *mavrica*, aparece *bozia mavrica* "vaca negra de Deus".

No que toca aos nomes antropomórficos pré-cristãos e pré-islâmicos, Alinei os distingue em três grupos: positivo, negativo e neutro. O positivo é o que apresenta o arco-íris como algo bonito, que faz o homem feliz e rico, e é representado por figuras femininas. O negativo apresenta o arco-íris como algo terrível e se acha representado por figuras masculinas. O neutro está representado por uma figura especial, a velha.

Representantes do primeiro grupo, temos em Portugal, na Espanha e na Itália meridional a deusa grega Íris; ainda na Itália (Abruzzo) aparece Vênus, a deusa da beleza; na Grécia, *k'iraselini* "senhora lua"; na Ucrânia e Bielorrússia *veselka* "a feliz". Em outras áreas aparecem vários nomes femininos, todos com certeza referidos a uma figura de mulher muito difundida na etnologia e no folclore, a chamada "jovem da chuva", ligada aos ritos da chuva e da fecundidade. Podemos englobar nestes casos os muitos nomes referidos ao "avental" e à "fita", por se tratarem de peças do ornato feminino.

Do segundo grupo temos o finlandês *Ukko*, o turco *Tangri*, o latino *Neptunus*. Na maioria dos casos, o arco-íris é concebido como uma "arma" (espada, arco, foice, bastão) de que se serve o deus para matar e destruir.

A figura neutra da *velha* não se restringe na Europa ao arco-íris, mas se estende a quase todos os fenômenos atmosféricos, como a tempestade, o turbilhão, a neve, o granizo, etc. É a maga Silvana que tem poder sobre as forças da natureza e sobre os animais, agudamente estudada por Propp, que acredita ser "o antecedente totêmico na linha feminina", como lembra Alinei.

Em geral a velha aparece acompanhada do atributo do "cinto": português *arco-da-velha*, albanês da Itália *brezi pjakavet*, moldavo *bryul babei*, grego *tsigrias to zonari*, servo-croata *babin lub*, e tantos outros, todos literalmente significando "cinto da velha".

Também na cristianização e islamização das áreas europeias, se encontram traços da ideologia pagã anterior, exatamente como se dá nas denominações dos dias da semana, em que, ao lado de *dies dominica* (cf. italiano *domenica*, fr. *dimanche*, port. *domingo*, etc.), temos o dia da Lua, de Marte, etc. (cf. it. *lunedi, martedi;* fr. *lundi, mardi*, etc.). Assim, por exemplo, em Portugal, ao lado de *arco-íris*, ocorre em ponto isolado, *arco (da) virgem*.

A única representação autenticamente cristã do arco-íris está em *arco da aliança*, francês *alliance du bon Dieu*, galês *dwa kyfanod* "arco do contrato", italiano dialetal *arco di Noé*, todos em alusão à aliança entre Deus e Noé do texto bíblico no episódio do dilúvio. Ainda aqui se encontra traço da ideologia precedente no lituano *dermes juosta*, "cinto da aliança", onde o cinto pertence ao primitivo estágio pagão.

Escrevendo no início de 1900, João Ribeiro não tinha a seu alcance as fontes de que hoje dispomos para falar mais detidamente das denominações do arco-íris em português. Um substancioso estudo como o de Alinei ajuda-nos a completar e corrigir o que escreveu o mestre brasileiro nas *Frases feitas*. Assim, por exemplo, prefiro filiar o *arco* de *arco-da-velha* à base *cinto*, cinturão que vimos como elemento antropomórfico, apesar, segundo supunha João Ribeiro, de que a "ideia de velha reunida a arco provém da corcova ou corcunda que é própria tanto do *arco* como da *velha*".[4] O folclorista Câmara Cascudo também abundava no mesmo parecer. Esta associação pode ser posterior, por esquecimento semântico parcial do composto, como ocorreu com a expressão *do arco-da-velha* para traduzir a ideia de antiguidade ou de complicação, coisa exótica ou disparatada, nascida esta acepção última naturalmente do frequente julgamento negativo de modernos em relação a coisas e fatos do passado.

Nota final: Por falta de matrizes próprias na tipografia não me foi possível representar rigorosamente certas letras de línguas estrangeiras aqui citadas.

> Texto publicado no jornal *Mundo Português* e na revista *Na Ponta da Língua*, originalmente em duas partes: 26/6/1992 e 10/7/1992.

Notas

1 Série, 1908.
2 Artigo publicado em seu livro *Dal Totemismo al Cristianesimo Popolare: Sviluppi semantici nei dialetti italiani ed europei*. Alexandria: Ed. dell'Orso, 1984.
3 Peter Burke, *Popular Culture in Early Modern Europe*. Londres: Temple Smith, 1978.
4 2.ª ed., p. 138.

A GRAFIA DE ABREVIATURA E O EMPREGO DE *ONDE*

Leitora atenta nos indaga sobre como grafar a teoria do princípio de *reduzir, reutilizar* e *reciclar* em referência ao gerenciamento da eliminação de resíduos sólidos em benefício de preservação do meio ambiente, uma vez que tem visto na imprensa modos diferentes de fazê-lo: *3 R's, Três R's, os três Rs*. Quanto ao numeral, tanto vale grafar 3 ou, por extenso, "Três"; a maiúscula é melhor que a minúscula, por se tratar do título do tal princípio. A dúvida maior recai na representação abreviada do *r* inicial de *reduzir, reutilizar* e *reciclar*. Já está assentado que o plural de abreviatura ou sigla se faz mediante o acréscimo de um *s* pluralizador, sem emprego do apóstrofo. Portanto, *Rs*, e não *R's*. Em alguns casos, indica-se o plural duplicando-se a letra da abreviatura: EEUU, usado como equivalente a Estados Unidos; ou "A palavra *totó* tem dois *tt* e dois *oo*". Pode-se também optar, quando for possível, por escrever por extenso o nome da letra: *Totó* tem dois *tês* e dois *ós*. Destes comentários, poderemos responder à consulente que será possível grafar: Princípio dos *Três* (ou *3*) *Rs* ou *RR*, ou *Erres*. A opção por *Três RR* pode chocar o juízo lógico do leitor, por falar em *três* e só apontar dois *RR*. Por outro lado, decidir-se por *Três Erres* pode levar o leitor descuidado a pensar na forma *erres* do verbo *errar*. Sobra, assim, como abreviatura melhor, *Três Rs*, sem o emprego do apóstrofo.

Leitor desta coluna e atento estudioso da riqueza do nosso idioma nos pede que tratemos de alguns empregos de *onde* que aparecem usados fora das construções consideradas padrões nos textos escritos e na língua falada em nível formal. Nos tempos mais antigos do idioma, *onde*, graças à sua natureza de advérbio de lugar, se aplicava tanto à circunstância de lugar real (= neste local), quanto à de lugar virtual ou figurado, nos seus matizes semânticos de vizinhança, aproximação ou direção. Tais matizes favoreciam o emprego de *onde* reforçado por preposição: *a* (aonde), *de* (de onde, donde), etc. Por isso, desde sempre os escritores podiam usar indiferentemente *onde* e *aonde*, por exemplo, nas indicações de repouso (Nasci *onde/aonde* você nasceu) ou movimento (Fui *onde/aonde* você foi), a ponto de ocorrerem na mesma frase, ou bem próximo, as duas formas, como neste poema de Cláudio Manuel da Costa, poeta árcade brasileiro do século XVIII: "Nise, *onde* estás? *Aonde? Aonde?*" A partir do século XIX, com o maior cuidado dos gramáticos para estabelecer disciplina no uso da modalidade formal na língua escrita, procurou-se evitar esse uso indiscriminado de *onde* e *aonde*, e se passou a recomendar *onde* para a circunstância de repouso (Nasci na cidade *onde* você nasceu), *aonde* para circunstância de direção (Fui *aonde* você foi) e *de onde* ou *donde* para a noção da origem, procedência, ponto de partida (*De onde* você vem?, *Donde* nasceu essa ideia? Perguntaram-me *donde* procede essa história?). Parece que o primeiro gramático a propor esta distinção entre o *onde* e *aonde* foi o dicionarista fluminense Antônio de Morais Silva, em 1813. Todavia, a proposta não alcançou o resultado desejado, principalmente no uso oral. No texto escrito formal a lição corre vitoriosa, apesar dos descumprimentos raros — é verdade — que hoje ainda se registram. Portanto, esforcemo-nos por atender a esta lição da gramática normativa: Se o enunciado encerra a ideia de repouso, usa-se *onde*: onde estou, onde nasci, onde moro, onde trabalho, onde estudo, etc. Se a ideia é de movimento, usa-se *aonde*: aonde vou, aonde me dirijo, aonde me levaram, etc. Se a ideia é de origem, procedência, ponto de partida, usa-se *de onde/donde*: donde venho, donde saí, donde parti, etc.

Texto publicado no jornal *O Dia*, em 12/2/2012.

Novas janelas que se abrem para a língua

Em um momento que muitos de nós estamos em *home office* (ou fazendo teletrabalho ou trabalho à distância), pedindo tudo por *delivery* (ou entrega a/em domicílio), assistindo a *lives* (transmissões ao vivo), consumindo músicas, filmes e livros por *streaming* (acesso a conteúdo pelas plataformas digitais), outras vezes recebendo *fake news* (notícias falsas), em meio ao *lockdown* (bloqueio total) de algumas cidades, vale a pena falarmos novamente sobre os estrangeirismos, isto é, palavra ou expressão recebida de outra língua.

O repúdio à adoção de estrangeirismos tem-se dado em todos os tempos e tem experimentado os tipos de reação — favorável ou desfavorável — a que hoje assistimos: *nihil novum sub sole*, "nada há de novo sob o sol".

A questão do estrangeirismo, longe de testemunhar fraqueza ou subserviência de quem recebe o empréstimo, reflete o contato cultural e comercial entre os povos, com suas naturais consequências de influxos e interpenetrações.

Tratar o problema do estrangeirismo numa língua como um sinal de decadência cultural ou de perda de noção de identidade nacional é colocá-lo em ótica errada ou, pelo menos, sujeita a graves críticas e profundos prejuízos de natureza científica.

É fato que há termos e expressões inglesas que circulam nos meios de comunicação motivados exclusivamente pelo esnobismo e, muitas vezes, pela propaganda enganosa, que não acrescentam nada à riqueza do idioma e à propriedade das ideias, mas tão somente fazem crescer a convicção errônea de que tudo o que vem de fora é bom, confiável e digno de imitação.

Ainda que muitas dessas formas apareçam documentadas em outras línguas, fazendo parte da imensa legião lexical de palavras sem fronteiras, isso não justifica a crítica velada ou explícita àqueles que, dentro de seu campo de atividade, clamam contra o abuso, ou fragilidade e dócil aceitação.

O linguista francês Michel Brèal, em seu *Ensaio de semântica*, de 1897, p. 290-291, comenta com propriedade o problema dos estrangeirismos:

> Para encontrar a exata e verdadeira medida, cabe recordar que a linguagem é uma obra de colaboração, na qual o ouvinte e o que fala trabalham

mutuamente. A palavra estrangeira, que estará bem empregada se me dirijo a um especialista, parecerá, entretanto, afetada ou causará dificuldade de entendimento, se tenho diante de mim um público não iniciado nesse assunto (...) Não há, pois, resposta ou solução uniforme para esta questão de palavras estrangeiras.

Texto publicado no *Portal da ABL*, em 21/5/2020.

COVID-19 E ÁLCOOL EM GEL

A abreviação consiste no emprego de uma parte da palavra pelo todo. É comum não só no falar coloquial, mas ainda na linguagem cuidada, por brevidade de expressão. A forma abreviada passa realmente a constituir uma nova palavra e, nos dicionários, tem tratamento à parte, quando sofre variação de sentido ou adquire matiz especial em relação àquela donde procede.

Mais recentemente, nos meios de comunicação, em virtude da pandemia pelo novo coronavírus (gênero de vírus causadores de infecções), temos visto novas abreviações — neste caso denominadas siglas —, quase sempre de origem estrangeira, surgirem; e entender a sua formação nos esclarece muito sobre o que significam. Por exemplo: o SARS-CoV-2 [*S*evere *A*cute *R*espiratory *S*yndrome *Co*rona*v*irus *2* ou Síndrome Respiratória Aguda Grave do Coronavírus 2] é um novo tipo de coronavírus, também chamado novo coronavírus. Ele é responsável por causar a doença Covid-19 [do inglês *co*rona*v*irus *d*isease "doença ou mal do coronavírus" + (20)*19*, ano em que seu surto foi relatado à OMS]. Vale mencionar que dizemos o nome da doença no feminino: **a** Covid-19 (ou **a** Covid-19).

Já que falamos em Covid-19, não poderíamos deixar de abordar o uso de uma expressão cada vez mais comum: *álcool em gel*.

Temos em *álcool em gel* duas realidades que se combinam, o álcool (substantivo) apresentado em forma de gel (substantivo). Esta é a forma mais recomendada na língua, assim como dizemos *sabão* (substantivo) em *pó* (substantivo), *sabão* (substantivo) em *barra* (substantivo)

Porém usamos *sabão líquido*, *álcool líquido*, porque temos substantivo (*sabão*, *álcool*) + adjetivo (*líquido*). Daí não corresponder ao melhor uso a expressão *álcool gel*, apesar do emprego um tanto difundido. As duas formas são recentes na língua, e não é impossível que, com a continuação do uso da expressão *álcool gel*, a forma original *álcool em gel* seja assim simplificada.

Texto publicado no *Portal da ABL*, em 5/6/2020.

INFODEMIA

O leitor provavelmente já ouviu falar do termo *infodemia*, utilizado pela OMS em janeiro deste ano, e também por diversos veículos de comunicação e por pessoas públicas renomadas.

No documento da OMS temos: "A CREC ajuda a prevenir infodemias (quantidade excessiva de informação sobre um problema que dificulta a identificação de uma solução) (...)."

Assim como temos *infografia* [radical *info-* (deduzido de informação) + *-grafia*] ou *pandemia* [*pan-* ("todos, a totalidade") + *-demia* (do grego *dêmos* "povo" + o sufixo *-ia*, formador de substantivos da terminologia médica], podemos ter *infodemia*, para indicar neste momento a "propagação em massa de informações, muitas delas falsas, sobre a pandemia do coronavírus". O vocábulo também foi usado pelo chanceler italiano Luigi Di Maio, que alertou que uma "infodemia" estaria prejudicando a economia e a reputação do país.

É sempre importante lembrar aos falantes como funciona uma língua, e para isso vamos examinar quatro aspectos: o primeiro deles é perguntar se o termo foi criado segundo os princípios que regem a formação de palavras antigas e modernas no nosso léxico. Segundo, se a criação traduz com eficiência a ideia que quis transmitir quem a empregou. Terceiro, se, para traduzir a mesma ideia, o idioma não dispõe de palavras antigas e mais expressivas. Quarto, se o fato de não existir um termo no dicionário é prova suficiente de que não deva ser criado ou de que constitui um erro o seu emprego.

Nenhuma língua histórica tem toda a extensão de seu vocabulário refletida nos dicionários. Um idioma a serviço de uma comunidade está sempre numa mudança, de modo que nunca tem esgotada a infinita possibilidade de renovar-se, e ampliar-se, se seus falantes e sua cultura se renovam e se enriquecem.

Se não tem tradição no idioma, *infodemia* está de acordo com aquilo que alguns linguistas chamam a "virtualidade" ou "potencialidade" do idioma, isto é, aquilo que, ainda inédito, está conforme com as regras do sistema linguístico.

Texto publicado no *Portal da ABL*, em 1/7/2020.

DESINFODEMIA

No artigo anterior, sobre a criação de novas palavras, falamos em *infodemia*, termo utilizado pela OMS em janeiro deste ano para indicar a "propagação em massa de informações, muitas delas falsas, sobre a pandemia do coronavírus".

Mais recentemente, a Unesco (Organização das Nações Unidas para a Educação, a Ciência e a Cultura) classificou essa avalanche de desinformação sobre a pandemia como "desinfodemia" e publicou dois informes, ou resumos de políticas, sobre o tema, em parceria com o ICFJ (International Center for Journalists): "Disinfodemic: Deciphering Covid-19 disinformation" e "Disinfodemic: Dissecting responses to Covid-19 disinformation (Dra. Julie Posetti e professora Kalina Bontcheva, ONU-ICFJ).

No site da ONU (nacoesunidas.org, 14/4/2020), podemos ler:

> Desinfodemia. Notícias falsas sobre coronavírus colocam vidas em risco, diz Unesco. Informações falsas e não confiáveis estão se espalhando por todo o mundo a tal ponto que agora alguns comentaristas estão se referindo à nova avalanche de informações errôneas que acompanhou a pandemia de Covid-19 como uma "desinfodemia".

Talvez o processo de formação do termo *desinfodemia* tenha a mesma intensidade expressiva que encontramos em formações no nosso idioma quando contrastamos *desapartar* e *apartar*, *desinquieto* e *inquieto*, *desinfeliz* e *infeliz*, entre outros exemplos.

Vale aqui lembrar que o idioma, criação e expressão de seus utentes, trabalha e espelha também outros recursos afetivos comuns à dimensão da linguagem humana. A lógica não é o alicerce primário da linguagem, e os seus critérios não são suficientes para esclarecer e analisar as criações desse afetivo domínio idiomático. Um grande linguista já disse que a língua não é lógica nem ilógica, mas alógica, isto é, se rege por uma lógica particular.

Texto publicado no *Portal da ABL*, em 4/8/2020.

Um engano que se insinua

De uns tempos para cá temos visto alguns profissionais de comunicação cometendo um engano gramatical com o uso dos numerais masculinos *milhar, milhão, bilhão, trilhão,* etc.
    Quando esses numerais vêm seguidos de complemento com substantivo feminino, ouvimos frases equivocadas como a seguinte:

> *No Enem são corrigidas algumas milhares de redações.*

Diante da presença do feminino *redações,* supõe o falante que o numeral masculino *milhares* obriga o emprego da forma feminina *algumas,* quando na verdade deveria ser: *alguns milhares de redações.* Este raciocínio está se generalizando em nossos dias. Assim, temos visto construções do tipo:

> *No cenário atual da pandemia, algumas milhares de pessoas não respeitam o uso obrigatório da máscara* (em lugar da forma correta: *alguns milhares de pessoas*).

> *As milhões de doses da vacina contra a Covid-19 serão distribuídas por todo o país* (em vez da concordância adequada: *os milhões de doses*).

Enganos dessa natureza têm origem e empregos analógicos, como é o caso das expressões usadas pelo povo no jogo do bicho. Como *dezena* e *centena* são femininos é comum ouvirmos a palavra *milhar* (substantivo masculino) usada no feminino em expressão do tipo: *acertei na milhar.* Trata-se de um raciocínio que contraria os princípios da norma-padrão.
    Ainda sobre numerais, atenção especial merecem entendimento e leitura de certas expressões abreviadas de uso moderno na linguagem jornalística e técnica:
    1,4 milhão de pessoas (com 1 o numeral coletivo fica no singular, então leia-se: "um milhão e quatrocentas mil pessoas"),
    2,3 bilhões de pessoas (leia-se: "dois bilhões e trezentos milhões de pessoas")
    2,5 bilhões de doses ("dois bilhões e quinhentos milhões de doses", "dois vírgula cinco bilhões" ou "dois bilhões e meio de doses").
    Cabe lembrar aqui, neste pequeno comentário gramatical, a importância que têm essas pessoas públicas no cenário da comunicação, para o respeito à norma culta da língua portuguesa.

Texto publicado no Portal da ABL, em 16/11/2020.

DIREÇÃO EDITORIAL
Daniele Cajueiro

EDITORA RESPONSÁVEL
Janaína Senna

PRODUÇÃO EDITORIAL
Adriana Torres
Laiane Flores
Mariana Bard
Mariana Oliveira

PREPARAÇÃO DE ORIGINAIS
Cristiane Cardoso

REVISÃO
Alvanísio Damasceno
Fatima Amendoeira Maciel
Perla Serafim

DIAGRAMAÇÃO
Filigrana

Este livro foi impresso em 2021
para a Nova Fronteira.